교육연극을 통한 다문화 대안학교
초등학생의 협동학습

대원 다문화연구 총서 4

교육연극을 통한 다문화 대안학교 초등학생의 협동학습

2016년 10월 5일 초판 인쇄
2016년 10월10일 초판 발행

지은이 | 김창아
펴낸이 | 이찬규
펴낸곳 | 북코리아
등록번호 | 제03-01240호
주소 | 13209 경기도 성남시 중원구 사기막골로 45번길 14
우림2차 A동 1007호
전화 | 02-704-7840
팩스 | 02-704-7848
이메일 | sunhaksa@korea.com
홈페이지 | www.북코리아.kr
ISBN | 978-89-6324-489-1(94370)
978-89-6324-506-5(세트)

값 18,000원

*본 대원 다문화연구 총서는 대원 서윤석 회장의 연구발전기금을 지원받아 인하대 아시아다문화융합연구소에 의해 발간되었습니다.
*이 도서의 국립중앙도서관 출판예정도서목록(CIP)은 서지정보유통지원시스템 홈페이지(http://seoji.nl.go.kr)와 국가자료공동목록시스템(http://www.nl.go.kr/kolisnet)에서 이용하실 수 있습니다. (CIP제어번호 : CIP2016024122)

대원 다문화연구 총서 4

교육연극을 통한 다문화 대안학교 초등학생의 협동학습

김창아 지음

북코리아

머리말

이 책은 'ㅎ'학교라는 공립형 다문화학교에서 시행한 '교육연극을 활용한 협동학습' 참여자들의 경험과 그 의미를 탐색한 질적 연구를 바탕으로 하였다. 다문화 혹은 다문화교육이라는 말은 예전과 달리 어색하거나 낯설지 않은 용어이다. 그럼에도 불구하고 다문화나 다문화교육이라는 말은 때로는 '우리와는 상관없는' 이야기로, 때로는 '그들만의' 혹은 '그들에 의한' 문제로 인식되기도 한다. 하지만 다문화 혹은 다문화교육이 '다름'과 '낯섦', '차이'를 가진 사람들이 함께 살아가기 위한 교육이라는 점을 생각한다면 우리 모두는 다문화나 다문화교육의 주체이자 당사자라고 할 수 있을 것이다.

다문화나 다문화교육이라는 개념이 대두되기 전에도 우리는 이미 사회적 신념이나 지역, 행정구역에 따라서 다양한 문화를 다층적으로 접하며 살고 있었다. 같은 민족이지만 남한과 북한이라는 사회적 신념은 서로를 낯설게 만들었다. 또한 같은 남한 내에서도 지역에 따라서 차별화된 문화가 형성되었다는 것은 굳이 산간이나 도서 지역에 대한 이야기를 꺼내지 않더라도 알 수 있다. 같은 서울 지역에서도 구로나 강남 등과 같이 행정구역에 따라 다른 생활 방식을 확인할 수 있으며, 한 집안 내에서도 세대 차나 성별에 따른 소통 방식의 차이 등이 나타나는 것을 보면 다문화나 다문화교육이 결코 '그들만'을 대상으로 하는 것이 아니라는 사실을 알 수 있다.

보다 구체적인 예로 내 딸의 이야기를 빼놓을 수 없다. 내가 다문화교육에 관심을 갖고 공부를 하는 동안 내 딸은 초등학교에서 중학교로 진학하였다. 비다문화가정 자녀인 내 딸은 주거지에 따른 진학이라는 정규교육체계 속에서 중학교에 입학하였다. 내 딸이 입학한 중학교는 인근의 초등학교에서 정원의 90% 정도가 함께 입학하였으며 나머지 10%는 주거지에 따라서 2-3개의 다른 초등학교 출신이 입학하였다. 내 딸이 졸업한 초등학교에서는 10명 정도가 이 중학교에 배정받았다. 그런데 입학 후 두 달이 채 안 되었을 때, 내 딸은 같은 반 뒷자리에 앉은 한 아이에 의해 도둑으로 몰리고 반 아이들에 의해 집단따돌림이라는 잊지 못할 경험을 하였다. 내 딸을 도둑으로 몰았던 아이는 후에 자신과 달리 소극적인 내 딸의 가방에 자신의 지갑을 넣어 두었다고 하였다. 같은 학교에서 함께 진학한 90%의 아이들 중 대부분은 내 딸의 일을 무관심하게 넘기거나 내 딸을 도둑으로 몰았던 아이에게 동조하였다. 지금은 그저 담담하게 글을 통해 이야기하지만 약 7개월간 겪었던 톡 감옥이나 뒷담화, 소지품 분실 등의 경험은 나와 내 딸에게 매우 큰 충격을 주었다. 다행히 내 아이를 믿어 주고 지지해 주었던 한 친구와 2학기 때 바뀐 새 담임 선생님의 도움으로 내 딸은 집단따돌림의 감옥 속에서 탈출할 수 있었다. 이러한 경험 속에서 나는 다문화가정 자녀나 그들의 부모가 느끼는 소외감과 부당함에 대한 생각, 그리고 다문화교육이 단지 그들만을 대상으로 하는 것이 아니라는 생각을 하게 되었고, 교사 역할의 중요성에 대해 다시 한 번 생각하게 되었다.

이 책의 주요 참여자들은 'ㅎ'학교의 초등학생 10명으로 이들은 모두 다른 국가, 다른 사회에서 성장하고 한국으로 초국적 이주를 경험하였다. 'ㅎ'학교는 다문화가정 자녀의 증가에 따라, 이들의 한국 학교 적응/부적응 문제를 해결하고자 사회적 논의를 통해 2013년 개교하였다.

하지만 앞서 언급한 바와 같이 다문화나 다문화교육이 '그들만'을 대상으로 하는 것이 아니라는 점을 생각할 때, 이 책을 통해 기술한 'ㅎ'학교 학습자의 모습은 '다름'을 가지고 있는 모든 사람들에게, 그리고 '다른' 누군가와 함께하는 우리 모두에게 의미가 있을 것으로 본다. 따라서 이 책은 단지 다문화가정의 청소년 교육이나 소위 결혼이주자 혹은 이주노동자의 교육과 관련 있는 사람만을 독자로 한정하지 않는다. 왜냐하면 우리 모두는 정도의 차이가 있을 뿐 이미 여성으로서 혹은 남성으로서, 그리고 어느 지역의 주민으로서, 학생으로서, 누군가의 자손으로서 혹은 부모로서 사회의 다양한 층위에서 다양한 집단에 속해 있으며, 그에 따른 문화적 다양성을 가지고 있기 때문이다. 뿐만 아니라 다양성을 갖는 우리는 자신과 다른 문화적 특성을 갖고 있는 누군가와 끊임없이 관계를 맺고 살아가기 때문이다.

다문화학교에서 어떠한 교육이 요구되는지를 살펴보기 위해서 이 책에서는 다원주의와 다문화학교 및 다문화교육에 대해 논의를 하고 그 쟁점을 살펴보았다. 다원주의 패러다임 속에서 교육은 교육적 평등을 추구해야 한다는 당위성을 갖는다. 다양성과 이질성이 증대되고 있는 다문화학교에서 교육의 중점은 무엇보다 이해와 공감, 협력적 의사소통, 자율성의 증진에 있을 것이다. 그러나 개별 학습자의 다양성에 대해 너무나 포괄적인 기준을 제시하는 국가교육과정을 기준으로 볼 때, 공립형 다문화 대안학교 체제의 교육과정은 교육적 평등의 측면에서 한계를 내포하고 있다. 이러한 한계는 그들을 '다문화가정 자녀'라는 이름으로 집단화하고, 동일한 교육과정을 제공함으로써 나타나는 것이다. 따라서 이에 대한 교육 실천적 접근을 통한 보완이 필요하다. 이 글은 그 보완적 방안으로 교육연극을 통한 협동학습을 제시하였다.

주제에 대한 탐구의 주요 방법은 현장의 모습을 보다 생생하게 나타낼 수 있도록 문화기술지적 방법을 활용하였다. 특히 필자는 2013년 4월부터 11월까지 총 3분기, 23회에 걸쳐 방과 후 교사로서 수업을 진행하며 'ㅎ'학교의 교육활동에 직접 참여하면서 학교집단의 문화적 특징을 살펴보았다.

이 글이 나오기까지 학문적으로, 정신적으로 지지해 주시고 응원해 주신 김영순 교수님과 학문공동체인 동명사 식구들에게 깊은 감사를 드린다. 또한 조용히 내 곁을 지켜 준 내 딸 윤서에게 미안함과 고마움을, 그리고 집안 식구들에게 감사를 전한다.

2016년 10월

김창아

CONTENTS

CONTENTS

TABLE CONTENTS

PICTURE CONTENTS

I

다문화교육에 대한 관심과 동향

1. 들어가기

이 글은 공립 다문화 대안학교인 'ㅎ'학교의 KSL 교육연극활동에 참여한 초등 학생들의 협동학습 경험을 교육적 평등의 관점에서 기술하고 해석한 글이다. KSL은 제2언어로서의 한국어 교육(Korean as a Second Language)을 말한다. 이 글의 주제를 탐색하기에 앞서, 저자의 개인적인 경험을 기술하고자 한다. 개인의 경험과 의미는 Gadamer(2012)의 주장처럼 역사적, 문화적 영향 속에서 생성되기 때문이다.

다문화교육에 대한 나의 개인적 관심은 교육활동에 대한 것으로부터 비롯되었다. 그러나 초등학교부터 고등교육까지 16년이라는 긴 시간 동안 학습자로서 교육 현장에 참여하였으면서도 정작 나는 교육활동에 대해 특별히 생각을 해본 적이 없다. 따라서 내가 교육활동에 대해 실제적으로 관심을 갖게 된 것은 1999년 처음 교직 생활을 시작하면서부터라고 할 수 있다.

첫 학교에 발령 받았을 때, 나는 선배 교사들이 좋은 수업을 위해서 혹은 자신의 전문성 함양을 위해서 끊임없이 노력하는 모습을 보았다. 그들은 방학마다 각종 연수에 참여하였으며, 매일 근무 후 시간을 활용하여 대학원 수업을 듣기도 했다. 또한 이들은 보다 좋은 수업을 위해 동료장학이나 공개수업을 하기도 했다. 그러나 일반적인 수업시간에 교실 문틈으로 보이는 학습자들의 모습은 동료장학이나 공개수업에서 보았던 것과 달랐다. 교실 앞자리에서 열정적으로 수업을 하는 교사들과 달리 책상에 엎드려 있거나 교사의 눈을 피해 무언가를 하는 학습자들의 모습은 학습을 어렵거나 재미없는 것으로 생각하는 듯하였다. 그것은 나에게 하나의 딜레마였다.

교사들의 열정과 사랑은 교육활동이 학습자의 미래를 위해 중요하고, 꼭 필요한 것이라는 당위성으로부터 시작한다. 그러한 당위성은 보다 쉽고 효과적인 교수법을 고민하는 교사의 활동으로 이어진다. 하지만 많은 학습자들은 여전히 왜 공부를 해야 하는지에 대해 궁금해 하며 학습활동에 대해 보다 근본적인 질문을 한다. 이러한 교사와 학습자의 교육활동에 대한 생각은 하나의 평행선으로 여겨졌다.

이 같은 고민 속에서 나는 2006년 서울교육대학교에서 동계 프로그램으로 진행된 교육연극 연수를 신청하였다. 이 연수를 통해 나는 교육연극이 교사와 학습자가 즐겁게 교육활동을 실현할 수 있는 하나의 희망이 될 수 있겠다는 생각을 하게 되었다. 이후 나는 다문화가정 자녀의 증가라는 학교 현장의 변화에 따라 이들이 당면한 교육적 문제에 대해 관심을 갖게 되었다. 이에 따라 석사과정에서 외국어로서의 한국어 교육을 전공하였다. 석사를 마치고 2012년 4월부터는 공립형 다문화 대안학교의 운영체제에 대한 연구에 현장 조사원의 신분으로 참여하였다. 특히 일반학교와 다른 교육과정이나 내가 생각지도 못했던 이중언어 강사의 역할 등에 대한 연구는 공립형 다문화학교에서 어떠한 교육이 어떻게 실현될지에 대한 관심을 갖게 했다.

이러한 관심은 내가 2012년 9월 다문화교육전공 박사과정을 선택하게 된 중요한 이유가 되었다. 특히 '공립 다문화학교 체제 및 운영 연구'의 과정으로 2012년 10월 열린 공청회를 통해 다문화교육에 대한 관심은 'ㅎ'학교 교육활동에 대한 것으로 보다 구체화되었다. 공청회의 패널들 역시 'ㅎ'학교에 대해 많이 궁금해 했다. 그들은 특히 교육과정의 50%를 줄이는 방안으로 제시된 '통합교육'에 대해 궁금해 했다. 통합이라는 용어는 다의적 뜻을 갖지만, 당시 연구의 주제가 학교의 운영체제에 관한 것이어서 이에 대한 구체적인 언급이 없었기 때문이었다. 이후 학교 운영체제와 관련한 연구는 종료되었다. 하지만 'ㅎ'학교의 설립 배경이 다문화가정 자녀의 원활한 일반학교 진입을 위한 디딤돌 역할에 있다는 사실로 인하여, 'ㅎ'학교에 대한 나의 관심은 심화되었다.

'ㅎ'학교는 그 설립배경에 의해 한국어 교육과정(교육과학기술부, 2012)과 〈표준한국어〉를 주요 교육과정으로 한다. 한국어 교육과정과 표준한국어는 모든 다문화가정 자녀가 일생생활에서 원활한 의사소통을 할 수 있기를 기대한다고 명시한다. 하지만 한국어 능력이 충분하지 않은 상태에서 'ㅎ'학교의 학습자들은 어떻게 학업을 이어갈 것인가? 이들의 일상적인 생활과 의사소통을 위해서 한국어 교육은 어떻게 이루어질 수 있고, 그들은 어떤 경험을 할까? 과연 'ㅎ'학교의 학습자들이 학습활동에서 일상적으로 경험하는 생활은 무엇이며, 어떻게 의사소통을 이어나갈 수 있을까? 이곳 학습자들의 교육적 욕구는 무엇이며, 모든 다문화가정 자녀를 위해 개발된 교육과정과 교재는 그것을 충족시킬 수 있을까? 나는 다문화가정 자녀와 'ㅎ'학교 학습자들에 대한 이러한 고민 속에서 2013년 2월 'ㅎ'학교를 방문하였다. 이곳 교장 선생님은 학습자의 언어수준을 예상할 때 흥미로운 한국어 교육이 필요하다고 말하였다. 현장 관리자의 흥미로운 한국어 교육에 대한 요구는 나에게 하나의 과제로 받아들여졌다. 이와 함께 한국어 교육의 흥미성과 관련하여 교육연극의 가능성을 생각하였다. 하지만 일반학교에서 학습자들이 즐겁게 공부하는 데 도움이 되었던 교육연극이 다문화가정 자녀에게도 도움이 될 수 있을지는 알 수 없었다.

이처럼 교육활동을 통해 내가 경험한 학습에 대한 교사와 학습자의 다른 관점, 'ㅎ'학교의 특수성 그리고 다문화가정 자녀의 교육적 문제에 대한 관심과 교육연극의 가능성에 대한 생각은 'ㅎ'학교 교육활동에 대한 연구의 필요성으로 이어졌다. 그러나 'ㅎ'학교 교육활동에 대한 나의 필요성이 구체성을 띄어가는 반면 무엇을 어떻게 그리고 어디서부터 시작해야 하는지에 대해서는 막연하기만 했다. 이러한 나의 고민은 나의 스승이신 김영순 교수님을 통해 해소되었다. 교수님은 누구보다 발산적인 사고방식으로 인하여 도무지 종잡을 수 없는 내게 당신의 논문을 통하여 학문적 방향을 제시해 주셨다. 또한 대학원 공부와 함께 일을 해야 하는 나의 여건을 고려하여 맞춤식 지도를 해 주셨으며, 도제식 교육을 통하여 연구에 필요한 역량을 직접 실천함으로써 느끼고 익힐 수 있도록 해 주셨다. 이러한 스승의 지도는 교사인 내가 학교에서 그리고 교실 속 수업에서 학습자와 어떠한 관계 맺기를 하고, 어떻게 교육활동을 이어가야 하는지에 대한 지침이 되었다.

본서는 'ㅎ'학교의 교육활동 중에서 교육연극활동의 협동학습 경험과 관련하여 그 양상과 의미를 교육적 평등의 관점에서 살펴보는 것을 주요 목적으로 한다. 이를 위해 본 장에서는 다문화교육과 'ㅎ'학교 교육활동에 대한 개인적 관심 및 다문화교육의 새로운 장(場)이라고 할 수 있는 'ㅎ'학교 교육활동에 대한 탐구의 필요성에 대해 기술하였다.

본서에서 주목하는 'ㅎ'학교는 신설학교이자 새로운 체제를 통해 개교한 학교라는 특성이 있다. 이러한 특성에 의해 'ㅎ'학교의 교육활동과 관련된 선행 연구는 매우 미비한 실정이다. 따라서 본서에서는 선행 자료의 한계성을 극복하면서 'ㅎ'학교의 교육활동 모습과 의미를 살펴보고자 문화기술지적 방법을 중심으로 실행연구와 사례연구의 방법을 혼합하여 탐구하였다. 다음 절에서는 다문화교육에 대한 사회적 관심과 'ㅎ'학교 교육활동에 대한 연구의 필요성과 목적을 학문적 측면에서 살펴보고자 한다.

2. 다문화학교에서의 교육활동

국내 학교에 재학 중인 다문화가정 자녀의 수는 2014년에는 67,806명으로 2013년에 비해 약 12,000명이 증가하였다(교육부, 2014). 이는 국내 출산율의 저하와 이에 따른 비다문화가정의 자녀수가 매년 감소하는 것과 대조를 이루고 있는 모습이다. 이와 함께 초국적 이주 배경을 갖는 청소년의 국내 유입도 2013년 4,922명에서 2014년 5,602명으로 급격히 증가하는 추세이다.[1)]

이러한 사회적 변화 속에서 다문화가정 자녀가 일반학교에서 학습을 원활히 이어가는 것을 돕고자 'ㅎ'학교가 설립되었다. 이 학교는 2013년 3월 인천광역시 남동구 논현동에 설립되어 초 · 중 · 고 과정을 통합한 위탁형 기숙학교라는 특징이 있다. 'ㅎ'학교는 2013년 4월 기준으로 총 15개국 배경의 다문화가정 자녀가 재학하고 있는데, 이들의 90% 이상은 초국적 이주 경험이 있다.

흔히 다문화사회가 갖는 다양성은 양가성(兩可性)을 갖는다고 한다. 'ㅎ' 학교는

1) '초국적 이주 배경 자녀'는 '중도입국 청소년', '이주 세대'등과 유사한 개념이다. 일반적으로 '중도입국 청소년'은 '한국인과 결혼한 외국인 배우자의 출신국에서 출생하여 성장하다 입국한 자녀'를 말한다(류방란 · 오성배, 2012). 그러나 Vathi, Z.(2013)는 이주 배경을 갖는 세대를 이주지로의 입국 시기에 따라 1.5세대, 1.75세대, 2세대로 분류하였다. 그는 입국 시기에 따라 이주국과 모국에 대한 거리감 혹은 애착감 형성에 대한 경험이 다르다는 Rumbau(2002)의 연구를 근거로 이들에 대한 별도의 연구가 필요하다고 한다. 이 글에서 연구 참여자는 일반적인 의미의 중도입국 자녀와 이주 세대 중에서 초등학생이며, 유학을 목적으로 한 해외 장기 체류자는 포함하지 않는다. 특히 본서에서 연구의 주요 참여자들은 '나라 간 이동'에 대한 경험을 공통적으로 가지고 있으며, 이에 주목하여 '초국적 이주 배경 자녀'라는 용어를 사용하였다.

그 설립배경부터 다문화사회의 긍정성과 부정성이 극명하게 나타난 곳이다. 이 학교는 다문화가정 자녀에 대한 긍정적 가능성을 높이기 위한 정책의 결과로 설립되었다.[2] 그러나 다문화교육 관련자들은 학교의 설립 전부터 다문화가정 자녀를 한 곳에 모아 교육하고자 하는 'ㅎ'학교에 대해 '게토'와 '다문화교육의 요람'으로 상반된 가능성을 말하였다(인천광역시교육청, 2012).[3] 이처럼 상반된 기대와 가능성 속에서 설립된 'ㅎ'학교의 교육활동을 확인하는 것은 다문화교육에 대한 우리의 교육적 대응을 확인할 수 있다는 점에서 중요하다. 'ㅎ'학교의 교육활동을 직시(直視)하는 것은 우리 사회의 모습을 반성적으로 살펴볼 수 있는 계기가 되기 때문이다. 또한 자신의 모습을 직시한다는 것은 다문화사회에서 개인과 사회의 조화와 공존을 가능하게 하고 발전의 토대가 되기 때문이다.

캠벨(Campbell, 2010:55)과 니토(Nieto, 2010:45)는 다문화교육을 민주주의를 위한 교육적 평등과 관련된다고 하였다. 또한 김영순(2014), 김영순 외(2013b), 베넷(Bennett, 2007:23)은 다문화교육이 '다름을 이해하는 교육이자 존중에 대한 교육'이라고 하였다. 다문화교육이 교육적 평등과 관련된다는 일련의 논의는 교육이 개인과 사회가 지속적으로 유지되고 발전하기 위해 필요하다는 듀이(Dewey, 2008)의 주장과 관련된다. 왜냐하면 베넷(Bennett, 2007:23)과 니토(Nieto, 2010:39)의 주장에서도 나타나듯이 다문화사회에서 교육은 개인적 차원뿐만 아니라 환경과의 복합적인 상호작용에 의한 것이기 때문이다. 따라서 다문화교육은 듀이가 주장하는 개인과 사회의 지속성과 발전가능성이라는 교육적 특성을 내포하고 있다는 것을 알 수 있다.

개인과 사회는 어느 한 쪽을 배타적인 존재로 규정할 경우 다른 한 쪽도 온전한 존립을 기대하기 어렵다. 이는 우리 사회가 추구하는 민주주의가 다양한 구성원에 의한, 다양한 구성원을 위한 것이라는 신념에 기반한다. 우리 사회가 추구하는 민

---

2) 이와 관련한 정책연구에는 인천광역시교육청(2010), 인천광역시교육청(2012), 한국교육개발원(2011a) 등이 있다.

3) 정문성(2011)은 공립형 다문화 대안학교 설립이 오히려 분리교육의 가능성도 내포하고 있음을 말하였다. 이와 달리 인천광역시교육청(2012:7)은 다문화가정 자녀의 '밀착형', '맞춤형' 교육의 가능성에 무게를 두어 공립형 다문화 대안학교의 설립을 긍정적으로 바라보았다.

주주의에 대한 신념은 평등을 통한 정의로운 사회를 만듦으로써 실현될 수 있다고 본다. 왜냐하면 리그니(Rigney, 2010:159)의 주장과 같이 불평등은 기본적으로 부당할 뿐만 아니라, 공정하지 못하여 사회의 부정적 요소를 증대시키기 때문이다.[4] 이러한 관점에서 우리 사회의 모든 체제와 제도는 개인으로 구성된 사회의 이상적 가치를 실현하기 위한 것으로 볼 수 있다. 따라서 우리 사회에서 평등에 대한 가치는 새로운 교육수요자인 다문화가정 자녀들의 경우에도 적용되어야 한다. 즉, 우리는 다문화가정 자녀들을 우리 사회의 일원으로서 그들의 다양성을 인식하고 인정하여야 한다. 이러한 맥락에서 김영순(2014), 김영순 외(2013b)나 베넷(Bennett, 2007:23)이 주장한 '이해와 존중'은 교육적 평등을 의미한다고 할 수 있다.

교육적 평등의 관점에서 'ㅎ'학교의 학습자들은 양질의 교육을 통한 과정적 평등을 포함하는, 형평성 교육을 보장받아야 한다. 이를 통하여 다문화가정 자녀의 학교 이탈, 학력 저하 및 이에 따른 '불평등한 사회 계층구조의 재생산'이나 사회문제로의 확대를 억제할 수 있다(Bourdieu, 1991). 즉, 초국적 이주배경의 학습자들에 대한 형평성 교육은 우리 사회 구성원으로서의 권리이자, 미래에 발생 가능한 사회적 문제를 예방하는 것이다.

그러나 한국 사회가 직면한 급속한 인구학적 변화와 이에 따른 다문화교육에 대한 당위성과 달리, 그 변화를 인식하고 대처하는 방식은 아직 미흡하다. 정창호(2011)는 '조화와 공존'을 기준으로 제시한 원진숙(2010)의 관점에서 보면 한국 사회는 아직 다문화사회라고 말하기 어렵다고 한다.

김영순 외(2013a), 오영훈 · 김창아(2015), 구라치아케미(倉地曉美, 2010)는 적응을 다문화가정 자녀와 사회가 함께 변화하는 것으로 말한다. 그러나 우리 사회에서 적응은 일반적으로 환경에 대한 주체의 변화의 의미로 사용하고 있다. 학교의 변화를 배제한 다문화가정 자녀의 학교 적응에 대한 요구는 주류 사회 문화에 대한 일방적

---

4) 리그니(Daniel Rigney, 2010:13)는 '마태 효과(the matthew effect)'를 통하여 '불평등'과 '공정'을 설명하였다. 마태효과는 머튼(Merton, 1968)이 현대 사회를 설명하기 위해 제시한 개념으로 '우위와 열위가 심화됨으로써 경제적 측면뿐만 아니라 사회, 교육, 문화 등의 사회적 가치에 대한 빈부 차가 계속해서 커지는 현상을 말한다. 리그니는 사회문화적 재생산 혹은 누적이득(accumulated advantage)을 통해 순환되고 심화되는 마태효과가 생활세계에서 구체적으로 어떻게 나타나는지를 설명하였다.

인 '동화'에 대한 요구이며, 이해와 공감이 결여된 지원은 '온정'에 불과하다. 이러한 관점에서 'ㅎ'학교의 설립과 이곳의 주요 교육과정인 한국어 교육과정의 개발은 '동화'나 '온정'을 벗어난 것처럼 보인다. 'ㅎ'학교는 공립형이지만 대안학교의 체계를 수용했다는 측면에서 다문화가정 자녀라는 새로운 교육수요자를 위한 새로운 교육 체계이기 때문이다.

하지만 'ㅎ'학교의 주요 교육과정인 한국어 교육과정의 개발은 다음과 같은 측면에서 다문화가정 자녀의 학업이탈 문제를 내포함으로써 여전히 동화나 온정에 대한 가능성을 나타낸다.

한국어 교육과정은 다문화가정 자녀의 학교생활 부적응을 해소하기 위해 개발되고, 교육의 주요 목표를 일상생활에서의 원활한 의사소통에 두고 있음을 명시하고 있다(교육과학기술부, 2012:1). 그러나 이러한 개발 배경과 목표는 교육내용, 의사소통의 과정, 한국어 교육 자체에 대한 기대, 학습자 개인의 잠재력과 관련하여 '동화' 혹은 '온정'을 바탕으로 한다는 의심을 지울 수가 없다.

적응/부적응의 논의와 함께 의사소통을 언급하는 것은 의사소통 자체가 적응을 위한 것이며, 한국어는 한국사회에 적응하기 위한 일종의 도구로 규정한다는 인식을 나타낸다. 이러한 모습은 천경록(2010)이 지적한 바와 같이 현재의 학교 교육이 교과교육의 측면에서 분절적으로 논의가 이루어지고 있는 것과 관련된다. 언어는 총체적 특성을 갖지만, 국어과와 관련한 담론은 도구교과, 지식교과, 기능교과 등과 같이 분절적으로 논의되고 있다. '일상생활에서의 원활한 의사소통'이라는 개발 배경은 국어교과에서 만연하는 분절적 논의가 한국어 교육에 이식되었다는 것을 나타낸다. 따라서 한국어 교육과정에서 나타나는 개발상의 특징은 한국어가 갖는 총체성에 주목하지 못하였다는 측면에서 다문화교육뿐만 아니라 언어교육의 측면에서도 성공을 보장하기 어렵다.

의사소통이 소통 주체 간의 협력적 행위이자 상호 역동적인 행위임을 고려할 때, '한국어 능력 향상'은 학교 이탈을 방지할 수 있는지에 대한 질문이 따를 수밖에 없다. 왜냐하면 김창원 외(2008:115)에서 나타난 연구결과를 보면, 우리나라의 문맹률은 1.7%로 매우 낮은 수준이지만, 이와 상관없이 우리나라의 공교육 이탈현상은 1990년대부터 꾸준히 이어지고 있기 때문이다(이병환 · 김영순, 2008). 또한 고수현(2014), 김영순 외(2015), 신희정 · 박선아(2009), 천호성 · 박계숙(2012) 등은 우리와 같은 형태의 언어를 사용하는 북한 이탈주민 자녀나 언어와 대화능력에 큰 문제가 없는 다문화가정 자녀들의 경우에도 학교생활에 어려움을 겪는다고 말한다.[5] 이러한 사실은 단순히 특정 언어를 사용하여 자신의 의견을 전달하거나 타인의 의견을 듣는 것이 의사소통이라 할 수 없을 뿐만 아니라, 언어능력 자체가 학습자의 학교이탈 방지를 보장하는 것은 아니라는 점을 나타낸다.

뿐만 아니라 의사소통에 있어서 한국어 수준만을 고려하는 편향된 관심은 그들이 사용하는 언어를 단점으로 간주하게 된다. 이는 상대적으로 다문화가정 자녀의 특성과 잠재력에 대한 기대치를 낮게 한다. 베넷(Bennett, 2007:38)은 기존의 연구를 통해 인종적 · 언어적으로 소수인 학생들에 대한 교사의 기대가 다수자인 학생들에 비해 낮은 점을 확인하였다. 흔히 로젠탈 효과(Rosenthal Effect)나 피그말리온 효과(Pygmalion effect)로 잘 알려진 바와 같이 학습자에 대한 기대는 학습의 결과에 많은 영향을 미친다(Cooper, 2000; Rosenthal & Jacobson, 1968). 하지만 다문화 대안학교에서 학습자가 배워야하는 교육과정 중 50%는 특성화 교육과 관련되며, 이 시간의 대부분은 한국어 교육 시간으로 이루어진다(김창아 외, 2014b). 즉, 이들의 관심이나 장점을 계발할 수 있는 여타의 교육에 대한 기회가 줄어듦으로써 결과적으로 그들의 잠재력을 사장하는 결과를 가져올 수 있는 것이다.

그러나 다문화가정 자녀를 위한 그간의 노력을 모두 부정적으로 볼 수는 없다. 왜냐하면 교육적 이상은 실천을 통해서 실현(實現)되기 때문이다.

교육은 경험을 통해 학습자에게 흥미롭고 축적적으로 관련될 뿐 아니라 미래의 풍부한 경험적 가능성을 보장해야 한다(Dewey, 1995:31). 권순희(2008), 김미혜(2013),

---

5) 2014년 3월 12일 EBS 뉴스 보도는 이러한 현상이 계속되고 있음을 나타내고 있다. 일반 다문화가정 자녀와 다르게 탈북 청소년의 경우, 한국어 교육과정에서 제시하는 일상생활에서의 의사소통은 크게 문제되지 않는다. 그럼에도 불구하고 그들의 학업포기는 일반 학생의 3.5배에 달한다. http://news.ebs.co.kr/ebsnews/allView/10203566/N

이바름 · 정문성(2011), 박순덕(2014), 홍우림(2007)은 특히 초등학교 시기의 교육적 경험에 대한 중요성을 언급하였다. 초등학교 시기는 생애사적 측면, 발달상 특성의 측면, 실존적 측면에서 중요하다. 생애사적 측면에서 초등학교 시기는 가소성(可塑性)이 높은 시기이므로 이 시기의 경험은 생애 전반에 큰 영향을 준다. 발달상 특성의 측면에서 초등학생 시기는 중학교나 고등학교 시기에 비해 상대적으로 학습 지속력이 낮으며, 호기심이 왕성한 시기이다. 실존적 측면에서 초등학교 시기는 정체성을 형성하는 시기로, 자기 자신을 어떠한 사람으로 인식하고 규정한다. 이러한 초등학교 시기의 특성을 고려할 때, 교육연극은 학습자의 흥미성과 교육성을 함께 성취할 수 있는 활동으로 주목된다.

성민정(2011), 오은정(2014), 한규용(2008), 볼튼(Bolton, 1998), 스테위그와 뷰에지(Stewig & Buege, 2004)등은 교육연극이 연극의 흥미성과 교육성의 결합을 구현하는 좋은 매개 중 하나라고 한다. 김미예 외 (2008), 김창아 · 김영순(2013), 김창아 외(2014a), 오은정(2014)은 교육연극과 협동학습의 관련성에 주목한다. 협동학습은 'ㅎ'학교의 구성원과 같이 이질적 특성이 높은 집단에서의 갈등을 해소하여 긍정적인 발전 가능성을 높인다. 김창아 외(2014a)는 교육연극이 다문화사회에서 함께 살아가는 데 요구되는 협동을 위한 교육적 매개이자, 협동학습의 강력한 유인책이며, 협동학습의 주요 요소를 모두 갖춘 교육 활동이라고 말한다.

그러나 협동학습이나 교육연극에 대한 지속적인 관심과 달리 다문화가정 자녀를 대상으로 하는 교육연극활동을 통한 협동학습 관련 연구는 이제 시작 단계이다. 특히 'ㅎ'학교에서의 교육활동은 학습자의 특성이나 요구를 알지 못한 채 학습활동을 시작해야 한다는 한계를 갖는다. 일반적으로 학교교육은 매년 말 학습자에 대한 교육만족도와 요구를 조사하고 반영함으로써 학습자 중심성을 실현하고자 한다. 그러나 'ㅎ'학교의 경우 신설 학교이자 1년 위탁 교육기관이라는 특성으로 인하여 교육의 계획 단계에서 학습자에 대한 수요조사가 제한된다.

따라서 교육적 요구와 제한점을 갖는 'ㅎ'학교에서 교육활동은 어떻게 이어가며, 학습자들은 어떠한 경험을 하는지, 또한 'ㅎ'학교에서의 교육활동은 교육적 평등의 측면에서 어떤 의미를 갖는지에 대한 고찰이 필요하다. 본서는 이러한 점에 주목하여 'ㅎ'학교에서 시행한 KSL 교육연극활동에 참여한 학습자들의 협동학습 경험을 나타내고, 그 의미를 교육적 평등을 중심으로 살펴보고자 한다. 'ㅎ'학교 교육활동에서 나타나는 모습을 통하여 이후 설립될 타지역 공립형 다문화 대안학교의 교육활동과 다문화가정 자녀 교육에 대해 다양한 시각을 제공할 수 있기를 기대한다.

3. 다문화교육 관련 연구의 흐름

다문화교육과 관련한 국내 학자들의 관심은 그들의 연구를 통하여 알 수 있다. 국내 다문화교육 관련 연구들은 이론적 연구에서 실천적 연구로, 거시적 관점의 연구에서 미시적 관점의 연구로 변화한다는 흐름상의 특징이 있다.

다문화교육과 관련한 국내 연구는 1984년 김종석의 '미국 다문화교육의 이론적 고찰'로부터 시작된 것으로 확인된다. 김종석은 이 논문에서 백인 청교도문화, 동화, 도가니, 문화적 복수주의 등과 같이 현재 다문화사회에서 익숙한 개념들을 소개하였다.

1998년에 이루어진 박준영의 연구는 '미국의 민주시민의식 조사연구'이다. 이 연구는 미국인을 대상으로 설문조사를 통한 것으로, 양적 연구를 통해 수행되었다. 따라서 연구의 결과보다는 다문화교육과 관련한 동화, 혹은 용광로, 모자이크식 공동체 등과 같이 현재 일반적으로 사용하는 다문화교육 관련 용어와 개념을 소개했다는 측면에서 의의가 있다.

다문화교육과 관련한 논의가 보다 활발하게 이루어진 것은 2000년대 이후의 일이다. 이에 따라 2015년 10월 10일 기준으로 한국교육학술정보원(RISS)에 등록된 '다문화교육' 관련 학술 논문은 총 4,748편에 달한다. 이 연구들이 이루어진 시기를 살펴보면 장인실 · 차경희(2012)의 분석과 같이 '하인즈 워드의 방한 시기인 2006년 이후' 다문화교육 관련 연구가 활발해졌음을 알 수 있다.

학술논문은 1984년부터 2005년까지 약 135편이 발표되었지만, 2006년과 2007년에는 과거 21년간의 연구결과보다 많은 169편의 연구가 발표되었다. 이 같은 사실은 다문화교육에 대한 사회의 관심이 가시화되었다는 것을 나타낸다. 그러나 이 시기에 이루어진 연구들은 다문화교육에 대한 이론적 배경에 대한 심층적인 고찰이나 다문화라는 상황 · 맥락적 특수성에 대한 다각적인 고려보다는 문제 상황에 대한 기술을 단편적으로 다루고 있다는 한계가 있다. 이러한 학술적 한계와 선행 자료에 대한 필요성은 다문화사회를 먼저 경험한 해외 다문화교육 연구에 대한 관심을 증대시켰다. 이에 따라 2008년 이후에는 다문화교육과 관련한 해외의 주요 이론을 소개한 번역서들이 등장하기 시작하였다.

해외 이론서의 소개 이후 다문화교육과 관련한 학술적 연구는 급증하였다. 이에 따라 2010년 이후 연간 500편 이상의 논문들이 꾸준히 발표되고 있다. 다문화교육 관련 연구의 양적 팽창은 김민환(2010), 조영달 외(2010), 최충옥 · 조인제(2010), 서덕희(2013)의 연구와 같이 기존 연구를 통한 우리 사회 다문화교육의 경향을 분석할 수 있게 하였다. 이들은 그간의 축적된 자료를 바탕으로 우리 사회의 다문화교육 연구의 특징과 한계를 다음과 같이 제시하였다.

김민환(2010)은 국내 학위 논문 227편과 학술 논문 221편을 주제와 과목별로 분석하였다. 그가 제시한 현장 연구들의 특징은 다음과 같다. 기존의 다문화교육 관련 연구들은 교육적 소외나 교육 불평등, 열악한 복지(福祉)에 초점을 맞추고 있으며, 다문화가정 자녀의 교수 학습방법이나 프로그램 개발에 적극적인 모습을 보이고 있다. 그러나 기술의 연구들은 현실적으로 당면한 문제에 대한 처방적 성격을 가지며, 교과별 다문화교육의 역할이나 수업방법을 개연적으로 논한다는 한계가 있다. 또한 사회, 미술, 음악 교육과 달리 국어, 영어, 도덕, 체육 교육의 측면에서는 연구가 미비하다.

조영달 외(2010)는 2008년의 자료를 중심으로 총 38개의 초 · 중등학교에 대한 비교사례연구를 통하여 프로그램의 내용을 분석하였다. 조영달 외(2010)는 학교프로그램에서 나타나는 다문화교육의 가장 큰 문제가 다문화교육의 방향이나 목표가 모호하다는 데 있다고 보았다. 이러한 문제는 결과적으로 교육현장에서 다문화교육 프로그램이 대부분 일회성의 단절된 프로그램으로 운영되는 것으로 나타난다. 따라서 무엇보다 다문화교육의 방향과 목표를 명확히 하여야 한다. 이와 함께 다문화교육이 보다 유의한 결과를 나타내기 위해서는 안정적인 지원 체계의 구축, 교사 전문성 신장을 위한 교육의 확대, 교육 자료의 개발이 필요하다. 특히 그는 다문화가정 학생 및 학부모를 대상으로 하는 프로그램이 주로 적응 및 동화주의적 관점에 기초하고 있다고 주장한다.

최충옥 · 조인제(2010)는 2010년을 기준으로 이전 20년간 이루어진 연구들을 분석한 연구이다. 이들은 다문화 관련 정부 보고서 45편, 국내 학위 논문 409편, 대학의 학술연구 403편과 추가로 학교현장에 대한 연구를 분석하였다. 다문화교육과 관련한 정부 보고서의 특징은 중장기적인 정책의 방향 설정이나 개발보다는 당면한 문제를 해결하기 위한 연구에 치중되어 있다는 데 있다. 이와 달리 학위논문 및 학술연구의 경우 연구영역에 있어 교과교육 영역뿐만 아니라 교육학 일반, 인문학과 사회학 등 학문적 영역이 확대되고 있다. 또한 다문화교육 관련 연구들이 점차 교육현장 차원의 연구로 확산되고 있으며, 교육과정 개발과 교과서 분석 및 교수학습 자료 개발과 같은 현장 지원 연구가 활발히 이루어지고 있다는 점은 긍정적이다. 그러나 기존의 연구들은 연구자의 개인적 혹은 학문적 취향에 따라 여러 개념들을 혼용하여 사용하고 있으며, 이는 다문화교육의 성격과 현황을 파악하는 데 혼란을 준다.

최충옥 · 조인제(2010)의 연구 결과는 조영달 외(2010)에서 나타나는 학교 다문화교육의 방향과 목표가 명확하지 않다는 분석과 관련된다. 또한 조영달 외(2010), 최충옥 · 조인제(2010)의 연구를 통해서 다문화교육에 대한 장기적인 정책연구나 이를 위한 기초연구가 부족하다는 것을 알 수 있다.

이와 같이 다문화교육 관련 연구는 다문화교육에 대한 개념 및 방향 정립을 바탕으로 교육현장의 특성을 고려한 실증적인 연구가 되어야 한다는 사실을 알 수 있다. 또한 다문화교육 관련 연구는 교육현장을 기반으로 현상을 이해하고, 장기간의 기초연구를 기반으로 정책을 논의하는 연구가 되어야 할 것이다.

일련의 지속적이고, 실증적인 연구의 필요성이 대두된 가운데 현장 연구와 질적 연구의 증가 양상은 서덕희(2013)를 통해 확인할 수 있다. 그는 메타 분석 연구를 통하여 다문화가정 자녀를 이주민 집단별로 분류하고, 학교생활에서의 인적 관계에서 나타나는 특징을 기준으로 분류하였다. 이 연구에서는 다문화가정 자녀를 이주노동자 자녀, 국제결혼가정 자녀(한국 태생과 중도입국 자녀 구분), 북한이탈아동과 청소년으로 집단의 영역을 나누고, 이를 다시 학업 생활, 또래 관계, 교사와의 관계를 기준으로 그 특성을 나타내었다. 그러나 그가 연구에서도 밝혔듯이, 학령기 이후 이주배경을 갖는 다문화가정에 대한 자료나, 장기간에 걸쳐 수행한 연구는 미비한 실정이다.

김영순 외(2012)은 다문화교육을 위한 기초연구와 이주배경을 갖는 다문화가정 자녀와 관련한 연구에 대한 지속적인 요청 속에서 이루어졌다는 데 주목된다. 김영순 외(2012)은 중도입국청소년을 대상으로 그들의 재사회화 경험을 심층적으로 탐구하였다. 그는 중도입국청소년의 재사회화 경험을 다음과 같이 특징적으로 나타내었다. 재사회화 과정은 접촉기, 갈등기, 위기기로 분류되며, 사회화를 담당하는 기관에 따라 동일 과정 내에서도 다른 경험이 나타난다. 그러나 이들의 공통 경험은 정체성의 혼란이며, 주요 원인은 사회적 혹은 구조적 차별과 무관심에 있다. 이 연구는 중도입국청소년이라는 연구대상의 특성을 나타내었다는 측면과 개인의 문제를 사회적, 구조적 차원에서 고려하였다는 측면에서 의의가 있다. 그러나 개인과 사회 그리고 사회적 작용에 의한 문제가 초등학생들에게서는 어떻게 나타나는지에 대해서는 언급되지 않고 있다.

초국적 이주 배경을 갖는 학습자 중에서도 초등학생에 대한 자료는 더욱 심각하게 부족한다. 다문화교육과 관련한 전체 4,748건의 연구 중 초등학생에 대한 연구는 375편으로 10% 미만에 해당한다. 이 중 '이주'를 통해 검색된 논문은 18편으로, 전체 학술 논문 중 0.379%에 해당한다. 18편의 연구는 한국어 교육에 관한연구(원진숙, 2009; 2012), 다문화교육 양상 분석연구(이정민, 2013), 학교생활 관련 연구(김영식 · 이종욱, 2013; 배은주, 2006; 천호성 · 박계숙, 2012), 정체성에 대한 연구(이안희 · 김민호, 2014; 홍승연, 2011), 통역보조교사제 관련 연구(박지윤, 2011), 상담지도 사례연구(권순희, 2007), 예비 초등교사의 소수자에 대한 인식 관련 연구(구정화, 2012), 종교적 관점에서의 연구(조귀삼, 2010), 해외 교육복지와 관련한 연구(노기호, 2014), 다문화가정 자녀 부모의 학교활동 참여에 대한 연구(연보라 · 김경근, 2012)로 그 주제가 폭넓게 나타나고 있다는 것을 확인할 수 있다. 하지만 배은주(2006), 연보라 · 김경근(2012), 원진숙(2009)과 천호성 · 박계숙(2012)의 연구는 연구지원으로 인하여 이중 등록되어 실질적으로는 14편의 학술논문이 발표된 것이다. 이주 배경을 갖는 초등 다문화가정 자녀 관련 연구들을 구체적으로 살펴보면 다음과 같다.

배은주(2006), 김영식 · 이종욱(2013)은 다문화가정 자녀의 학교생활 중에서 방과 후 활동에 대해 논의하였다. 배은주(2006)는 이주노동자 자녀를 대상으로 학교생활을 탐색하였다. 또한 김영식 · 이종욱(2013)은 부모세대의 초국적 이주 경험을 포함한 제주도 거주 다문화 초등학생 252명을 대상으로 연구하였다. 이들이 제시한 다문화가정 자녀의 방과 후 활동의 특성은 다음과 같다. 첫째, 방과 후 활동은 다문화가정 초등학생의 학교생활 적응에 긍정적인 역할을 한다. 둘째, 초등학생들은 발달 특성상 많은 신체활동이 요구되는데, 방과 후 활동을 통하여 이를 충족시킬 수 있다. 셋째, 방과 후 신체활동을 지속적으로 하는 것은 교우 관계에도 긍정적인 영향을 미친다. 넷째, 그러나 고빈도의 방과 후 신체활동은 수업의 집중력이나 지속력과 관련하여서 오히려 방해가 될 수 있다. 특히 김영식 · 이종욱(2013)은 임광조(2003)의 연구결과와 다르다는 점에 주목된다. 임광조(2003)는 비다문화가정 자녀를 대상으로 방과 후 활동에 대해 연구하였는데, 내용이나 빈도와 상관없이 긍정적인 결과가 나타난다고 하였다. 그러나 김영식 · 이종욱(2013)은 교육의 대상 및 내용과 방법에 따른 유의성이 다르다는 결과를 발표하였다. 이러한 점을 고려할 때, 방과 후 교육이 다문화가정 자녀의 학교생활을 돕는 것은 사실이지만, 그 내용과 방법에 대한 고려가 필요하다는 점을 알 수 있다.

박지윤(2011), 원진숙(2009; 2012)은 다문화가정 자녀의 의사소통과 관련하여 연구를 수행하였다. 박지윤(2011)은 양적 연구를 통해 중도입국 다문화가정 자녀를 대상으로 수행한 의사소통 연구가 전무에 가깝다고 하였다. 또한 그는 이주 배경을 갖는 초등학생들의 학교생활을 돕기 위해서는 무엇보다 통역 보조교사가 필요하다고 주장하였다. 그는 주장의 근거로 다문화담당 교사 89명 중 50% 이상이 응답한 자료를 제시하였다.

원진숙(2009; 2012)은 다문화가정 자녀에 대한 한국어 교육과정 개발과 관련한 연구로, 정책 연구를 기반으로 한다. 이 연구는 최충옥 · 조인제(2010)의 관점으로 볼 때, 최근 급증하는 다문화가정 자녀의 학교 문제를 인식하고 해결하고자 하는 목적에서 시행된 연구에 해당한다. 특히 이 연구는 다문화가정 자녀에 대한 문제를 '적응/부적응'의 관점에서 연구한 대표적인 연구라 할 수 있다.

이안희 · 김민호(2014), 홍승연(2011)은 다문화가정 자녀의 정체성과 관련하여 연구를 하였다. 이안희 · 김민호(2014)는 제주도의 필리핀 출신 부모를 가진 아동 6인과 그들의 부모 및 교사를 대상으로 질적 연구를 수행하였다. 이들은 다문화가정 자녀가 느끼는 정체성이 그들 부모의 문화적 동질성과 상관없이 개별적으로 상이하다는 연구 결과를 발표하였다. 또한 그들은 다문화가정 자녀들이 현재 생득적 배경에 의해 부여받은 낙인 속에서 살아가고 있으며, 문화적 정체성의 선택에 있어서도 자유롭지 못하다고 하였다.

홍승연(2011)은 광주광역시 관내의 이주 배경을 갖는 다문화가정 학생 56명 대상의 설문조사를 통하여 음악수업용 악곡을 선택하고, 수업에 적용할 수 있는 수업지도안의 예시를 제시하였다. 그는 다문화가정 학습자들이 자신의 관심에 따라 악곡을 선택하고 그것을 수용하여 수업을 진행하는 것이 학습자들의 정체성 형성에 도움이 된다고 하였다.

이상과 같이 기존의 논의를 통해서 다문화교육은 학습자의 특성에 맞는 교육적 지원이 필요하지만(박지윤, 2011; 홍승연, 2011), 다문화가정 자녀의 특성은 비다문화가정 자녀와 다르고(김영식 · 이종욱, 2013), 정체성에 대해서도 개별적 차이가 매우 크므로(이안희 · 김민호, 2014), 다양한 차원에서의 지원이 필요하다는 것을 알 수 있다.

권순희(2007), 이정민(2013)의 연구는 이주 배경 초등학생과 관련된 교사에 대한 연구이다. 권순희(2007)는 다문화가정 자녀에 대한 상담사례 분석을 통해, 가정과 학교 그리고 사회의 연계성 있는 교육이 필요하다고 하였다. 또한 다문화가정 자녀가 갖는 문화적 정체성은 다문화적 특성에 의한 개인적 정체성과 집단적 정체성이 조화를 이룰 수 있어야 한다는 입장을 제시하였다.

이정민(2013)은 이주 배경 초등학생을 직접 담당하는 교사를 대상으로 면담을 통한 질적 연구를 수행하였다. 이 연구는 교사들이 이주 배경 초등학생의 교육을 경제적으로 어려운 학습자들에 대한 교육기회의 제공, 적응과 동화교육, 한국 전통문화에 초점을 둔 문화교육, 국익을 위한 장기적 투자로 인식하며 분리교육 형태의 운영을 선호하고 있다는 것을 나타내고 있다.

구정화(2012)는 '적극적 조치'라는 개념을 통해 예비 초등교사 300명을 대상으로 설문조사를 하였다. 적극적 조치는 소수자가 접하는 불리하고 불평등한 위치를 없애기 위한 조정을 의미한다. 이 연구에서는 예비교사들의 다양한 소수자에 대한 한정적인 인식이 나타나고, 비집단화된 소수자에 대한 인지율이 낮은 것으로 확인되었다. 특히 예비교사들의 53% 정도만이 '적극적 조치'를 찬성하며, 장애인을 북한이탈주민보다 더 호의적으로 생각하였다는 점은 주목할 만하다.

이들의 논의는 다문화가정 자녀의 원활한 학교생활을 위해 가정, 사회, 학교는 활동의 연계성을 확보해야 하며(권순희, 2007), 교육의 주요 주체인 현직교사와(이정민, 2013), 미래 교육의 한 축인 예비교사의 다문화가정 자녀의 교육과 지원에 대한 인식의 제고가 필요하다(구정화, 2012)는 것을 나타낸다. 이는 교육의 대상이 아직 성인의 도움을 필요로 하는 초등학생임을 감안할 때, 다문화가정 자녀에 대한 교사의 인식에 대한 고려가 필요하다는 것을 의미한다.

박미숙 외(2014)는 스스로 한국생활을 선택하여 유학생활을 하는 외국인 대학원생들의 경우에도 출신국과 다른 문화적 차이로 인하여 심각한 스트레스를 경험하고 있음을 밝혔다. 그런데 이안희 · 김민호(2014)는 초국적 이주 배경을 갖는 대부분의 다문화가정 자녀들은 한국생활에 대한 준비도 미비한 상태에서 생활을 시작하며, 그들의 초국적 이주가 부모의 의지에 의한 것이라고 한다.

이러한 사실은 초국적 이주배경을 갖는 다문화가정 자녀가 학교생활에 소극적으로 대처할 가능성을 나타낸다. 따라서 이들에 대한 교사의 보다 깊은 관심과 다양한 지원이 필요하다. 특히 교사의 다문화가정 자녀 교육과 지원에 대한 인식은 정지현 · 김영순(2012)의 주장과 같이 타인과 타문화에 대한 개방성을 토대로 자신의 고정관념을 성찰함으로써 변화할 수 있을 것으로 본다.

이상과 같이 이주 배경을 갖는 초등학생과 관련한 연구를 살펴보면 크게, 관련 교사에 대한 연구(구정화, 2012; 권순희, 2007; 이정민, 2013), 방과 후 교육에 대한 연구(배은주, 2006; 김영식 · 이종욱, 2013), 의사소통과 관련한 연구(박지윤, 2011; 원진숙, 2009; 2012), 정체성과 관련한 연구(홍승연, 2011; 이안희 · 김민호, 2014)로 분류할 수 있다. 그러나 이 연구들은 양적으로 부족하고 대부분 간접적으로 이루어진 연구라는 한계가 있다. 즉, 초국적 이주 배경을 갖는 초등학생과 관련한 연구가 다양하게 시도되고 있지만 앞서 언급한 김민환(2010), 조영달 외(2010), 최충옥 · 조인제(2010)가 지적한 바와 같이 현장중심의 심층적인 연구가 여전히 부족하다.

이와 함께 구정화(2012), 이정민(2013)의 연구는 교육 현장을 담당하는 교사들의 다문화가정 자녀에 대한 인식의 중요성을 나타낸다. 또한 이 연구들은 이주 배경의 다문화가정 자녀를 우리 사회에 적응시켜야 한다는 입장(원진숙, 2009, 2012; 이정민, 2013)과, 그들의 특성에 맞는 교육적 지원이 필요하다는(박지윤, 2011; 홍승연; 2011; 이안희 · 김민호, 2014) 상반된 입장이 나타나고 있다. 이는 우리 교육이 추구하는 평등이 어떠한 것인가에 대한 문제와 관련된다. 적응/부적응의 관점에서는 언어적 문제의 해결을 통하여 법률이 제공하는 교육의 기회를 실질적으로 누릴 수 있도록 하는 데 교육의 목적을 둔다. 따라서 이 입장에서는 다문화가정 자녀가 한국어 교육을 통해 일반학교 생활에 참여할 수 있도록 한다는 비판적 다문화주의의 입장이 나타난다. 그러나 '특성에 맞는 교육'은 다문화가정 자녀의 한국어 문제 자체보다는 학습자에게 '익숙한' 혹은 '흥미를 보이는' 자유주의적 다문화주의의 입장이 나타나는 것을 알 수 있다.

이와 같이 다문화교육과 관련한 연구는 2000년 이후 양적 팽창과 질적 연구로의 전환이 순차적, 반복적으로 이루어지고 있다. 연구 경향의 변화는 평등에 대한 인간의 기본적인 요구에 의해 진화된 다원주의 패러다임과 그 맥락을 같이 한다. 그러나 앞서 살펴본 바와 같이 현재 초국적 이주 배경을 갖는 다문화가정 자녀에 대한 연구는 시작단계로 이들의 요구를 파악할 수 있는 직접적이고 실제적인 연구가 매우 부족하다. 또한 이제까지 다문화가정 자녀 교육과 관련한 많은 연구들은 주로 그들의 출신국과 관련한 집단적 특성에 관심을 보여 왔다는 한계가 있다. 이러한 상황에서 설립된 'ㅎ'학교는 기존의 정책 연구에서 나타나는 다문화가정 자녀의 학교 이탈 문제에 대한 처방적이며 개연적 성격을 갖는다는 한계를 가질 수 있다.

따라서 초국적 이주 배경의 다문화가정 자녀에 대한 실제적 차원의 교육적 평등을 위해 'ㅎ'학교 학습자의 특성은 무엇이고, 교육활동에 의한 변화의 과정은 어떠한지에 대한 성찰이 필요하다. 이와 함께 이들에 대한 교육적 실천에는 초국적 이주 배경을 갖는 학습자들의 특성과 문화적 배경을 인정하고 이해하려는 관점이 요구된다. 즉, 온정주의나 적응교육에 중점을 둔 현재의 다문화교육에서 학습자에 대한 이해를 바탕으로 그들의 특성에 공감하는 교육으로의 방향전환이 필요하다.

이러한 관점에서 이 글은 교육연극활동을 통해 나타나는 초국적 이주배경을 갖는 다문화가정 자녀의 특성과 그 경험적 의미를 나타낼 것이다. 다음 장에서는 다원주의와 다문화학교에 대해 알아보고, 다문화학교에서 실천적 방안으로 판단되는 교육연극과 협동학습에 대해 살펴보도록 한다. 다문화가정 자녀의 학교 일탈을 적응/부적응의 개념으로 말하는 기존의 논의들은 다원주의 사회가 추구하는 사회적 정의 즉, 평등개념의 변화와 밀접한 관련성이 있다. 따라서 다원주의와 관련하여서는 평등에 대한 인식론적 변화를 중심으로 기술하도록 하겠다.

II

다원주의와 다문화학교

다문화학교는 어떤 학교일까? 이 장에서는 다원주의와 다문화교육에 관련한 논의를 통하여 다문화교육에 대한 개념을 규정한다. 다원주의는 현대사회에 가장 영향력 있는 패러다임이다.

다원주의적 관점에서 개인과 사회가 갖는 특성은 전통적인 일원론적 시각으로는 판단하기 어렵다. 그렇다면 다원주의적 패러다임 속에서 다문화학교의 역할은 무엇이며, 어떠한 문제를 내포하고 있는가? 이 장은 이러한 문제의식 속에서 다양성에 대한 평등성 부여와 관련한 논의를 바탕으로 다문화교육의 개념을 정의한다. 이를 통하여 다문화학교에서 요구되는 교육의 특성을 살펴본 후, 한국 사회의 공립형 다문화 대안학교 체제에서 나타나는 특성을 비교하여 제시할 것이다.

1. 다원주의와 다문화교육

뱅크스(Banks, 2008:59)가 주장한 바와 같이 다문화교육이 무엇인지에 대해 학자 간에 합의된 바는 없다. 그러나 김영천(2009:99)은 교육이 그 사회가 위치한 시대와 철학에 따라 함께 변화한다고 말한다. 이는 다문화교육에 대한 논의가 그 사회가 위치한 역사와 문화적인 맥락 속에서 이루어져야 한다는 니토(Nieto, 2010)의 주장과도 같다. 다문화교육의 주요 철학적 배경은 다원주의에 있다. 따라서 이 장에서는 다문화교육에 대한 개념 규정은 다원주의에 대한 고찰을 통해 가능할 것으로 본다.

1) 개념과 관점

다원주의는 절대론적 인식론에 대비되며, 21세기의 현대사회를 특징 짓는 패러다임이다. 근대 합리주의적 사고는 과학적이고 합리적인 객관적 인식론에 근거한다(강영안, 2005; 서동욱, 2013; 이종일, 2014; Levinas, 1979). 절대론적 인식론의 관습 하에서 하나의 현상이나 문제는 하나의 정답만을 갖는다. 정답과 다른 관점이나 다른 해결책은 틀리거나 옳지 않은 것으로, 논의의 대상에서 제외된다. 따라서 객관적 인식론

하에서 소수자가 갖는 다름은 양적으로 드러난 합리적 보편성에서 배제될 수밖에 없다. 이는 필연적으로 양적 측면에서 객관성을 보장받지 못한 소수자의 삶을 부정(不定)하게 만든다.

두 차례의 세계대전과 식민지 전쟁에 의한 대대적인 초국적 이주는 서구 주류 집단의 자문화에 대한 반성과 이문화에 대한 새로운 경험을 가능하게 하였다. 전체성에 의해 타자와 다름을 자아 중심성적 사고에 의해 환원하거나 동화하는 모습은 기존 사회를 유지하던 주류집단의 논리에 대한 근본적인 의문을 갖게 하였다. 서구 지성인들의 반성과 구성원들의 각성은 사회적 요구가 다양하다는 것을 드러냈다. 즉, 이문화 혹은 소수자로 대변(代辯)되는 타자를 새로운 관점으로 바라봐야 한다는 주장이 제기된 것이다.

레비나스(Levinas, 2009:120-121)는 기존 서양철학을 전체성의 철학이자 전쟁의 철학으로 보았다. 그는 철학의 주요 관심이 주체에서 고유성을 갖는 타자로 나아가야 할 뿐만 아니라 오히려 타자의 이타성(異他性)을 통해 나의 주체성(主體性)이 발생한다고 말한다(서동욱, 2013).

레비스트로스(Lévi-Strauss, 1955)는 그의 저서 '슬픈 열대'를 통하여 인류 공동체로서의 문화적 가치 속에 그동안 변혁 혹은 계몽의 대상으로 취급받던 이민족과 원주민 역시 포함된다는 것을 알렸다. 후기 구조주의자인 레비스트로스의 주장은 성, 민족, 언어, 계급, 젠더, 종교, 문화적 소수자들도 평등의 대상이 될 수 있다는 것을 깨닫게 하였다.

이와 함께 미국에서는 흑인이나 여성, 어린이와 같은 소수자들의 사회적 권리에 대한 요구가 나타났다. 또한 프랑스에서는 비주류인들이 기존 권위에 대항함으로써 사회적 요구가 다양하다는 것을 실천적으로 나타내었다. 다원주의는 이와 같이 전 세계적으로, 그리고 전 사회적으로 영향을 끼친 하나의 패러다임으로 나타났다.

베넷(Bennett, 2007:52)은 다양성이 높은 사회는 갈등이라는 위험 요소를 내포한다고 하였다. 이는 초국가적으로 인구이동이 빈번해지고 있는 다원주의를 기반으로 하는 사회를 어떻게 바라볼 것인지에 대한 문제이다. 인간은 사회로부터 문화 · 역사적으로 영향을 받으며(Gadamer, 2012:175), 동시에 자신의 관점을 통해 세상을 바라보기 때문이다(Holzbrecher, 2004).

사회를 바라보는 관점과 이에 대한 연구는 거시사회학으로부터 시작되었고, 크게 기능론과 갈등론으로 구분할 수 있다. 기능론적 관점에서 개인은 사회의 규칙과 불변하는 체제에 적응해야 한다(김민정, 2011; 김병성, 1990:26; 배한동, 2007). 그러나 갈등론적 관점에서 사회는 불합의체로 파악되며 필연적으로 갈등을 수반한다(김경동, 2007; 이인정, 2011).

갈등론적 관점은 다원주의가 평등에 대한 다양한 요구와 수용 속에 발전되어 왔음을 고려할 때 설득력이 있다. 그러나 베버와 마르크스에 의해 시작된 고전적 갈등론은 갈등의 원인과 해결 방법을 거시적 차원의 것으로 한정한다는 문제를 갖는다. 이러한 한계는 고전적인 사회학의 관점이 본질적으로 전체주의적 시각을 바탕으로 하였다는 데 원인이 있다. 거시적 관점에서 개인은 완전체로서의 사회에 대해 적응(기능론)해야 하는 존재이거나 계급과 권위, 자본을 바탕으로 하는 사회체제에 대립(갈등론)하는 존재일 수밖에 없다. 즉, 거시적 관점에서 기능론과 갈등론은 '합의된 가치'에 대해서 상반된 입장에 있다. 그러나 양자는 개인과 사회를 이미 합의가 끝났거나 영원히 합의할 수 없다는 고정적인 것으로 파악한다는 공통점이 있다.

한편, 사회를 바라보는 상반된 관점에 대한 논의는 김병성(1990)의 주장과 같이 양자 간의 진지한 성찰 속에서 이루어졌다. 사회관에 대한 이러한 성찰은 고전적 관점이 갖는 이분법적 해결 방안의 한계를 극복하려는 시도와 함께 사회학의 발전으로 이어졌다.

> 이렇게 여러 가지 이론들이 제각기 이론적 독자성을 내세우고 있지만 이러한 사회이론들은 분화와 통합을 계속하는 가운데 기능이론과 갈등이론이 논쟁의 주축이 되고 있으며 여타의 다른 분파들은 이 두 이론들과 직접 또는 간접적으로 관련되어 있는 경우가 대부분이다. 기능이론과 갈등이론의 다툼은 전자에 대한 후

자의 비판과 공격, 이에 대한 전자의 반발과 자기변호 및 반격 등의 방식으로 전개되어 왔다.(김병성, 1990:35)

이에 따라 현대 사회학은 사회를 고정된 합의체로서가 아니라 합의를 지향하는 상호 합의 과정체라는 입장을 상정한다(Coser, 1956; 1957). 또한 기존의 사회학은 사회 체제를 중심으로 논의하는 거시사회학의 입장을 나타내지만, 현대 사회학에서는 미시적 측면에서의 상호작용을 함께 고려해야 한다는 주장이 팽배해지고 있다. 이 입장에서 갈등은 일상적인 것으로 다양한 차원의 이해와 욕구가 다르다는 것을 인정하지 않는 데 원인이 있다. 따라서 갈등의 해결은 일방적인 조정을 통해서가 아니라 타협, 절충 등의 상호 역동적인 과정을 통해 이루어진다.

개인과 사회를 어떻게 바라볼 것인가에 대한 관점의 변화와 함께 교육 역시 사회적, 역사적으로 변화하였다. 김병성(1990)은 이러한 변화와 관련하여 '보수와 진보'를 말한다.

> 보수적이라는 것은 기존의 제도들을 그 기본적인 면에서 기정화된 것으로 보고 따라서 불변하는 것으로 취급하면서…(중략)… 현재의 기존 조건들보다는 본질적인 면에서 나을 수 있는 미래를 전혀 보지 않으며, 기존의 것에 대항하지 않고 수용 또는 체념하는 것을 명시적 또는 암묵적으로 권고하는 자세를 보이는 것.(김병성, 1990:40)

위의 인용을 통하여 김병성(1990)의 '보수'개념은 과거로부터 이어져 오며, 현재 우리가 인지하지 못하고 있으나 아직도 우리 사회에 영향을 주고 있다는 '전통적'이라는 의미로 해석할 수 있다. 상대적으로 진보는 기존의 조건과 제도들에 대한 한계를 극복하고, 본질적으로 보다 나은 미래를 추구하려는 자세로 파악할 수 있다.

전통적 사회를 기반으로 하는 교육의 폐해를 듀이(Dewey, 2008:69)와 니토(Nieto, 2010:39)는 인간 성장 혹은 발달에 대한 한계로 본다. 즉, 전통적 교육에서는 모든 학

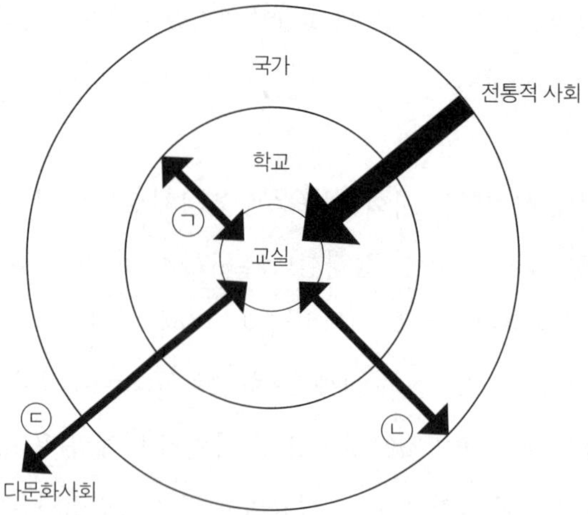

[그림 2-1] 패러다임의 전환에 따른 사회와 교육의 관계

습자의 성장이나 발달은 궁극적인 불변의 목표에 도달하는 것으로 보았다는 데 한계가 있다.

전통적 사회에서 교육은 소수전문가에 의해 내용과 방법이 정해지고 학교에 전달된다. 모든 학교는 국가에서 정한 교육목표에 대한 학습자의 달성 여부를 평가하고 점수를 통해 서열화함으로써 그 책무를 완성한다. 즉, 전통적인 교육에서 교육은 국가가 제공하는 절대지식을 성취함으로써 완성된다.

그러나 다원주의 사회에서 교육은 교실 속 개별학습자의 요구가 사회체제에 영향을 주고, 다시 학교와 개별 학습자에게 영향을 준다. 또한 교육은 지식의 획득이 아니라 어떻게 지식을 형성하는지에 대한 과정을 더욱 중요하게 여긴다. 일원론적 패러다임으로부터 다원적 패러다임의 전환에 의한 사회와 교육의 관계 변화를 나타내면 [그림 2-1]과 같다.

[그림 2-1]에서 제시한 전통적 사회는 전체주의에 기반한 전통적 교육이라는 특징이 있다. 또한 다문화사회는 다원주의를 기반으로 하여 진보적 교육이라는 특징을 갖는다. 다원주의 사회에서 진보적 교육의 특징은 다음과 같다.

㉠ 교실에서 나타나는 다양한 학습자의 특성을 바탕으로 목표가 설정되고, 다양한 교육방법이 제시된다. 구성주의 학습이론이나 가드너(Gardner, 2006)의 다중지능이론은 학습자의 다양한 특성과 잠재력을 강조한다. 또한 교육연극이나 협동학습은 기존의 일제식 교육이나 개별학습과 다르며 학습의 과정을 중시한다.

㉡ 사회적 가치는 교육과정을 통해 교실에 반영되며 역으로 교실의 요구가 반영된 새로운 체제의 개발이 이루어지기도 한다. 기존의 신자유주의적 가치와 신고전주의적 경제관에 근거한 무한경쟁적 학습이나, 엘리트 중심 교육은 학습자의 특성을 중시하는 교육으로 변화를 추구한다(김영순 외, 2015a). 대안학교, 특수학교와 같이 기존과 다른 체제의 설립이나 수요자 중심의 교과서 개발 등은 다양한 학습자들의 교육적 요구를 고려한 것이다.

예컨대 1985년에 한국교육개발원이 주관한 '초등학교 체육교과서 체제 개선을 위한 기초연구'는 교과서 개발을 위해 현장의 요구를 반영하고자 하였지만, 그 대상에 학습자는 포함되지 않았다. 그러나 2011년에 한국교육과정평가원을 통해 진행된 '수요자 중심의 교과서 체제 개발 방안'은 교과서 개발을 위해 학습자를 '수요자'로 인식하여 포함하고 있다. 이처럼 우리 교육은 교과서 개발이나 교육과정의 개발에 있어서 소수전문가들의 의견에만 의존했던 전통적인 모습을 벗어나고 있다.

㉢ 교육은 국가로 구별되는 사회적 가치뿐만 아니라 전지구적 상황에서 요구되는 인류의 가치를 포함하며, 이는 개별 학습자의 삶과 관련된다. 지속가능발전(ESD:Education for Sustainable Development)은 이에 대한 대표적인 사례로 전지구적 차원의 문제를 개별 학습자와의 관련성과 함께 고려함으로써 인류공동의 가치교육을 추구한다.

일례로, UNESCO는 통영지역의 ESD교육을 개인과 지역 그리고 환경을 고려하는 좋은 사례로 소개하였다. 이 사례에서 지속가능발전이라는 전지구적 차원의 요구는 통영이라는 지역에서 각 개인의 활동을 통해 실천되었다. 이와 함께 UNESCO는 통영지역에서 인지하는 환경문제, 개인과 집단의 인식과 역할 및 해결을 위한 과정 등을 다시 전지구적 차원에서 소개함으로써 지속가능발전 교육 방향의 재고(再考)에 기여하였다.

이상과 같이 교육적 측면에서 다원주의 패러다임은 개인, 학교, 지역, 국가, 세계 차원에 영향을 준다. 또한 다원주의 사회에서 교육은 전통적 교육의 특징인 일방성, 고정성, 완성성에 대해 양방성, 유동성, 순환성의 특징을 갖는다고 할 수 있다. 이와 같은 진보주의 교육의 특징은 구성주의, 협동학습, 교육연극, 다중지능이론, 질적 연구 등의 발전과 맥을 같이 한다.

다원주의가 갖는 특징은 개인과 집단의 다양성 인정과 이에 대한 평등성의 보장으로부터 시작되었다. 교육이 사회의 이데올로기를 반영함을 고려할 때, 다문화교육은 교육적 평등을 의미하는 것이다. 다원주의가 갖는 다양성은 일상에서 부딪히는 모든 현상에서 나타나는 갈등을 내포하며, 이는 교육적 평등과 관련하여서도 마찬가지이다. 그러나 앞서 김병성(1990)의 논의를 통해서도 알 수 있듯이 현재 우리 사회가 겪는 갈등은 진지한 논쟁 속에서 변증법적 과정을 통해 보다 발전적인 결과를 도출할 수 있는 힘이 될 수 있다고 본다.

2) 민주주의와 다문화교육

오늘날 대부분의 국가는 다원주의의 패러다임 속에서 구성원 개인의 다양한 특성을 존중하는 민주주의를 기반으로 한다. 그러나 교육적 측면에서 '학습자의 다양성을 인정하는 자유주의적 입장은 사회화라는 교육의 본질 속에서 어떻게 구현될 수 있는가?'라는 문제를 유발한다. 이는 자유주의적 다문화주의자와 비판적 다문화주의자의 주장이 어떻게 합의점을 찾을 수 있는지에 대한 문제이자, 우리 사회가 추구하는 가치를 실현하기 위해서는 어떤 교육이 어떻게 이루어져야 하는지에 대한 문제라고 할 수 있다.

사시에(Sassier, 2000:16)는 사회가 내포하는 이질성을 허용하며 자연스럽게 받아들이고 조화를 이루는 것을 이상적인 사회로 보았다. 네그리(Negri, 2004)는 다중에 의한 민주주의를 이상적으로 보았다.

사시에의 조화로운 사회나 네그리가 제시한 다중에 의한 공동체 사회는 모두 듀이가 제시한 '좋은 사회'와 관련성이 높다고 본다. 그들이 말하는 이질성의 허용과 조화는 어떻게 이루어질 것인가? 듀이(Dewey, 2008)는 '좋은 사회'를 통하여 민주주의가 이상적으로 실현된 사회를 제시한다. 좋은 사회의 특징은 다음과 같다.

> 모든 구성원은 동등한 조건으로 그 사회의 복지에 관여할 수 있도록 조건이 정비되어야 한다. 여러 가지 형태의 공동생활의 상호작용을 통해서 그 제도를 다시 조정할 수 있어야 한다. 사람들이 사회의 여러 관계나 통제에 자진해서 흥미를 갖도록 하고, 혼란을 야기시키지 않고, 사회변화를 가져올 수 있는 마음의 습관을 지녀야 한다.(Dewey, 2008:113)

좋은 사회에서 이루어지는 행위는 민주사회의 시민복지에 관여한 것으로 인간중심을 목적으로 한다. 듀이가 생각한 사회적 정의는 동등한 조건, 상호작용을 통한 조정, 흥미로부터의 통제를 포함하는 것이다. 듀이는 특히 교육을 통해 이루어지는 사회화를 개인이 '자진해서 흥미를 갖는' 것으로 설명하였다(Dewey, 2008:53). 이러한 설명은 듀이에게 사회화라는 개념이 개인의 흥미를 기반으로 이를 유지하고 지속시키기 위해서 상호작용을 하고, 이를 바탕으로 사회적 제도를 조정하는 것임을 나타낸다. 따라서 듀이가 추구하는 사회화는 그 사회가 규정한 절대 정신에 대한 '동화'로 파악한 헤겔주의적 관점과 다르다는 것을 알 수 있다. 이러한 의미에서 듀이가 말한 '자진해서 흥미를 갖는' 것의 의미는 자율성을 가리킨다고 할 수 있다.

한편, 듀이의 좋은 사회에 대한 주장은 롤스(Rawls, 1971)의 공정한 개입을 통한 동등한 조건의 실현, 하버마스(Habermas, 1987b)의 의사소통의 연속적 과정을 통한 공중(公衆)의 상호 문화적으로 매개된 공동체 구성,[1] 왈쩌(Walzer, 1998)의 사회 각 영역의 특성에 따른 다원적 평등과 부분적으로 관련된다. 즉, 듀이가 생각하는 이상적인 민주주의 사회는 다양한 특성을 갖는 구성원들이 평등성을 기반으로 상호작용을 하고, 자신이 추구하는 가치를 고려하여 사회적 제도를 조정하는 데 참여하는 사회이다. 이때 참여를 통해 조정된 제도는 사회 구성원에게 자기구속력을 가지며, 사회변화를 가져올 수 있는 마음의 습관은 교육을 통해서 함양할 수 있다.

그러나 듀이(Dewey, 1916)는 좋은 사회에서 나타나는 특징이 구현되기 위해 교육적 측면에서 요구되는 구체적인 자질에 대하여 뚜렷하게 제시하지 않았다. 이와 관련하여 김영순(2014)과 정지현 · 김영순(2012)은 민주사회에서 요구되는 교육을 다문화 시민성 교육으로 말한다. 이때 필요한 교육적 자질은 김영순 · 이미정(2010), 다문화 역량(김영순, 2010), 다문화 감수성(김영순 외, 2013b)과 비판적 사고와 행위능력(김영순, 2014)으로 구체화하여 논의하고 있다.

① 다문화 역량

김영순(2010), 김영순 · 이미정(2010)은 다문화 역량의 구성요소로 의사소통능력, 사회적 · 대인관계능력, 갈등관리능력, 공감 · 관용 · 수용능력, 문화 간의 차이 인정능력을 제시하였다.[2] 그런데 김영순(2010), 김영순 · 이미정(2010)이 제시한 요소들은 나와 타자의 생각과 감정 등이 어떠한 관점에서 어떻게 교류되느냐의 문제로 결국 의사소통행위를 통해 발현된다. 이와 관련하여 첸, 첸과 스타로스타(Chen, 1997; Chen and Starosta, 2000)는 다문화와 관련한 개인의 역량을 문화 간 의사소통능력과 동

---

1) 하버마스(Habermas, 1987a:3)는 이를 공론장이라고 하며, 합리적 의사소통에 의해 실현가능하다고 주장하였다. 합리적 의사소통이 이루어지기 위해서는 타당성에 근거한 상호주관성이 필요하다. 상호주관성은 정당성(옳거나 타당함), 진실성(의도), 이해 가능성(표현), 진리성(내용)을 통해 확보될 수 있다. 하지만 하버마스의 상호주관성은 언어적 이해를 기반으로 한 것으로 비언어적 이해 또는 언어적 기반이 다른 사람들에 대한 문제를 근본적으로 배제하였다는 한계가 있다.

2) 김영순(2010), 김영순 · 이미정(2010)은 모두 다문화 역량에 대해 논의하였는데 김영순(2010)이 제시한 다문화 역량이 다문화사회의 모든 시민에게 요구되는 자질로써 제시한 것이라면 김영순 · 이미정(2010)은 특히 다문화교육 담당자에게 요구되는 자질로써 '인간존중'을 바탕으로 하는 '의사소통능력'을 말하였다.

일하게 보았다.

하버마스(Habermas, 1987a; 1987b)는 의사소통에 있어서 기존의 도구적 합리성을 비판하며 절차적 과정을 강조하였다. 그러나 김영필(2013)은 하버마스의 절차성 혹은 합리성에 근거한 의사소통이 언어적으로 원천이 다른 집단을 배제하게 된다고 지적한다. '의사소통'은 언어적 측면이나 절차성에 한정될 수 없다. 일상생활에서 비언어적 의사소통은 65% 이상을 차지(김영순 · 오장근 2004)하기 때문이다. 하버마스가 갖는 '의사소통'의 한계는 아래의 인용을 통해서도 드러난다.

> 문화와 언어가 〈원천으로서의 역할을 충분히 하지 못하고 있는〉 매우 드문 경우 특유의 저항이 나타나고, 이 경우 번역가나 해석가나 정신과 의사와 같은 사람들의 '치료행위'가 필요하다.(Habermas, 1995:176)

위의 인용을 통해서 하버마스가 주장하는 합리성에는 문화와 언어적 원천이 다른 초국적 이주 배경자들에 대한 고려가 부족하다는 사실을 알 수 있다. 특히 문화와 언어적 원천이 다른 것을 치료가 필요한 것으로 규정한 것은 일종의 결핍론적 사고에 근거한 것이라 볼 수 있다.

홀츠브레허(Holzbrecher, 2014)는 구성주의적 시각에서 다름 즉, '낯섦'을 역동성의 원천으로 보았다. 이와 함께 슐츠 폰 툰(Schulz-von Thun, 1981)은 의사소통과 관련하여 타자의 관점을 포함한 모델을 제시하였다(Holzbrecher, 2014:46). 슐츠 폰 툰의 의사소통 모델은 사실 단계, 호소 단계, 자아공개 단계, 관계 단계로 구성되며 역동성을 특징으로 한다(오영훈 · 김창아, 2015).[3)]

오영훈 · 김창아(2015)는 슐츠 폰 툰의 의사소통 모델이 언어적 측면뿐만 아니

3) 오영훈 · 김창아(2015)는 슐츠 폰 툰(Schulz-von Thun, 1981)의 의사소통 모델의 단계별 특징을 다음과 같이 말한다. 사실 단계는 타자와의 의사소통 상황에서 행위자 혹은 관찰자와 같이 객관적인 사실이 드러나는 단계이다. 자아공개 단계에서 주체는 자신의 상황, 요구, 문화적 특성 등을 드러낸다. 또한 호소 단계에서 주체는 타자의 입장에서 타자 자신, 타자의 세계상 및 타자의 상황을 고려함으로써 타자의 의도를 파악한다. 이 과정에서 화자는 청자의 입장에서 타자가 자신과 자신의 세계상 및 자신의 상황에 대해 진술하고자 하는 것을 발견하려고 노력 한다. 관계 단계에서는 이전 과정의 결과로써 주체와 타자의 관계가 재설정된다.

라 비언어적 측면으로까지 확장될 수 있다는 것을 실증적으로 나타냈다. 또한 이들은 김영필(2013)의 발화수반력 개념을 통하여 자아공개 단계와 호소 단계가 화용론에서의 발화수반력(illocutionary force) 개념와 유사하다는 점을 지적하였다. 오영훈 · 김창아(2015)가 제시한 슐츠 폰 툰의 의사소통 모델의 단계별 특징은 다음과 같다. 사실단계는 타자와의 의사소통 상황에서 행위자 혹은 관찰자와 같이 객관적인 사실이 드러나는 단계이다. 자아공개 단계에서 주체는 자신의 상황, 요구, 문화적 특성 등을 드러낸다. 또한 호소 단계에서 주체는 타자의 입장에서 타자 자신, 타자의 세계상 및 타자의 상황을 고려함으로써 타자의 의도를 파악한다. 이 과정에서 화자는 청자의 입장에서 타자가 자신과 자신의 세계상 및 자신의 상황에 대해 진술하고자 하는 것을 발견하려고 노력한다. 의사소통의 전 과정을 통하여 형성되는 당사자 간의 관계성은 이후의 과정에 관여한다. 따라서 당사자들은 이 관계성에 의해 의사소통을 순환적으로 반복하거나 종결한다.

즉, 의사소통은 둘 이상의 당사자 사이에서 이루어지는 행위로, 이를 유지하기 위해서는 사실 단계에서 의사소통 당사자를 인지하는 민감성, 호소와 자아 공개 단계에서는 타자가 갖는 다름에 대한 개방성과 공감, 그리고 의사소통 유지를 위한 협력적 태도가 필요하다. 따라서 슐츠 폰 툰의 모델은 의사소통 과정에서 청자를 고려할 뿐만 아니라, 청자도 나와 동등한 존재임을 인정(認定)한다고 볼 수 있다. 이때 청자에 대한 인정은 의사소통 과정에서 타자의 입장에 나를 대입시키는 감정이입(empathy)이라는 정의적 차원의 보완을 통해 이루어진다.

즉, 김영순(2010)과 김영순 · 이미정(2010)이 제시한 다문화 역량의 요소의 핵심은 의사소통이라고 할 수 있다. 이때 의사소통은 하버마스의 합리적 의사소통을 넘어서 감정이입(empathy)을 통한 협력적 의사소통을 의미하는 것이며, 비언어적 의사소통과 타자의 관점을 필연적으로 포함한다.

② 다문화 감수성

다문화 감수성은 타문화에 대한 유연하고 개방적인 태도를 핵심으로 한다. 베넷(Bennett, 2007)은 다문화교육이 문화적으로 이질성을 갖는 상대의 입장을 이해할 뿐만 아니라 공감하는 것을 포함한다고 하였다.

첸과 스타로스타(Chen & Starosta, 2000)는 다문화 감수성 측정도구인 ISS(Intercultural Sensitivity)를 활용한 연구를 하였다. 연구 결과 그들은 다문화 감수성이 높은 이들에게서 민감성, 개방성, 감정이입 능력, 참여적 상호작용 능력이 높은 것을 확인하였다. 문화 간 감수성은 경험과 체험을 통해 증진시킬 수 있다(Spitzberg, 1988). 문화 간 감수성은 개인과 타인이 속한 문화의 차이를 구별하고, 인정하며 타인을 존중하는 태도를 증가시키며 결과적으로 자아존중감을 높인다. 정지현 · 김영순(2012), 존슨과 존슨(Johnson & Johnson, 2002:49)은 타자와의 긍정적인 관계는 타자와 자신이 모두 다름을 이해하는 것으로부터 시작된다고 말한다.

즉, 다문화 감수성은 개방성을 갖는 개인의 타인에 대한 이해와 공감이 타인에 대한 인정과 존중을 바탕으로 하는 이타성의 기본이 되며 이를 통해 자아존중감을 높일 수 있다. 그러나 개방성이나 이해 및 공감을 위해서는 나와 너의 다름에 대한 개별성에 대한 인식이 선행되어야 한다.

③ 비판적 사고와 행위능력

비판적 사고와 행위능력은 사회구성원으로서 자신의 생활 속에서 나타나는 문제에 관심을 갖고, 이를 해결하기 위해 자신의 행위를 조정하는 것이다(김영순, 2014; Holzbrecher, 2004).

뱅크스(Banks, 1993)는 민주주의 사회에서 교육은 학생들이 보다 평등하고 공정한 사회를 만들어 갈 수 있도록 돕는 것과 관련된 것을 가르치는 것이라고 한다. 그러나 구트만(Gutmann, 2004)은 사회가 갖는 인종, 계급, 문화, 젠더, 종교 등과 같은 다양성이 서로 다른 가치를 추구하고, 다름에 대해 차별을 함으로써 평등과 공정을 어렵게 한다고 말한다.

프레이리(Freire, 1998)는 바로 이러한 사회적 부당함과 차별에 대해 사회 구성원이 비판적 사고를 통해 대안을 제시하고 이를 자발적으로 실천할 수 있도록 교육이 이루어져야 한다고 말한다. 사회적 부당함과 차별에 대한 구성원의 대응은 몇 가지 가능성을 갖는다. 구성원은 일상적인 부당함을 인식하지 못하거나 부당하다고 여기면서도 그것에 따를 수도 있다. 그러나 구성원은 경험적으로 인식한 부당함에 대하여 비판적으로 사고하고 부당한 현실을 바꾸고자 노력할 수도 있다. 전자는 길들이기 위한 교육, 후자는 행동이 변화하는 교육과 관련된다(Freire, 1985).

사회 구성원은 평등과 공정을 위한 대안을 제시할 뿐만 아니라 실천을 통해 행위를 조정하고 스스로의 삶을 개척할 수 있다. 사회적 부당함이나 차별의 인식 혹은 공정함과 평등을 위한 대안의 준거는 나와 마주한 타인으로부터 비롯된다(Levinas, 2009). '나'에 대한 존재의 규정은 '타인'이 있음으로써 가능하고, 나와 타인에 대한 관계규정을 통해 비로소 문제 해결을 위한 탐색뿐만 아니라 인식 자체가 가능하기 때문이다. 즉, '질서가 아주 잘 잡힌 정의는 타자로부터 시작'된다(Levinas, 2003:161). 이러한 비판적 사고와 행위는 나와 함께 하는 타자의 입장에서 바라보고, 나와 타자의 새로운 관계 정립을 포함하기에 변혁적이다.

이상의 논의를 통하여 듀이가 말한 자발적인 행위의 조정은 사회구성원의 존재와 사회 공동체의 일원으로서 생활 속에서 발견되는 불평등을 인식하는 데서 시작한다는 것을 알 수 있다. 비판적 시각 속에서 인식된 불평등은 '타자'와의 관계를 통해 나타난다. 불평등에 대한 사회구성원의 조정은 '변화된 사회'로서 다시 '그 사회의 복지'를 규정하는 기초가 된다는 변증법적 순환을 통하여 결과적으로 사회 통합에 기여한다. 따라서 듀이가 생각하는 좋은 사회는 무엇보다 인간을 중심으로 하며 사회적 문제에 대해 다양성을 갖는 구성원 간의 이해와 공감을 바탕으로 협력적 의사소통을 통해 자율적 조정이 이루어지는 사회라고 할 수 있다. 이러한 의미에서 좋은 사회는 자유주의적 다문화주의와 비판적 다문화주의가 상호작용을 통하여 변증법적으로 발전하는 사회를 말한다.

좋은 사회의 구성원은 그 사회의 유지와 발전을 위해서 다문화 역량, 다문화 감수성, 비판적 사고와 행위능력을 함양하여야 한다. 그러나 이러한 능력은 합리성이나 절차성에 앞서, 나를 포함한 다양성에 대한 이해를 바탕으로 상호 공감적인 협력적 의사소통을 통해 자신의 행위를 반성적으로 조정하는 능력을 키움으로써 구현될 수 있다. 이것이 다문화사회에서 말하는 사회적 정의의 다른 이름이며 다문화교육의 핵심일 것이다.

2. 다문화학교와 다문화교육

1) 다문화학교와 교육적 평등

교육은 민주사회가 지속적으로 유지되고 발전하기 위한 국가와 시민의 권리이자 의무이다. 민주사회에서 다문화학교란 민주시민을 양성하는 학교를 의미한다. 공교육 기관으로서 학교가 시민 양성을 목적으로 한다면, 다문화교육은 다문화 시민성을 함양하는 교육이며 다문화사회의 모든 시민에 대한 교육으로 말할 수 있다. 즉, 공교육 기관으로서 학교는 민주주의라는 공공성 추구에 대한 '마음의 습관을 함양하는 곳'이다(Dewey, 2008:113). 또한 학교는 서로 다른 배경을 지닌 학습자들이 모이고 소통하는 장소이다(Nieto, 2010:85; Parker, 2003:160). 따라서 민주주의 사회를 기반으로하는 사회에서의 교육이라는 측면에서 다문화학교는 다양성 높은 학습자에 대한 교육적 평등을 보장하고 자율적 통합을 수습(修習)할 수 있는 곳으로 정의할 수 있을 것이다. 그러나 이러한 정의는 부수적으로 '다문화학교에서 교육적 평등은 무엇이고 어떠해야 하는가?'라는 문제를 수반한다.

(1) 평등 개념의 변화

평등은 민주사회의 핵심적인 가치이지만 다의적이고 복잡성을 갖는 개념이다(김병성, 2004; 김영봉 외, 2008; 박휴용, 2012b; 이성호, 2003, Oppenheim, 1997; Walzer, 1998). 평등 개념은 평등함이 요구되는 상황(Oppenheim, 1997)과 사회적 원칙에 따라 다르게 설정되기도 한다(박휴용, 2012b; Walzer, 1998).

오펜하임(Oppenheim, 1997:55)은 평등개념이 사용되는 상황을 세 가지로 분류하여 제시하였다. 첫째, 키나 몸무게, 피부색에 따른 인종의 분류 등과 같이 신체적 혹은 생물학적 특성이나 능력을 기술하고 비교하는 것이다. 둘째, 사람을 대하는 방식을 나타내는 것으로 법이나 규칙 등과 같이 주어진 조건을 모든 사람에게 똑같이 적용하는 것을 나타낸다. 셋째, 사회적 원칙과 관련된 상황으로 사회 구성원에게 권리와 의무 등을 어떻게 분배할 것인가를 고려하는 것과 관련된다.

사회적 측면에서 롤스(Rawls, 1971)는 '공정한 개입'을 통해 결과적으로 평등이 이루어질 수 있다고 보았다.[4] 롤스(Rawls, 1971:83)는 공정한 개입을 위해 무지의 베일 속에서 선택한 정의의 원칙에 따라 가장 불리한 자에게 이익이 될 수 있도록 해야 한다고 말한다. 그러나 롤스의 주장은 크게 세 가지 측면에서 한계를 갖는다. 첫째, 롤스는 '공정한 개입'의 조건으로 '원초적 입장'을 가정한다. 원초적 입장은 순수한 가상의 상태를 의미하는 것으로, 당사자들은 자신을 '무지의 베일' 속에 위치 지움으로써 정의의 원칙을 선택한다. 그러나 이러한 원칙을 선택하는 자와 원칙에 의해 수

---

4) 밀(Mill)은 사회적 정의의 요건을 기존 개념의 핵심적인 공통점을 살펴봄으로써 파악할 수 있다고 하였다(Lebacgz, 1986:260). 역으로 롤스(Rawls)는 정의가 구성원의 합의에 의한 것으로 본다. 레바크(Lebacgz)는 Rawls의 정의론에 대해서 많은 비판이 있지만 이러한 비판들이 오히려 이론의 중요성을 반증하는 것이라고 한다(Lebacgz, 1986:89). 롤스가 제시한 '정의'를 구현하기 위한 원리에는 '평등한 자유원리'와 '격차원리'가 있다. '평등한 자유원리'는 사회 구성원의 자유가 경제적 또는 다른 사회적 이득이 아닌, 오로지 자유를 위해서만 제한될 수 있다는 것이다. '격차의 원리'는 가장 불리한 처지의 사람에게 이익이 되는 한에 있어서는 분배상 불평등을 용인한다는 원리이다. 이러한 롤스의 논의는 최소 수혜자에 대한 최대 이익을 위한 보상적 차원의 개입을 말하는 것으로 '공정'으로 표현되며, 교육에 있어 형평(equity)개념과 관련된다. 즉, 롤스가 생각하는 '정의'는 '과정의 평등'과 유사하다. 이와 달리 노직(Nozick)은 정부의 최소 개입과 개인의 자유를 침해하지 않는 것을 '정의'로 보았다. 그러나 노직이 제시한 '신자유주의적 정의'는 무한 경쟁을 조장하여 결과적으로 빈익빈 부익부를 더욱 심화시켰다는 평가를 받는다. 그러나 본문에서 제시한 바와 같이 롤스의 공정 개념을 교육적 상황에서 그대로 적용하는 것은 무리가 있다.

혜를 받는 자 사이에는 그들이 추구하는 가치에 대한 차이가 발생할 수 있다. 따라서 모든 것을 무(無)로 가정한 '무지의 베일'속에서 선택한 정의는 교육이라는 특수성 속에서 정당성을 확보하더라도 실천하기 어렵다. 둘째, 롤스(Rawls, 1971:34)는 '공정한 개입'을 통해 개인이 생태적이거나 사회적 여건에 의해 유리하거나 불리해지지 않을 수 있다고 보았다. 그는 '격차의 원리'를 통하여 가장 불리한 처지의 사람에게 이익이 되는 경우에는 분배상 불평등을 용인함으로써 자신의 주장에 타당성을 부여하고자 한다. 즉, 최소 수혜자에 대한 최대 이익이 발생 가능한 경우 공정한 개입이 이루어지는 것이다. 그러나 이는 '가장 불리한 처지'에 대한 기준을 세우기 위한 합의가 어렵다는 문제를 갖는다. 또한 '가장 불리한 처지'에 대한 공정한 개입은 역설적으로 두 번째로 불리한 처지의 사람에 대한 불평등을 야기한다. 셋째, '공정한 개입'은 정의의 기준을 다양한 개인으로부터 비롯된 다원적 가치가 아니라, 경제나 정치와 같은 보편적이고 교환 가능한 가치에 두었다는 한계를 갖는다. 개별적 존재인 사회 구성원은 자신의 상황 · 맥락적 특성에 따라 서로 다른 가치를 추구할 수 있다. 예컨대, 롤스의 생각과 같이 권력이나 재산 증식을 주요 가치로 여기는 사람이 있는가 하면, 이와 달리 음악의 아름다움이나 자신의 현재 능력을 뛰어넘는 도전 활동 또는 다른 개인을 보살피는 봉사를 주요 가치로 여기는 사람도 있기 때문이다. 이러한 측면에서 롤스(Rawls, 1971)가 생각하는 평등은 교육적 상황에서 필요하지만 충분하다고는 볼 수 없다.

왈쩌(Walzer, 1998)는 롤스의 논의가 경제적 가치 측면에 한정되었다고 비판하며 사회 영역의 특성에 따른 상대적 평등 개념인 다원적 평등을 말한다. 왈쩌(Walzer, 1998:83)는 평등을 '함께 만들고 공유하며 나누는 가치들에 의해 매개되는 인격체들 간의 다원적 관계'로 보았다. 그는 사회의 각 영역은 독립적이고 분리된 것이며, 사회의 각 영역에 따른 특수성과 그에 근거한 특수한 가치가 구성된다고 본다. 왈쩌가 주장한 사회 영역에 따른 다원적 평등은 한 사회를 구성하는 각 영역들에 대한 개별성과 고유성을 강조한다.

그러나 왈쩌의 다원적 평등은 사회의 개별적인 영역의 특수성을 인정한다는 측면에서 의의가 있지만, 거시적 차원을 포괄하지 못한다는 비판을 받기도 한다. 특히 교육 영역과 관련하여서는 보편적 교육과 전문교육의 제시를 통하여 교육이 사회적 영향을 배제할 수 없다는 교육의 사회성을 인정함으로써 논리적 일관성을 의심 받기도 한다.

왈쩌의 논의에 대한 비판은 왈쩌가 다원적 평등을 강조함에 있어서 사회 영역의 특성이나 영역 내 구성원 간의 관계를 심화하여 고찰함으로써 상대적으로 각 사회 영역 간의 관계성에 대한 문제를 간과한 데 이유가 있다고 본다. 예를 들어 일반적인 공교육에서 구성원은 사회의 각 영역의 구성원들을 포함한다. 따라서 교육 영역에서는 전체 사회의 구성원과 관련한 사회 영역의 다양한 가치가 혼합적으로 나타난다. 또한 교육 주체들은 혼합적으로 나타나는 가치를 각각의 특성으로 보는 동시에 모종의 방식을 통하여 교육의 방향이나 내용 등에 대한 방향 설정에 영향을 준다. 이와 함께 국가적 측면에서 각 사회의 영역들은 개별적 특성과 함께 각 사회의 영역에서 추구하는 가치를 실현하기 위해 다른 사회 영역에 대해 자신의 영향력을 행사하기도 하고, 양보하기도 하며 결과적으로 체제 차원의 변화를 도출한다. 즉, 개별 사회 영역은 자신의 고유성을 유지하고 발전시키기 위해 보다 큰 사회 영역에 참여하며 다른 사회 영역과의 관계 속에서 합의를 이끌어 나간다.

왈쩌의 다원적 평등에 대한 아이디어는 사회 영역 간의 관계에 대한 고려가 부족하였다고 볼 수 있다. 그러나 평등 개념의 발달과 관련하여서는 생물학적 특성이나 조건 혹은 경제적 논리라는 단편적 기준을 넘어 주체가 갖는 다원적 특성에 근거한 평등에 대한 논의를 가능하게 했다는 데 의의가 있다.

(2) 교육 영역에서의 평등

평등에 대한 개념의 발달은 교육 영역에서의 평등개념 변화에 영향을 주었다. 교육적 평등 개념이 양적 개념에서 질적 개념으로 발전되어 왔다는 주장(김병성,

2004; 김영봉 외, 2008:128)은 이를 반영한 것이다. 이에 따라 교육의 영역에서 평등은 일반적으로 기회의 평등, 과정의 평등, 결과의 평등으로 구분할 수 있다. 또한 교육적 평등은 허용적 평등, 보장적 평등, 교육조건의 평등, 교육결과의 평등으로 구분하기도 한다(김영봉 외, 2008:129-130). 그러나 허용적 평등과 보장적 평등을 기회의 평등으로 포괄하기는 어렵다고 본다. 이는 아래에 제시한 바와 같이 기회의 평등 개념이 역사적으로 확장되었다는 사실 때문이다.

1944년 제정된 영국 교육법은 모든 아동에 대한 교육권을 명시하였다. 그러나 영(Young, 1986:44)은 법률상의 명시와 다르게 가난한 아이들은 그들의 형편상 학교를 떠나 부모의 직업을 물려받을 수밖에 없었다고 한다. 이와 유사하게 2005년 개정된 우리나라의 초 · 중등교육법 시행령 19조 1항은 다문화가정 자녀의 교육에 대한 권리를 보장하고 있다. 다문화가정 자녀들은 그 법을 통해서 교육의 기회를 부여받았다. 그러나 그들은 익숙하지 않은 한국어를 통해 모든 학과 공부와 학교생활을 일반 학습자와 '동등하게' 수행하기를 요구받았고, 결과적으로 다문화가정 자녀의 학교 이탈로 이어졌다. 이러한 사실은 법률이 허용하는 교육적 평등이 교육에 대한 최소한의 권리를 누릴 기회를 제공할 수 있지만, 교육의 지속을 보장하지 못한다는 사실을 나타낸다. 따라서 허용적 평등과 보장적 평등은 변별적인 것으로 생각해야 할 것이다.

한편, 듀이는 교육이 끊임 없는 '경험의 개조'이기에 그 결과에 앞서 과정이 중시되어야 한다고 보았다. 이와 함께 현재 교육 영역에서 평등의 개념은 형평성으로까지 확장되었다. 그랜트와 슬리터(Grant & Sleeter, 2011:55), 니토(Nieto, 2010:45) 등과 같은 다문화교육 연구자들은 다원주의 사회에서 교육적 평등이 기존의 허용적 평등이나 보장적 기회의 평등을 넘어 형평성의 개념으로 이해할 것을 주장한다. 교육적 형평성은 학습자의 특성과 요구에 근거한 것으로, 이를 보장하기 위해서는 버블스 외(Burbules et, al., 1995:177)의 주장과 같이 '나와 너'에 대한 새로운 관계정립이 요구된다. 교육에서 평등은 교육적 당위성에 의해 논의되기 때문이다.

근대적 관점에서 '너'는 '나'를 기준으로 한 상대적 존재이며, 이때 '너'는 '나'라는 주체에 의해 계산과 측정의 '대상'이 된다. 이에 따라 '나'를 제외한 수많은 '너'는 '나'라는 주체의 기준 속에서 이해되며, 주체는 지식의 획득과 기술적 역량에 따라 '너'에 대해 의미를 부여한다.

레비나스(Levinas, 2009:31)는 하이데거(Heidegger)의 입장과 달리 근대적 타자관에서 나타나는 이론 자체의 체계성과 사유 중심의 전체성이 인간폭력의 근원임을 비판하였다. 레비나스(Levinas)에게 '너'의 존재는 '나'의 주체성이 발현되는 필요조건이자 나의 주체성이 유지되는 충분조건이다(서동욱, 2013). 이러한 입장에서 레비나스(Levinas)는 타인을 계산이나 측정의 대상이 아니라 오히려 무한과 완전성을 갖는 존재로 여긴다. 그는 주체의 '타인과의 윤리적 관계'를 중요하게 여기며, 이때 '타자는 낯선 존재로 등장하는 신의 또 다른 현시'로 이해한다(Levinas, 1979). 따라서 레비나스(Levinas)는 타인에 대해 연대와 책임, 그리고 헌신과 사랑을 요구한다.

사회화와 개인의 발달이라는 교육의 본질적인 두 가지 기능은 학습자에 대한 사회적 연대와 책임이라 할 수 있다. 또한 사회적 책임을 위임받은 학교는 학습자에 대한 교육을 통하여 학습자가 자신의 능력을 발휘하고, 그것이 사회의 유지와 발전으로 연결될 수 있도록 도와야 하는 교육적 당위성을 갖는다.

허용적 평등이나 보장적 기회의 평등은 누가 교육의 대상에 포함되는가 혹은 대상에 포함된 학습자가 기회를 갖는지에 논의의 초점이 있다. 이는 교육의 시작과 지속에 관여하는 양적 개념으로, 이때 학습자인 '너'는 '계산과 측정의 대상'이다. 즉, 허용적 평등이나 보장적 평등의 관점에서 학습자는 근본적으로 불완전한 존재이며 따라서 그들이 무엇을 어떻게 배우는가 하는 문제를 크게 고려하지 않는다.

이와 달리 교육적 형평성은 '너'에 해당하는 학습자를 잠재적으로 완전성을 갖는 인격체로 상정한다. 교육적 형평성은 모든 학습자의 잠재력을 최대한 발휘할 수 있도록 '양질의 교육'을 제공하는 과정적인 것이다(Secada, 1989). 또한 교육적 형평성은 수월성과 평등성을 포괄하는 개념(박휴용, 2012b)이며, '너'를 중심으로 하는 이해와 공감을 바탕으로 한다(Bennett, 2007).

이해와 공감은 과정의 평등과 온정주의를 구별하는 주요 요소가 된다. 존슨과 존슨(Johnson & Johnson, 2002:175)은 온정주의의 예시로써 '장애인과 비장애인의 만남'을 언급하였다. 이 예시에서 나타나는 비장애인은 실제적인 이해와 공감이 결여된 채 장애인에 대해 막연히 배려해야 한다고 생각하지만, 실제로 장애인을 접하게 된 이후에 오히려 배려가 감소되는 모습이 나타났다.

김영순 외(2015b)는 북한이탈주민 자녀의 교육에 참여한 교사들의 인식 변화를 확인하였다. 이 연구에서는 북한이탈주민의 자녀에 대한 막연한 안타까움이 교육경험 이후 오히려 그들을 위한 교육적 지원에 대해 '역차별'이라는 인식으로 변화하는 사례가 나타난다. 이러한 사실은 '너'를 중심으로 하는 이해와 공감이 결여된 채, 단지 우월자로서의 '나'를 기준으로 제공하는 교육적 지원은 지속성을 유지할 수 없다는 것을 보여준다. 즉, 상대방에 대한 인정과 존중이 결여된 채 이루어지는 배려는 단지 온정주의에 해당되며, 이는 막연한 지식을 근거로 행해지므로 타당성도 지속성도 없다.

이와 관련하여 박휴용(2012b)은 우리 교육이 보편성뿐만 아니라 '모든 학생들의 잠재적 가능성을 발굴해 내기 위한 근본적인 노력'을 포함한다고 말한다. 학습자의 잠재적 가능성은 개별학생의 독특한 가능성을 의미하며, 교육의 수월성(김미숙, 2007)을 나타내지만 이는 일반적인 엘리트교육과 다르다. 엘리트교육은 근대적 타자관을 중심으로 하기에 학습자를 점수를 기준으로 분류하고, 특정 학생들에게 교육적 지원을 제공함으로써 교육의 양극화를 심화시킨다. 그러나 형평성 교육은 현재의 점수가 아니라 개별 학습자들에게 내재된 '적성, 소질, 잠재력 등'에 주목하여 그들의 각기 다른 특성을 최대한 계발하도록 돕는다(조석희, 2006).

따라서 형평성은 학습자의 신체적 · 생물학적 차이에 대한 고려나 실제적으로 교육을 받을 수 있는 기회의 보장을 넘어, 학습자 개인에게 잠재되어 있는 능력과 가능성을 발견하고 발달을 돕는 과정으로 확대되는 질적 개념이라는 것을 알 수 있다. 즉, 다원주의 사회에서 교육적 형평성은 개인의 특성, 자질, 성취에 대한 지원뿐만 아니라 그들이 갖는 잠재력이 결과적으로 발달할 수 있도록 지원하고 지지하는 과정을 포함한다. 개인이 갖는 잠재력의 실현을 통해 교육적 형평성은 개인뿐만 아니라 개인과 상호작용을 하고, 개인을 통해 구성되는 사회의 지속적인 발전까지 가능하게 한다. 이상의 논의를 바탕으로 교육적 평등의 개념을 정리하면 다음과 같다.

① 허용적 평등은 전통적 교육에서 나타나는 일방성과 고정성을 특징으로 한다. 또한 허용적 평등은 사회적 수준에서 법률이라는 체제를 통해 모든 학습자가 학교에서의 학업수행을 허락하는 것으로 학습자의 개인적 · 사회적 특수성이나 그에 따른 교육 활동의 지속성 여부는 고려하지 않는다.

② 보장적 평등은 다양한 학습자가 사회적 활동의 하나인 교육을 지속할 수 있도록 지원한다는 측면에서 기회의 평등이라고도 하며, 상호성과 유동성을 갖는다고 할 수 있다.[5] 또한 기회의 평등은 체제 차원에서 이루어지는 것으로, 동등한 분배를 주요 가치로 한다. 하지만 학습자의 잠재력에 대한 공감 부재로 인하여 온정주의적 성격을 갖는다. 즉 기회의 평등은 배분적 정의를 통해 그 책무를 다 했다는 완성성이라는 한계를 보이는 것이다.

③ 다문화교육에서 추구하는 교육의 형평성은 과정의 평등을 포함한다. 이때 과정의 평등은 학습자를 하나의 완전한 존재로 인식하고 그들이 갖는 잠재력을 발현할 수 있도록 학습자에 대한 공감적 배분을 통한 양질의 교육을 제공하는 것이다. 또한 과정의 평등은 학습자의 잠재된 능력이 연속적 발달을 보장할 수 있도록 허용적 평등과 기회의 평등에 관여하여 순환적으로 작용한다는 특징을 갖는다.

이와 함께 교육적 평등은 전 지구적 차원에서 나타나는 지속가능발전에 대한 관심에 따라 현세대 내 혹은 미래 세대 내에서의 횡(橫)적 관계와 현세대와 미래 세대 간의 종(縱)적 관계로 그 범위가 확장되고 있다. 전 지구적 차원에서 이루어지는

5) 이하 본서에서는 기회의 평등으로 말한다.

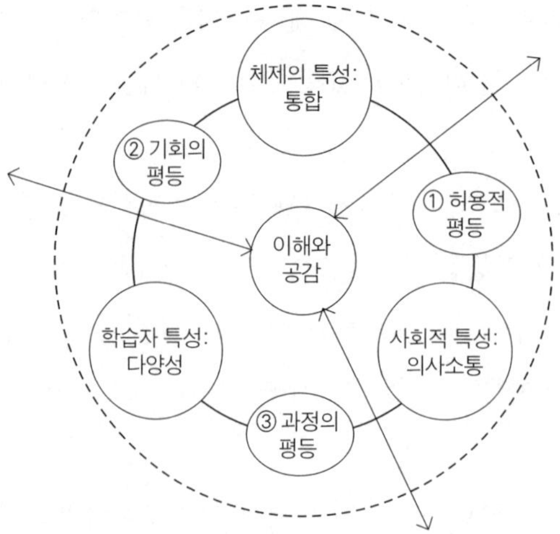

[그림 2-2] 다문화학교와 교육적 평등의 발달

지속가능발전(SD:Sustainable Development)에 대한 교육적 관심은 현세대의 다양성뿐만 아니라 미래 세대의 다양성에 의한 필요를 충족시킬 능력을 고려한다(UNESCO, 2005; 2012:3).

이처럼 교육적 평등개념은 양적으로 팽창하고 질적으로 심화되었으며, 그 범위 역시 세대 내에서 세대 간의 관계로 확장되고 있다. 다문화학교에서 추구하는 교육적 평등은 학습자의 잠재력을 실현하는 형평성 개념 즉, 과정의 평등을 의미한다. 따라서 다문화학교에서 교육적 평등을 실현하기 위해서는 모든 구성원의 개별적 특성이 발현할 수 있도록 다양한 차원에서의 지원과 지지가 필요할 것이다. 그것이 공교육의 의무이다. 다문화학교와 관련하여 교육적 평등의 발달은 [그림 2-2]와 같이 나타낼 수 있다.

[그림 2-2]에 제시한 다문화학교와 관련한 교육적 평등의 발달은 다음과 같은 특징이 있다. [그림 2-2]에서 실선은 고정성을, 점선은 유동성을 의미한다. 교육적 평등은 교육체제와 학습자, 사회적 특성에 의해 종속적으로 발현된다. 이러한 특성은 평등의 개념적 범위가 인식의 변화에 따라 허용적 평등, 기회의 평등, 과정의 평등으로 발달되었다는 것과 관련된다. 안쪽의 원이 나타내는 이해와 공감이 어느 주

체들에 의해서, 얼마나 심도 있게 이루어지느냐에 따라 체제와 사회, 개인 간의 평등은 확대되거나 축소되어 왔다. 이해와 공감이 실선으로 이루어진 원 외로 확장되는 것은 학교의 교육이 학교라는 사회적 영역을 넘어 여타의 사회집단과 관계 맺기를 하고 있다는 것을 나타낸다. 다원주의 패러다임에서 체제의 특징은 통합성에 있다. 이때 통합은 헤겔(Hegel)주의적인 절대적 가치에 대한 통합이 아니라, 듀이의 상호작용에 의해 변증법적으로 발전되는 통합을 의미한다. 사회적 특징은 의사소통에 있지만 하버마스가 말하는 합리성에 앞서 슐츠 폰 툰의 모델에서 나타나는 타자에 대한 인정(認定)과 존중을 바탕으로 하는 의사소통을 말한다. 개인의 특성은 다양성에 있다. 다양한 개인들의 상호작용을 통하여 개인의 요구와 특징을 알고, 이를 반영함으로써 과정의 평등은 구현된다. 그림에 표시한 원 번호는 우리 사회에서 일련의 현상으로 나타나는 다문화가정 자녀의 교육적 평등의 과정을 나타낸 것이다.

우리 사회에서 다문화가정 자녀의 교육적 평등은 ① 교육법을 통한 허용적 평등을 통해 시작되었다. 허용적 평등은 다문화인구의 증가라는 사회적 변화에 의한 것이다. 그러나 다문화가정 자녀의 특성에 대한 고려 없이 이루어진 지원은 학교 이탈로 이어졌다(UNIEEF, 2007). 이에 대한 문제인식과 대안으로 다문화가정 자녀가 일반학교에서 학업을 원활히 수행하기 위한 실질적 기회의 평등을 보장하고자 ② 공립형 다문화 대안학교 체제가 개발되었다. 공립형 다문화 대안학교에서 제시한 교육과정과 교육활동은 ③ 다문화가정 자녀의 개인적 특성과 사회적 특성을 함께 고려한다.

그림에서 ①, ②는 개방된 영역으로 누구나 법률 혹은 법령과 관계규정을 통해서 확인할 수 있다. 이와 달리 ③은 학습자의 학교생활과 관련한 과정적 활동을 의미하는 것으로 폐쇄성을 가지며 확인이 어렵다. 그러나 ①, ②의 경우 법령이라는 사회적 체제를 통해 만들어졌다는 특징에 따라 절차성, 고정성, 명시성을 가지며 ③은 개별 학교 또는 교실 차원에서 이루어지는 것으로 ①, ②에 비해 유동성을 갖는다. 특히 ③은 우리 교육이 추구하는 교육적 평등의 실현여부가 실천적으로 나타나는 영역이므로 현장을 통한 확인이 필요하다.

교육적 평등의 관점에서 다문화가정 자녀의 학교이탈에 대한 문제의식은 다음의 공립형 다문화 대안학교 교육과정 총론 개발연구(한국교육개발원, 2011b)에 잘 나타나고 있다.

> 그러나 현재 한국의 교육은 획일화된 교육체제로 인해 다문화사회에 다문화 인구를 받아들이기 어려운 실정이다. …(중략)… 또 다른 원인은 학교의 교육이 다문화가정 자녀의 필요와 요구에 근거한 지원이라기보다는 이들의 한국 생활과 학교 적응에만 집중되어 실행된다는 점이다. 그러다 보니 정작 이들에게 필요한 교육을 실시하지 못하고 있는 실정이다.(한국교육개발원, 2011b:4-5)

위의 인용은 기존의 다문화가정 자녀에 대한 지원과 교육체제가 다문화가정 자녀의 특성이나 필요성 혹은 요구와 관련 없이 이루어졌음을 나타낸다. 즉, 기존의 다문화가정 자녀의 교육은 주류사회집단에 의해 일방적으로 제공된 허용적 평등이자 동화주의적 접근을 통해 이루어지고 있었다는 것을 방증(傍證)한다.

2) 다문화학교에서의 다문화교육

다문화가정 자녀의 교육적 평등에 대한 성찰과 함께 공립형 다문화 대안학교 교육과정은 국가 교육과정의 목표를 기반으로 한다. 다문화교육과 관련하여 우리 교육은 7차 교육과정부터 기술하고 있다.

7차 국가 교육과정에서 다문화교육은 '국제 이해 교육'을 통해 제시되었다. 이후 2007 개정 교육과정은 총론을 통하여 국제 이해 교육과 별도로 다문화교육을 명시적으로 다루고 있다. 이어 2009 개정 교육과정에서도 다문화교육은 '범교과 학습 주제'를 통해 '교과와 창의적 체험활동 등 교육 활동 전반에 걸쳐 통합적으로' 다루도록 명시하고 있다(교육부, 2013:20).

국가 교육과정 방침은 공립형 다문화학교의 교육에도 영향을 준다. 학교 교육은 교육과정에 의하며 국가 교육과정의 목표를 공유하기 때문이다. 따라서 현재 다문화학교에서 이루어지는 다문화교육은 국가 교육과정이 제시하는 교육적 기대를 공유한다고 볼 수 있다. 우리 교육에서 가장 큰 틀이라고 볼 수 있는 국가 교육과정에서 제시하는 교육적 인간상은 다음과 같다.

- 전인적 성장의 기반 위에 개성의 발달과 진로를 개척하는 사람
- 기초 능력의 바탕 위에 새로운 발상과 도전으로 창의성을 발휘하는 사람
- 문화적 소양과 다원적 가치에 대한 이해를 바탕으로 품격 있는 삶을 영위하는 사람
- 세계와 소통하는 시민으로서 배려와 나눔의 정신으로 공동체 발전에 참여하는 사람(교육부, 2013:1)

위에서 나타나는 바와 같이 국가 교육과정은 교육의 결과로써 개성과 창의성을 바탕으로 다원적 가치를 이해하는 것을 통해 세계와 소통하는 공동체 의식을 강조한다. 또한 공동체에 대한 참여를 통하여 결과적으로 사회적 통합을 추구한다. 2009 개정 교육과정이 강조하는 배려와 나눔은 교육주체에 대한 이해와 공감을 바탕으로 함으로써 앞서의 보장적 평등에서 나타나는 온정주의적 성격과 차별성을 갖는다. 특히 무엇을 기초 · 기본 교육으로 보아야 하느냐의 문제에서 국가 교육과정은 개성의 발달이라는 자기 이해적 가치를 가장 기본적인 요소로 제시하고 있다.

인천광역시교육청(2010)과 한국교육개발원(2011:5)은 공립형 다문화 대안학교 체제 개발과 이에 따른 학교의 설립이 국가 교육과정의 교육적 목표와 다문화가정 자녀에 대한 수요조사를 통하여 이루어졌다고 말한다.

본 학교생활에 적응하여 일반학교로 갈 수 있는 디딤돌 역할을 하고자 하는 것

이 궁극적인 목적이다. …(중략)… 본 학교는 위와 같은 목적을 가지고 있기 때문에 현 초 · 중등학교법에 따르면 각종학교로써 대안학교의 성격을 가지고 있으며, 중 · 고등학교의 특성화학교 성격도 갖추고 있다. 이에 본 학교는 새로운 학교 개념 위에 설립되어야 한다. 이를 우리는 '공립형 다문화 대안학교'라 한다.(한국교육개발원, 2011b:100)

위의 인용에서 공립형 다문화 대안학교 체제는 다문화학교의 교육 목적이 일반학교로 갈 수 있는 디딤돌 역할에 있다는 것을 명시하고 있다. 이를 통해 우리교육은 다양성을 갖는 학습자가 교육을 포기하지 않고 학습을 이어갈 수 있도록 대안학교 체재를 개발하여 비다문화가정 자녀와 다문화가정 자녀가 함께 공부할 수 있는 기회를 보장하고자 노력하고 있다는 것을 알 수 있다.

그러나 한국교육개발원(2011b)은 교육의 세부 목적 설정에 있어서 한국 교육의 체제 적응, 한국 사회에서 살아갈 수 있는 준비 과정, 한국어 습득을 강조하고 있다.

한국 교육의 체제 적응을 위한 과정을 제공한다. …(중략)… 한국 사회에서 살아갈 수 있는 진로 또는 직업 준비 과정을 제공한다. …(중략)… 한국어를 습득할 수 있는 과정을 제공한다. …(중략)… 이중언어 교육을 통해서 자국의 문화와 언어를 지속할 수 있도록 한다.(한국교육개발원, 2011b:7).

또한 한국교육개발원에서 개발한 교육과정은 공립형 다문화 대안학교 체제가 일반학교의 교육과정과 호환될 수 있도록 일반교과의 필수 이수 시간 배당을 일반학교의 50% 비율로 제시하고 있다. 이와 함께 교육과학기술부(2012)는 다문화가정 자녀의 한국어 교육을 위해 한국어 교육과정을 개발하기도 하였다. 이러한 사실은 공립형 다문화학교가 새로운 교육 수요자의 요구에 의해 설립되었지만 국가 수준 교육과정의 기대와 달리 한국 사회 적응에 초점을 맞추고 있다는 것을 나타낸다(김창아 외, 2014b).

이미 우리 교육은 1990년대의 대안학교 열풍을 통하여 학습자를 교육의 주체로 인정하지 않았던 전통적 교육의 폐해(이병환 · 김영순, 2008)를 경험하였다. 이는 우리 교육이 추구하는 이로움에 대한 이해와 공감 그리고 이를 바탕으로 하는 합의과정의 부재에서 비롯된 것이다. 교육 주체에 대한 이해와 공감이 부재한 채 이루어지는 새로운 개념의 학교체제나 교육과정의 개발 그리고 학교의 설립은 또 하나의 온정주의이자, 동화주의적 기제로 작용할 위험성을 내포한다.

다문화학교에서 교육은 다문화가정 자녀의 특성과 잠재력을 발현할 수 있도록 적극적인 대안들의 모색이 포함되어야 한다. 또한 다문화가정 자녀들은 교육을 통해서 일반학교에서 교육활동을 이어갈 뿐만 아니라 자신의 특성을 알고, 자신의 흥미에 맞는 미래를 계획할 수 있어야 한다. 이것이 공립형 다문화 대안학교 체제를 통해 설립된 학교에서 요구되는 평등한 교육이다. 그러나 앞서 살펴본 바와 같이 다문화 대안학교 체제 개발의 목적과 교육의 세부목표는 그 연계성이 유기적이지 못하다. 따라서 김창아 외(2014a), 오영훈 · 조영철(2013)의 주장과 같이 다문화학교에서 교육의 과정은 교육적 평등의 측면에서 어떻게 실천되고 있는지를 면밀히 살펴보는 것이 필요하다. 이때 교육의 과정은 학습자의 현재 능력에서 목표점을 잇는 '중간 정황'에 해당하는 것으로, 교육활동에서 나타나는 학습자의 '출발점'에서 '도착점'까지 무엇,을 어떻게, 어떠한 시각에서 교육이 이루어지는지를 포괄한다(Dewey, 2008:144). 교육의 과정은 단지 문서상에 나타나는 형식적 교육이나 교과교육의 측면에 한정되지 않으며, 학교의 분위기와 같은 잠재적 교육과정(Bennett, 2009)과 교육과정에서 의도적으로 배제한 영(零) 교육과정(김대혁 외, 2004; Eisner, 1997)에 대한 고려 역시 요구된다. 이와 동시에 다문화 대안학교 체제의 개발목적에 맞는 교육이 이루어질 수 있도록 교육적 지원이 필요하다. 다문화학교에서 요구되는 다문화교육의 특징을 간략하게 나타내면 [그림 2-3]과 같다.

[그림 2-3]에 나타난 바와 같이 다문화학교는 다원주의 패러다임 속에서 개인적 차원과 사회적 차원의 가치가 상호 역동적으로 작용하는 구조이다. 교육은 개인적 차원과 사회적 차원을 모두 고려해야 한다. 교육은 개인과 사회의 다양성과 평등

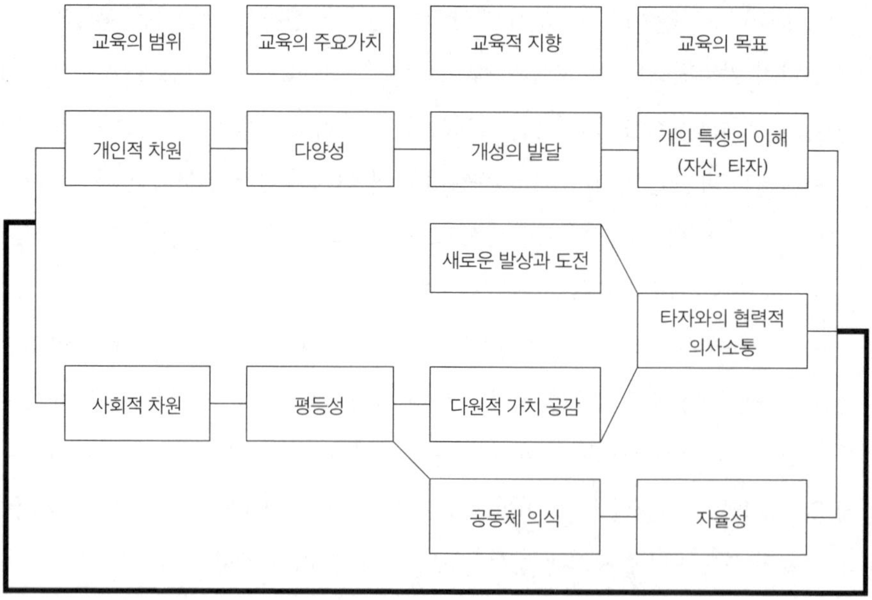

[그림 2-3] 다문화학교에서 요구되는 다문화교육의 특징

성을 함께 고려함으로써 우리 교육이 지향하는 바를 제시할 수 있다. 교육의 지향점은 구체적인 교육활동을 통해 실현될 수 있으며, 다시 개인과 사회에 영향을 주는 순환적 구조를 갖는다.

이때 다문화학교는 민주사회의 수습의 장으로써 사회에서 나타나는 상호 역동적 구조가 나타난다. 즉, 개인적 차원에 대한 다양성 인정은 구성원 개인의 특성 발달과 관련된다. 개인적 차원에 대한 평등성의 인정은 서로 다른 개인들이 갖는 다원적 가치에 대한 공감으로 나타난다. 사회적 차원에서 다양성의 인정은 새로운 문제해결을 위한 발상을 가능하게 하며, 사회적 차원에서의 평등성은 정의로운 가치 부여를 통해 공동체 의식을 생성한다. 이러한 가치들은 개인에 대한 이해를 바탕으로 타자와의 협력적 의사소통을 통하여 공동체 구성원으로서 갖추어야 할 비판적 의식과 실천을 통한 자율성 함양에 교육의 중점을 둠으로써 실현될 수 있다. 이는 다문화학교에서 요구되는 다문화교육의 핵심이며 상호작용이라는 특징이 있다.

이 장에서는 다문화교육을 교육적 평등으로 규정하였다. 또한 다문화학교의 개념을 다양성 높은 학습자에 대한 교육적 평등을 보장하고 자율적 통합을 수습할 수 있는 곳으로 규정하였다. 교육적 평등은 형평성 교육을 말하며 기회의 평등과 보장적 평등을 넘어 학습자의 요구에 의한 교육적 지원을 통해 달성할 수 있다. 이는 교육적 평등이 결과적으로 학습자의 잠재력 실현을 보장해야 하기 때문이다.

다문화학교에서 교육적 평등을 추구하기 위해서는 학습자의 잠재력을 인정하고, 그들의 요구와 요청을 알고, 그들을 이해하며 공감하는 것으로부터 시작하여야 한다. 공립형 다문화 대안학교 체제는 국가 교육과정의 영향을 받으며, 국가 교육과정은 비다문화가정 자녀와 마찬가지로 다문화가정 자녀에 대한 실질적인 교육적 평등의 실현을 통해 자신의 잠재적 가능성을 발현할 수 있도록 규정하고 있기 때문이다.

또한 공립형 다문화 대안학교의 교육은 그 내적 체계 속에서 과정의 평등을 보장해야 한다. 특히 교육적 평등을 위한 체제 개발과 학교의 설립 자체가 교육적 평등을 담보하지 않기 때문에 교육이 이루어지는 과정에 더욱 주목해야 할 필요성이 있다.

그러나 다문화학교에서 학습자들이 이해해야 할 다양성은 무엇이며, 공감의 방법은 무엇이고, 협력적 의사소통은 어떻게 지속될 수 있을까? 이러한 문제는 다문화학교에서 교육적 형평성을 위한 교육의 내용과 방법을 어떻게 구성하여야 하는가와 관련된다. 이에 대한 고찰을 위해 다음 장에서는 다문화교육에서 강조하는 교육 방법이자 다양성에 대한 조정을 연습할 수 있는 교수-학습방법으로 주목받는 협동학습에 대해 살펴보도록 한다. 또한 협동학습을 실천하기 위한 구체적 방안으로서 교육연극에 대해 함께 알아보도록 한다.

III

다문화교육 방법:
협동학습과 교육연극

니토(Nieto, 2010:18)는 교육의 지속적인 문제에 대해 모든 해답을 줄 수 있는 방법은 없다고 한다. 그럼에도 불구하고 니토는 교육에 대한 가능성과 희망을 말한다. 이 장에서는 협동학습에 대한 고찰을 통하여 그 개념을 재규정할 것이다. 이를 바탕으로 협동학습이 다양성이 증대되는 사회에서 교육적 방안으로 주목받는 이유를 살펴보고자 한다. 또한 협동학습에 대한 구체적인 연습 활동이자 학습자의 잠재력을 실현하기 위한 활동방안으로서 교육연극에 대해 살펴볼 것이다.

1. 협동학습

1) 협동학습 개념의 발달과 중점

협동은 사전적 의미에서 서로 마음과 힘을 하나로 합하는 것이다. 그러나 일반적으로 협동학습은 사전에서 제시한 협동 이상의 개념을 포함한다고 본다. 협동학습은 교수법의 하나이기 때문에 협동과 달리 학습자에 대한 철학적 가정을 전제하기 때문이다.

'협동'개념의 형성과 발달은 1900년대 초반 시작되었다(이명숙, 2003a; Elizabeth, 1996; Johnson & Johnson, 2002). 근대 산업사회에서 학교교육은 주로 학습자들을 선별과 분류를 통하여 산업 현장으로 배치하는 것을 주요 가치로 여겼다(Elizabeth, 1996:6). 교육은 일방성, 고정성, 완성성이라는 전통적 교육의 특징에 신자유주의의 원칙과 신고전주의적 경제학이 결합하여 선발과 분류에 중심을 두고 이루어졌다. 따라서 이때의 교육은 미래를 준비하기 위한 것으로 경제적 논리에 의해 짧은 시간 내에 최대의 효과를 내며, 우수자를 선발하여 적소(適所)에 배치하는 것에 주요 가치를 두었다.

협동학습은 개별학습, 경쟁학습과 대별되는 것으로 그 장점이 알려져 있다. 협동학습의 장점은 신자유주의를 바탕으로 하는 무한경쟁(Freire, 1998)을 극복하려는 시도와 관련된다.

학습방법으로서 협동학습은 1900년대 초기 듀이(Dewey), 비고츠키(Vigotsky) 등을 중심으로 강조되었다. 전통적인 교수법의 문제는 수업이 교사 중심의 강의식, 일제식 방법을 통한 경쟁적 활동이나 고립적으로 이루어지는 개별 활동에 중점을 두고 이루어졌다는 데 있다(Dooly, 2008). 듀이, 비고츠키와 같은 교육연구자들은 기존의 교수법에서 나타나는 가정과 달리 학습자의 발달을 경제적 원칙에 중점을 두지 않고, 인간으로서의 학습자에 주목하였다. 또한 그들은 학습과 발달을 사회적 상호작용에 의해 평생에 걸쳐 이루어지는 연속적 활동이라고 보았다. 이처럼 협동학습은 기존 교육이 제시하는 한계를 넘어서고자 한다는 측면에서 진보적인 교육관과 관련된다.

(1) 협동학습의 철학적 가정과 개념의 발달

협동학습에 대한 철학적 가정은 진보주의 교육관에서 찾을 수 있다. 진보주의 교육은 학습자의 지속가능발전을 지지하며 학습자의 현재와 흥미, 문제해결을 통한 학습, 조언자로서의 교사, 협동적 활동을 강조한다. 진보주의 교육의 대표자인 듀이(Dewey, 1995)는 기존의 교육에 대해 다음과 같이 비판하였다. 첫째, 기존의 교육은 지식 위주의 주입식 교육이며, 학습자의 개인적, 인간적 특성을 고려하지 않는 교사 중심의 교육이라는 데 있다. 둘째, 기존의 교육은 미래의 준비를 위해 현재를 담보로 정선된 지식을 전수한다. 셋째, 기존의 교육이 인간발달을 한정적이고 제한적인 것으로 가정한다.

급변하는 세계화와 정보의 홍수 속에서 교육은 학습자의 경험과 관련하여 제공할 때 보다 생동감 있게 이루어질 수 있다. 또한 기존의 지식이 다가올 미래에도 유용할지는 불투명하기만 하다. 이러한 관점에서 듀이는 기존의 교육이 그 한계를 극복하고 학습자의 현재와 관련되며, 상호작용적 경험을 통한 교육으로 변화하여야 한다고 보았다.

듀이가 주장한 개인적, 인간적 특성에 대한 고려와 같은 일련의 가정들은 당시 피터스(R. S. Peters)로부터 모순되고 불명확한 것이라는 비난을 받았다(김무길, 2008). 그러나 1920년에 이루어진 레빈(Lewin)의 연구와 이후 이루어진 교육학적, 심리학적 연구들은 듀이의 주장에 힘을 실어 주었고 협동학습의 개념 형성에 기여했다.

레빈은 공장의 생산성 향상을 위한 일련의 연구를 통하여 과학적 실증주의에 기반한 근대적인 작업장의 관리가 인간의 사회적 네트워크와 경험의 복합성을 무시한다고 비판하였다. 이 연구는 메슬로우(Maslow), 로저스(Rogers)의 비지시적 상담 등과 같은 심리학적 연구에 영향을 주었다. 이들은 작업에 참여하는 사람들의 태도가 작업의 결과에 중요한 요인이 된다는 것을 밝혔다.

특히 메이요(Mayo, 2003)는 공장의 생산성 연구를 통해 인간의 감정과 인간관계가 작업의 결과에 큰 영향을 준다는 것을 밝혔다. 메이요는 작업집단에 대한 소속감과 안정감, 참여의식과 같은 사회적 정서적 요인이 개인의 작업 결과에 큰 영향을 준다고 보았다.

메슬로우(Maslow, 1998)는 특히 활동의 동기에 주목하였다. 메슬로우는 동기가 위계적으로 발생하는 인간의 욕구를 충족시키려는 것에 근거한다고 말하였다. 그가 제시한 인간의 욕구는 생리적 욕구, 안전의 욕구, 애정과 소속의 욕구, 존중의 욕구, 자아실현의 욕구이다(Maslow, 1998:25).

메슬로우의 연구는 각 단계의 순차성에 대한 비판이 있다. 그러나 그의 연구는 인간의 행위가 외적 보상보다는 욕구의 실현이라는 내적 만족에 보다 밀접한 관련이 있다는 것을 나타내었다는 데 의의가 있다. 레빈, 메이요, 메슬로우의 연구들은 모두 협동 개념의 형성에 기여하였다.

교육적 측면에서 도이취(Deutsch, 1949)는 레빈의 사회적 상호의존성을 확장시켰다. 이명숙(2003a)은 MIT대학에서 수행한 도이취의 연구가 현재 교실에서의 협동학습에 대해 정당성을 부여했다고 본다. 도이취는 학습을 사회적 상호의존성을 기준으로 경쟁, 협동, 개별학습으로 나누었다. 각각의 학습방법에서 사회적 상호의존성은 부정적으로 혹은 긍정적으로 작용하거나 아예 없다.

〈표 3-1〉 협동성과 인간관계에 따른 협동학습 모형: Johnson, Johnson & Stanne, 2000에서 재구성

모형의 중점	협동학습 연구자	협동학습모형
협동	Johnson & Johnson(1975, 1999)	Learning Together(LT)
↑	Johnson & Johnson(1979)	Academic Controversy(AC)
	Slavin (1978)	Student Teams Achievement Divisions(STAD)
	De Vries & Edwards(1974)	Teams-Games-Tournaments(TGT)
	Sharan & Sharan(1976, 1992)	Group Investigation(GI)
	Aronson et al., (1978)	Jigsaw
↓	Slavin, Leavy, & Madden. (1986)	Team Accelerated Instruction(TAI)
경쟁	Stevens & Slavin(1987)	Cooperative Integrated Reading & Composition(CIRC)

한편, 존슨, 존슨과 스텐(Johnson, Johnson & Stanne, 2000)은 협동학습에 대한 164편의 연구물을 협동과 경쟁을 기준으로 분류하였다. 이들이 제시한 협동학습모형과 그 개발자를 나타내면 〈표 3-1〉과 같다.

〈표 3-1〉에서 제시한 모델은 협동성이 높은 순으로 나타낸 것이다. 위의 표를 통하여 여타의 모형에 비해 존슨과 존슨이 제시한 모형(LT: Learning Together)이 협동성을 보다 중요시한다는 것을 알 수 있다.

협동학습과 관련한 일련의 연구들은 사회적 측면에서 인간관계가 더 이상 불필요한 장애물이 될 수 없다는 것을 나타낸다. 학습을 중심으로 하는 집단에서도 그 구성원 간의 관계는 무시할 수 없을 뿐만 아니라 오히려 학습결과의 측면을 고려할 때 필수적인 요소일 수밖에 없다는 것을 의미한다.

이상에서 살펴본 바와 같이 협동학습은 기존의 교육에서 나타나는 전통적 교육의 한계를 극복하려는 진보적인 교육관에 근거한다. 협동학습의 개념 형성에 실질적인 영향을 준 연구는 사회적 차원에서 경제적 효율성을 높이기 위해 시작되었다. 그러나 그 연구들은 결과적으로 상호작용에 의한 인간관계의 중요성에 대한 인식적 변화를 이끌었다는 데 더 큰 의의가 있다. 이러한 측면에서 존슨과 존슨이 제

시한 협동학습은 인간관계를 바탕으로 하는 학습의 과정에 초점을 두고 있으며 학습자들의 성취가 함께 이루어졌다는 데 주목된다.

(2) 협동학습과 협력학습 개념의 혼용

협동학습과 유사한 용어에는 협력학습이 있다. 협동학습과 협력학습에 대하여 이명숙(2003a), 정희모(2006), 돌리(Dooly, 2008)는 양자를 구분하여 설명한다. 그러나 교육적 측면에서 협력학습이라는 용어는 적절하지 못하다는 평도 있다. 정문성(2006: 40-41)은 정치 혹은 국가 간의 관계에 있어 '전략'으로서 협력이라는 용어를 사용하므로 학습의 측면에서는 협동학습이라는 용어를 사용해야 한다고 주장하였다.

이러한 주장 속에서 협동학습과 협력학습이라는 용어는 혼용되어 사용하고 있는 것이 현실이다(왕경수, 2003; 이명숙, 2003a; 정문성, 2006:40). 하지만 협동학습과 협력학습에 대한 부정확한 이해와 용어의 혼용은 양자의 불명확한 관계를 통해 그 범위를 모호하게 한다. 따라서 양자의 관계를 살펴봄으로써 협동학습의 개념과 범위를 명확하게 하는 것이 필요하다.

이명숙과 돌리에 의하면 협동학습(cooperative learning)은 학습의 목표달성과 결과를 중요시하는 반면, 협력학습(collaborative learning)은 학습의 과정을 중시한다. 또한 협동학습은 동기론과 관련이 높으며, 협력학습은 사회적 구성주의의 영향으로 철학적이고 과정적인 특징을 갖는다(이명숙, 2003a; 정희모, 2006:47; Dooly, 2008).

정희모와 돌리는 협력학습의 개념이 비고츠키로부터 비롯되었다고 본다. 비고츠키(Vygotsky, 2009)는 사회적 구성주의자로서 사회문화적인 측면에서 학습을 바라보았으며 근접발달영역의 개념과 관련하여 협력 과정을 말하였다.

비고츠키는 인간의 고등정신 기능이 사회적 공동생활을 통해 생겨났으며, 이후 개인에게 내면화된다고 한다(심우엽, 2003; 한규용, 2008; Vygotsky, 2013). 이때 고등정신 기능은 인간으로서 동물과 차별적으로 갖는 보편적이고 일반적인 정신기능을 말한다. 사회적 차원에 있던 일반적이고 보편적인 정신 기능이 개인적 차원으로 옮겨지는 데는 정신의 도구들인 기호가 매개역할을 한다. 근접발달영역은 학습자의 실제적 발달수준과 잠재적 발달수준의 차이에 의해 나타난다. 학습은 본질적으로 잠재적 발달수준과 실제적 발달수준의 거리를 좁히는 것으로 이를 통하여 새로운 근접발달 영역이 변증법적으로 구성된다. 이때 잠재적 발달수준과 실제적 발달수준의 거리 좁히기는 교사와 동료 학습자와의 상호작용에 의한다. 즉, 교육적 행위 속에서 교사와 학습자 간의 협동이 이루어지는 것이다. 이러한 비고츠키의 주장은 학습자의 발달단계와 학습의 독립성, 학습과 발달의 동등성 또는 발달은 학습보다 큰 집합이라는 기존의 아동의 발달과 학습에 대한 가정을 극복하고 발달과 학습이 변증법적으로 발전한다는 철학적 가정에 근거한다.

동기(motive)가 행위의 원인이자 방향을 결정하고(이명숙, 2003a), 행동의 강도와 지속성을 결정하는 힘을 발현하는 과정(한국다문화교육연구학회, 2014:143)이라는 특성은 듀이(Dewey, 2008: 195-198)의 흥미 개념과 관련성이 높다고 본다. 이와 함께 비고츠키(Vygotsky, 2009)는 학습을 놀이의 변형된 형태로 보고 근본적으로 협동이라는 사회적 상호작용을 통해 달성할 수 있는 것으로 보았다.

따라서 이명숙(2003a), 정희모(2006), 돌리(Dooly, 2008)의 주장처럼 협동학습과 협력학습이 동기론과 사회적 구성주의를 바탕으로 한다면 듀이의 흥미 개념과 비고츠키의 놀이 개념의 관계성을 살펴봄으로써 용어의 사용과 범위를 재규정할 수 있을 것이다.

(3) 흥미와 놀이의 관계성에 의한 협동학습의 개념설정

듀이는 흥미를 사물의 추이에 대해 그 주체가 관심을 갖고, 사물을 변화할 수 있도록 개입하고 싶어 하는 것으로 본다. 흥미와 관련된 요인에는 욕구가 있다(Dewey, 1995:98). 흥미는 학습의 시작에 중요한 내적 동기로 작용한다. 또한 흥미는 학습자가 교육활동을 하는 데 있어서 어떠한 행동을 촉발(觸發)하는 역할을 한다. 이는 흥미가 교육적 발달에서 학습자의 특성이나 요구 및 기호(嗜好)라는 정서적 측면과 관련되기 때문이다.

전통적으로 학습자의 흥미는 교육에 방해되는 행위로 간주해 왔다. 이분법적 관점에서 피터스(Peters, 1966)는 흥미를 심리적 측면과 규범적 측면으로 분류하였다. 피터스의 심리적 흥미 개념은 개인이 느끼는 재미와 관련되며, 규범적 흥미는 개인의 이익과 관련된다(김무길, 2008). 그러나 기존의 흥미 개념은 학습자의 측면을 고려하지 않은 채 쾌락이나 권위 혹은 이익과 관련하여 설명함으로써 교육의 내용과 방법을 분리하여 제시하였다는 한계가 있다(양은주 · 임황룡, 2010).

듀이(Dewey, 1995:143)는 전통적인 교육에서 흥미를 일상적인 용어로 사용하며 부적절한 것으로 여기는 것은 단지 관심사로서의 흥미 또는 이해로서의 흥미를 강조했기 때문이라고 한다. 그는 흥미를 세 가지로 구분하여 설명하였다(Dewey, 1995:94-100; 2008:141-147). 듀이가 구분한 관심사, 이해관계, 정서적 경향으로서의 흥미는 구체적인 상황 속에서 역동적으로 일어난다(양은주 · 임황룡, 2010). 따라서 듀이의 흥미 개념은 분절적이거나 단순히 개인의 쾌락 혹은 이익추구에 머물지 않는다.

① 관심사로서의 흥미

관심사로서의 흥미는 일종의 욕구로부터 시작되지만 즉각적인 실현이 저해될 때 나타난다. 관심사로서의 흥미는 인지적 차원에서 자신과 관련된 것에 대해 느끼거나 행위의 원천이 되는 것으로 자아실현을 가능하게 하는 동기 유발과 관련된다. 이는 흥미의 가장 기본적인 것으로서 행동의 원천이 된다(Dewey, 1995:98). 또한 관심사는 어떤 대상이 어떤 사람에게 관련되거나 영향을 미치는 것을 포함한다.

이희자 · 이선경(1996)은 교사와 관련하여 관심사를 자신과 관련된 일과 관련한 복합적이고 다원적인 차원의 인지적 개념으로서 일종의 자아실현을 위한 하나의 방법으로 정의하였다. 홀과 룩스(Hall & Loucks, 1978)는 개인이 표출하는 특정한 인식이나 느낌 또는 동기를 관심사라고 말한다. 또한 파타니젝(Pataniczek, 1979)은 관심사를 주체자가 지각하거나 인식한 문제로 보았다. 교수-학습 활동에서 현재의 관심사를 교육적으로 다루는 것은 학습자라는 주체를 편안하고 현재의 교육에 대한 만족을 높이도록 하는 데 하나의 방안이 될 수 있다(Feiman & Floden, 1980).

② 이해관계로서의 흥미

이해관계로서의 흥미는 관심사로서의 흥미가 보다 명확해진 상태를 말한다. 또한 이해관계는 개인이 예상하고 기대하는 것을 포함하는 여러 정황에 대한 고려와 객관적인 결과를 나타내는 것이다. 그러나 이해관계로서의 흥미에 대한 강조는 개인의 이익과 불이익, 성공과 실패 자체에 대해 주목하도록 한다. 이해관계로서의 흥미를 강조함에 따라 개인은 성공과 실패의 여부에 따라서 쾌락 혹은 고통을 느끼게 된다.

브룸(Vroom)의 VIE는 이해관계로서의 흥미를 구성하는 요소를 명확하게 나타낸다. 브룸(Vroom)은 행위를 선택하는 데 영향을 주는 3요인을 VIE로 제시하였다(Davis, 1989 재인용). VIE가 의미하는 바는 각각 다음과 같다.

- V(valence, 가치): 행위 결과를 통해 보상받는 것에 대한 가치
- I(instrumentality, 수단성): 행위 결과를 통해 보상받을 가능성
- E(expectation, 기대): 자신의 행동이 바라는 결과를 가져오리라는 기대

이러한 특징을 통하여 이해관계로서의 흥미는 지적 과정을 통해 운용된다는 것을 알 수 있다. 즉, 이해관계로서의 흥미는 계산적이고 목적 지향성을 가지며, 행위의 방법을 결정하는 것과 관련된다.

③ 정서적 경향으로서의 흥미

정서적 경향으로서의 흥미는 관심사로부터 비롯된 흥미가 이익여부를 중시하는 이해관계를 넘어 일에 전념하고 몰입하는 태도로 나타난다. 몰입은 어떤 과제나

활동에 집중할 때 나타난다.

몰입은 삶이 고조되는 순간에 자연스럽게 행동이 이루어지는 느낌으로, 동기가 일관적이고 지속적으로 유지되는 것과 관련 깊다(Csikszentmihalyi, 1990:36). 잭슨과 마치(Jackson & March, 1996)는 몰입을 최고수준의 수행과 유사한 개념이라고 말하며 '수행자와 수행하는 과제가 완전히 연계된 상태'로 정의한다. 즉, 정서적 경향으로서의 흥미는 개인이 과제나 활동에 일관적이고 지속적으로 연결된 상태로, 외부에서 부여된 어려움이나 결과적 이익의 유무가 활동의 지속에 영향을 주지 못하는 상태라고 할 수 있다.

이와 같이 흥미는 관심사, 이해관계, 정서적 경향으로 수준을 달리하여 나타난다. 흥미는 개인의 경험에 근거하며 학습자가 자신의 행위 결과를 예상하고 행위를 조정하지만 결과보다는 행위 자체에 전념하도록 함으로써 현재의 상황맥락에서 능동적으로 활동하도록 한다. 따라서 흥미로부터 시작된 교육을 통해 학습자는 개인적인 관심으로부터 자신의 활동에 몰입할 수 있다. 그뿐만 아니라 결과의 예상, 수단과 장애 요인에 대한 검토와 같은 인지적 활동을 통하여 학습자는 자신의 활동에 대해 의미를 부여한다. 이처럼 흥미는 학습자의 활동을 상황 · 맥락에 맞게 조정하고 맞닥뜨린 어려움을 극복하는 추진력을 제공함으로써 결과적으로 학습자의 발달을 이끈다. 즉, 듀이가 제시한 흥미 개념은 피터스의 심리적 흥미와 규범적 흥미를 넘어선다는 것을 알 수 있다.

한편, 비고츠키(Vygotsky, 2009)는 놀이와 학습의 관계에 대해 다음과 같이 말한다.

> 학교시기에 놀이는 사라지는 것이 아니라 현실에 대한 태도에 스며든다. 놀이는 학교 수업과 공부(규칙에 기초한 의무적 활동) 속에서 그 내적 연속성을 가지게 된다. 의미장과 시각장 사이의 새로운 관계, 즉 생각 속의 상황과 실제 상황 사이의 새로운 관계를 창조하는 것이 놀이의 핵심이다.(Vygotsky, 2009:162)

위의 인용에서 나타난 바와 같이 놀이는 학습자의 현재 상황과 새로운 상황 사이에 관계를 창조한다. 비고츠키는 특히 놀이를 발달의 근원으로 보았다. 근접발달영역을 창조하는 것은 놀이이며, 아동의 놀이에는 의미가 부여된 행동이 나타난다. 비고츠키는 놀이라는 행위가 정신을 변화시키며 내면화를 통해 발달이 이루어진다고 말하였다. 또한 그는 놀이의 핵심적 특성을 '욕망이 되어버린 규칙'으로 보았다(Vygotsky, 2009:155). 비고츠키가 말한 놀이의 발전적 특징은 재현성, 목적성, 규칙성으로 볼 수 있으며 이를 듀이의 흥미와 함께 나타내면 다음과 같다.

첫째, 재현성은 현실과의 밀접한 상상을 통해 모방의 형태로 시작된다.

이때 상상을 통한 재현성이 나타나기 위해서는 활동 이전의 경험이 필요하다. 이는 코트니(Courtney, 2007; 2010)가 말한 '마치 ~인 것처럼'으로 표현하는, 실제 상황에 대한 재생산을 위해서는 그 이전에 유사한 실제 경험이 요구된다는 것이다. 이때 학습자는 여러 가지 가능성을 갖는 재생산 중에서 특정한 것을 선택하고 특정한 방법을 통해 표현한다. 예컨대 어떤 학습자는 소꿉놀이를 하는 반면, 어떤 학습자는 병원놀이를 할 수 있는데, 이것은 그들의 경험과 관심사를 반영한 것이라 할 수 있다. 이때, 학습자의 관심사에 따른 선택에서는 학습자 스스로 활동을 선택한다는 자기주도성이 나타난다.

둘째, 목적성은 놀이 행위자의 흥미가 의식적인 목적 지향성을 가짐에 따라 나타난다.

이때 놀이 행위자가 갖는 놀이에 대한 목적은 놀이의 내용과 방법을 정당화한다. 놀이 행위자는 현재의 상황과 맥락을 고려하여 어떠한 내용과 어떠한 방식의 놀이가 보다 흥미로울 것인지를 고려한다. 이러한 특징은 놀이의 흐름을 예상하고 기대하는 결과를 객관적으로 나타내는 것으로 이해관계와 관련된다.

셋째, 규칙성은 내적 통제를 의미하는 것으로 흥미 있는 활동에 대한 욕구가

정서적 경향에 의해 규칙을 만들고 준수하는 행위이다.

즉, 규칙성이란 꾸준히 발전하는 흥미를 유지하기 위해 구성원 간의 관계에서 자신의 행동을 암묵적 혹은 명시적으로 조절하는 것이다. 이때의 규칙은 더 재미있게 활동을 하고 싶다는 욕구와 관련되며, 과정을 통해 만들어진다는 개방성을 갖는다.

이와 같이 놀이는 정서적 차원의 흥미가 행동적 차원으로 발현되는 것으로, 개인의 흥미에 따른 재현적 놀이가 목적성을 갖는 활동으로, 그리고 형식성 높은 학습활동으로 변화되는 과정이며 모습을 설명한다. 즉, 협동학습과 협력학습의 근간이라 할 수 있는 흥미와 놀이는 학습의 정의적 차원과 행동적 차원을 나타낸다고 할 수 있다.

이때 정서적 차원의 흥미는 개인의 내적작용이라는 특징이 있다. 또한 놀이는 행동적 차원에서 발현되며 동료 혹은 교사와의 활동이라는 사회적 상호작용에 의해 이루어진다. 즉, 흥미와 놀이의 관계는 개인적 특성이 사회적 상호작용에 의해 발전적으로 이루어지는 학습의 과정을 나타낸다. 초국적 이주배경을 갖는 다문화가정 자녀의 교육에서 흥미와 놀이의 관계를 나타내면 [그림 3-1]과 같다.

[그림 3-1]에서 나타나는 바와 같이 흥미는 정의적 차원과 관련되며 놀이는 행동적 차원과 관련된다. 위의 그림에서 실선은 현재의 상태를 나타낸다. 또한 점선은

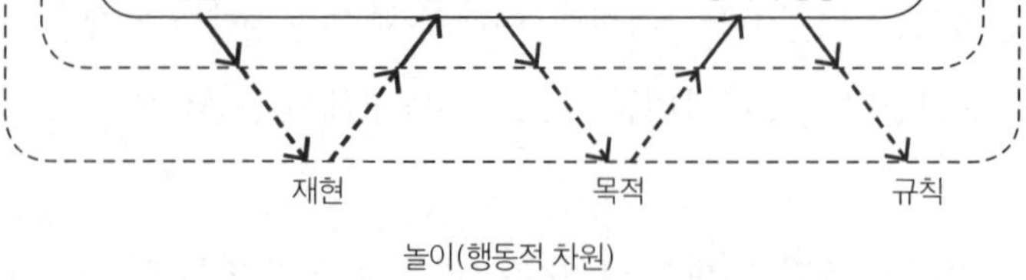

[그림 3-1] 흥미와 놀이의 관계성과 협동학습

미래의 상태를 나타낸다. 굵은 화살표는 스케폴딩(scaffolding)을 나타낸다. 스케폴딩은 학습자의 발달을 촉진하는 교사 혹은 동료 학습자의 지지와 도움을 의미하는 것으로 학습의 전 과정에서 일어날 수 있다. 학습자는 자신의 관심사로부터 학습 내용을 선정하고 이해관계에 따라서 학습의 목표와 방법을 정한다. 또한 자신의 학습목표를 달성하기 위해 규칙을 만들고 준수한다. 굵은 화살표에서 나타나는 바와 같이 학습자의 잠재적 발달수준과 실제적 발달수준의 차는 동료 또는 교사와의 상호작용을 통하여 좁혀질 수 있다. 즉, 잠재적 발달수준은 상대적 개념으로 사회적 상호작용의 과정을 통하여 실제적 발달수준과의 차가 좁혀짐으로써 내면화되어 학습이 이루어진다. 또한 이 과정에서 잠재적 발달수준의 범위는 확장된다. 잠재적 발달수준의 내면화와 범위의 확장을 통하여 학습자의 발달은 지속될 수 있다.

갓 태어난 아기의 경우에는 정의적 차원의 관심사가 무엇으로부터 비롯되는가에 대한 문제에 대해 논란의 여지가 있을 수 있다. 즉, 인간의 사고로부터 특정한 행동이 이루어지는지 혹은 행동으로부터 사고의 확장이 이루어지는지 명확하게 말하기 어렵다. 하지만 학교생활을 하는 비다문화가정의 학습자나 초국적 이주 배경의 다문화가정 자녀의 경우에는 가정 혹은 출신국에서의 경험이 이들의 관심사와 관련성이 있는 것으로 파악할 수 있을 것이다.

한편, 비고츠키는 행동이 사고를 결정한다고 하였다(Tomas, 2000). 정의적 차원인 흥미는 행동적 차원으로 나타나는 놀이에 비해 범위가 넓다고 할 수 있지만 결국 행동적 차원으로 발현될 때 객관화되고 이를 통해 자신에게 의미화가 되기 때문이다. 또한 전인교육이라는 교육의 궁극적 목표를 고려할 때 앎이란 실천을 통해 완성된다. 실천이 없는 앎은 죽은 지식이며, 지식은 실천을 통해 명확해지고 성찰과 발달이 가능하다. 따라서 협동학습과 협력학습이라는 용어는 학습자에게 의미가 있을 뿐만 아니라 교육 행위의 실천적 측면을 고려하여 사용여부를 판단하는 것이 타당하다고 본다. 따라서 이 글에서는 협동학습과 협력학습을 포괄하는 용어로 협동학습을 사용하고자 한다.

협동학습은 학습자에게 잠재된 특성을 발현시켜 사회적 상호작용을 통하여 발달을 촉진하는 학습방식으로 정의할 수 있다. 왜냐하면 앞서 살펴본 바와 같이 협동학습이라는 용어의 사용은 이 용어가 '실천'이라는 교육적 변화를 나타내며, 이는 교육의 궁극적 목표이기 때문이다.

(4) 협동학습의 범위

전통적 교육에서 진보주의 교육으로의 변화는 학습의 주체가 누구인가 하는 범위에 대한 문제를 야기하였다. 전통적 교육에서 교사는 지식의 전수 전달자이므로 교육의 주체는 주류사회의 지식에 정통한 성인에 한정될 수밖에 없었다. 그러나 다원주의 패러다임 속에서 지속가능발전 개념은 상호작용하는 환경, 사회, 경제의 영역 및 개인과 사회를 넘어 세계로 그 범위를 제시한다(UNESCO, 2005). 또한 지속가능발전교육은 세대 간의 형평성의 문제를 함께 고려해야 한다는 것을 시사한다(김영순 외, 2015a). 그러나 협동학습에 대한 장점을 언급할 때 학습의 주체는 관행적으로 '학생'에 한정되어 논의되어 왔다.

비고츠키(Vygotsky, 1978:139)는 학습이 '성인 혹은 동료와의 관계'를 통하여 이루어지는 것이라고 말한다. 또한 듀이(Dewey, 2008:92)가 말한 바와 같이 교육은 '끊임없는 경험의 개조이며, 서로 다른 조건에 적합한 성장 양식'이다. 따라서 협동학습의 범위는 교사를 포함하여 확대되어야 할 것이다. 왜냐하면 세계화와 다양성이 증대되는 사회에서 교육은 미래 세대뿐만 아니라 현세대의 지속가능발전을 보장하여야 하기 때문이다.

협동학습의 범위를 교사로 확대하는 것은 학교 집단의 구성이 교사와 학습자를 포함하며, 교육활동은 교사와 학습자의 상호작용을 통해 가능하다는 점을 고려할 때 타당하다고 본다. 이렇게 협동학습의 범위를 확대하는 것은 다문화학교에서 일상적으로 발생가능한 갈등의 당사자가 학습자뿐만 아니라 교사를 포함한다는 것을 의미한다. 본서에서는 협동학습의 범위를 학습자 간, 학습자와 교사, 교사와 교사를 포함하는 것으로 확대하여 기술하였다.

2) 협동학습과 다문화교육

앞서 정의한 바와 같이 협동학습은 학습자에게 잠재된 특성을 사회적 상호작용을 통하여 그 발달을 촉진하는 학습이다. 그런데 다문화교육에서 학습은 사회 구성원의 이질성이 증대함으로써 발생하는 다양한 차원의 갈등 조정과 관련성이 높다. 다원주의 사회에서 나타날 수 있는 갈등은 개인적 차원과 사회적 차원으로 나눌 수 있다. 따라서 협동학습의 필요성으로써 갈등에 대한 논의를 살펴보고, 이후 협동학습의 특징을 고찰하도록 한다. 이와 함께 협동학습이 협동학습으로 기능하기 위해 갖추어야 할 구성요소와 목표를 제시한다.

(1) 다문화교육에서 협동학습의 필요성

베넷(Bennett, 2007), 캠벨(Campbellm, 2010), 그랜트와 슬리터(Grant & Sleeter, 2011), 존슨과 존슨(Johnson & Johnson, 2002)등과 같은 다문화교육 연구자들은 갈등과 관련하여 협동학습의 긍정성을 지속적으로 주장해 왔다. 베넷(Bennett, 2007:52)은 이질성이 높은 다문화학교에서 구성원의 뜻하지 않는 접촉이 사회적 갈등의 가능성을 높인다고 하였다. 서로 다른 문화적 배경 속에서 성장한 사람들은 문화접변에 의한 충격과 각기 다른 생활방식 때문에 오해가 발생할 수 있기 때문이다. 다문화교육 연구자들은 협동학습을 통하여 이러한 오해를 극복할 수 있다고 본다.

① 갈등의 필요조건

홀(E. T. Hall, 1976)은 '문화를 넘어서'라는 그의 저서에서 일본이라는 낯선 문화에 대한 경험을 통해, 문화적 차이에 의해 발생한 오해와 갈등을 소개하였다. 홀은 문화를 사회적 맥락(고맥락, High – Context)의 문화와 개인적 맥락(저맥락, Low – Context)의 문화로 그 특징을 나누어 설명하였다. 사회적 맥락의 문화는 함축적 의사소통을 특징으로 한다. 따라서 같은 말이라 할지라도 상황에 따라 청자는 상황 · 맥락적 특징에 따라 다르게 이해한다. 동양권에서는 주로 응집적인 인간관계를 바탕으로 의사소통이 이루어진다는 사회적 맥락의 특성을 갖는다.

이와 달리 개인적 맥락의 문화는 짜임새 있고 계획성을 바탕으로 한 의사소통이 주를 이룬다. 개인적 맥락의 문화는 주로 서구사회에서 확인되며 분석적 지식을 바탕으로 논쟁과 설득을 강조하고, 상황과 관련 없이 문장을 통해 이해 가능하다는 특징이 있다. 이처럼 서로 다른 문화적 맥락 속에서 성장한 이질적인 구성원들의 만남은 일종의 문화충돌을 유발하며 갈등을 경험한다.

한편, 다문화교육자들이 우려하는 편견, 고정관념과 같은 갈등은 개인적 차원과 사회적 차원으로 나눌 수 있다. 또한 갈등은 그 수준에 따라서 고정관념, 폭력과 파괴행동, 사회적 배제 등으로 구별된다. 갈등의 주요 원인은 이해와 공감의 부재에 있으며 다음과 같은 특징이 있다.

㉠ 편견은 개인적 차원의 갈등에 해당하며 사전적 의미에서 공정하지 못하고 한쪽으로 치우친 생각을 의미한다. 편견의 준거는 주관적 자아상이라는 개인적 정체성에 있다(Johnson, 2000:175). 에릭슨(Erikson, 1968)은 사회심리학적 관점에서 주관적 자아상의 성립을 청소년기의 중요한 발달 과업으로 보았다.

그린왈드, 맥기 그리고 슈월츠(Greenwald, McGhee, & Schwartz, 1998)는 편견이 자동과정을 통해 암묵적 연상(implicit association)을 일으키고, 이것이 대상에 대한 판단과 평가에 영향을 준다고 한다. 이러한 과정은 무의식적으로 발생하는 것이기 때문에 드바인(Devine, 1989)은 낮은 편견을 가지고 있거나 스스로 편견을 조절하고자 하는 사람도 통제하기가 어렵다고 한다.

이와 같이 편견은 개인의 정체성을 기반으로 하며 적절한 학습을 통하여 바람직한 정체성이 형성되지 않을 경우 나타난다. 또한 개인적 차원의 편견은 집단적 차원으로 발전하여 고정관념으로 나타날 수 있으며 차별, 폭력과 파괴행동과 같이 발현 수준을 달리하여 나타날 수도 있다.

ⓛ 고정관념은 어떠한 사람이 어떠한 집단에 소속되어 있다는 이유로 생겨나는 확인되지 않은 부정적 태도로(Campbell, 2012:146; Johnson & Johnson, 2010:92) 신념을 포함한다(김혜숙, 2002; Holzbrecher, 2014:27). 즉, 고정관념은 편견의 사회적 차원을 의미하는 것으로, 전체 집단과 연계된 믿음을 말한다. 고정관념은 주로 내가 속한 집단을 긍정적인 것으로 인식하며 이를 통하여 타집단을 판단하고 규정하는 데 사용한다.

따라서 고정관념은 한 구성원의 행동을 다른 집단이나 개인이 어떻게 기억하고 받아들이는지에 영향을 준다(김영순 외, 2015b; Fiske, 1993; Fiske & Morling, 1996). 고정관념은 복잡한 정보를 쉽고 빠르게 처리하도록 돕고 고정관념과 일치하는 정보에 대해 더 주의를 기울이게 함으로써 더 잘 기억하도록 한다. 또한 고정관념은 그것을 확인하는 방식으로 대상의 행동을 해석할 뿐만 아니라 대상의 행동을 자신의 기대에 맞추어 변화시키는 자기 이행적 예언 효과를 일으킨다.

베넷(Bennett, 2007:87)은 고정관념이 배타성과 폐쇄성의 위험을 갖는 민족정체성과 관련성이 높다고 한다. 그러나 민족 정체성의 발달개념은 변화하며, 동일 민족 집단 내 사람들 간에도 차이점이 있다(뱅크스, Banks, 1984).

ⓒ 차별은 어떤 집단 또는 개인에 대한 편견을 바탕으로 한다. 박수미 외(2004)와 캠벨(Campbell, 2010:111)은 어떤 집단 또는 개인을 다루는 방법이나 행동이 다른 집단이나 개인을 다루는 방법이나 행동과 유의하게 다르게 나타나는 것을 차별이라고 말한다. 따라서 차별은 편견의 행위실천적인 측면으로 고정관념과 달리 직접 확인할 수 있다는 특징이 있다.

홀츠브레허(Holzbrecher, 2014: 26)는 차별이 차별하는 쪽에서는 일시적인 우월감을, 차별을 당하는 쪽에서는 상실감을 만들기 때문에 상반된 가치공존을 어렵게 한다고 말한다. 박수미 외(2004)는 차별이 가정교육이나 학교교육과 높은 상관성이 있다고 한다. 특히 권위주의적이고 편파적인 부모의 양육태도와 교사의 교육 등의 요인은 자녀나 학생의 차별의 형성에 큰 영향을 준다.

㉣ 사회적 배제는 집단이나 개인들을 사회관계와 사회제도로부터 격리시키는 것을 말한다. 실버(Silver, 2007:15)는 사회적 배제를 점진적 사회파열의 다차원적 과정이라고 설명한다. 이는 규범적으로 규정된 정상적 활동에 대한 온전한 참여로부터 소수자들을 원천적으로 봉쇄하기 때문이다(홍윤기, 2013). 사회적 배제는 주류집단이나 기존의 집단이 자신이 속한 집단의 이익을 위해 사회제도로부터 격리시키는 경우도 있지만, 사회제도가 새로운 집단의 생성에 의한 변화 요구를 따르지 못함으로써 발생하기도 한다. 또한 소수자나 비주류의 입장에서는 편견이나 사회적 차별을 누적적으로 경험함으로써, 기존 사회에 분노와 소외감을 느끼고 스스로 사회관계를 단절하는 경우도 있다.

㉤ 폭력과 파괴행동은 갈등이 언어적 · 신체적 행위로 나타나는 상태를 나타내는 것으로(Campbell, 2010:308), 언어적 폭력과 물리적 폭력을 포함한다. 폭력과 파괴행동은 갈등이 가장 심화되어 나타나는 현상이다. 세계적으로 폭력과 파괴행동은 개인과 사회의 발전을 저해할 뿐만 아니라 유지와 존속마저 위협하는 행위로 규정되고 있다. 도커(Docker, 2008:39)는 가장 넓은 차원에서 파괴행위가 한 국가, 민족, 인종 또는 종교 집단의 전체나 일부로 이어지기도 했다고 말하며 이를 제노사이드(genocide)라고 하였다. 역사적으로 제노사이드는 반복성의 특징을 갖는다.

교육과 관련하여 편견과 고정관념은 문화실조와 함께 자주 언급되는 결핍이론으로 설명되기도 한다. 문화실조는 학습결손이 학습자의 경제, 환경 등의 요인에 의해 문화적으로 충분한 노출이 이루어지지 못한 데서 비롯된 것으로 본다. 결핍이론은 이러한 사고가 고착되어 학업성취가 낮은 학생에 대해 그들의 환경이 문화적으로 충분하지 못한 일종의 문화실조에 의한 것으로 생각하는 것이다(Nieto, 2010:49). 따라서 학업성취와 관련하여 결핍이론은 학습자의 학력저하를 문화실조로 규정하는 고정관념과 관련된다고 볼 수 있다.

수와레즈-오로즈코 외(Suárez-Orozco et al., 2011)는 결핍이론이 결과적으로 결핍된 능력을 보충해 주려는 온정적인 태도, 전형적으로 높은 수준의 학문적 내용에 대한 불충분한 노출, 비판적 사고 능력에 대한 낮은 기대감 등의 한계를 가진다고 말한다.

이처럼 사회적 다양성이 증대함에 따라서 갈등은 개인, 집단, 국가 등과 같이 다양한 차원에서 다른 강도로 발현된다. 또한 세계화와 함께 집단이나 국가의 구성원 간 다양성이 증가하고 있다. 하지만 이질적인 사회 구성원들 간의 접촉 자체는 갈등의 필요조건이지만 충분조건은 아니다.

② 갈등의 충분조건

포나지와 타겟(Fonagy & Target, 2006), 포나지와 베이트만(Fonagy & Bateman, 2006)은 보다 근본적으로 갈등의 원인을 파악하였다. 그들은 갈등 주체 간의 공감능력 결여가 갈등 주체 간 갈등을 일으키는 가장 큰 원인이라고 말한다.

공감은 정신화의 유사 개념으로(Fonagy & Target, 2006), 타인의 감정과 입장을 이해하고, 적절히 반응하는 능력이다(Fonagy & Bateman, 2006). 공감은 적절하고 건강한 인간관계를 맺는 데 중요한 능력으로 타인의 정서 상태를 인식하고 공명함으로써 발생한다. 공감 능력의 발달은 부모와의 관계로부터 시작되고, 가정을 거쳐 사회와의 상호작용을 통해 발달한다. 공감 능력의 결여는 타인의 즐거움이나 기쁨, 슬픔이나 고통을 민감하게 느끼고 적절하게 반응하지 못하게 하여 갈등을 유발한다.

갈등은 부정적 기능과 긍정적 기능을 함께 갖고 있다(Coser, 1956). 또한 이질적 집단의 접촉은 동화뿐만 아니라 민족적 정체성의 강화나 두 문화의 공존이라는 결과를 나타낼 수도 있다(Banks, 1986). 따라서 다원주의 사회의 구성원들은 갈등 자체에 주목하기보다 교육적 차원에서 갈등을 어떻게 할 것인가에 대한 고민이 필요하다.

③ 갈등해결 방안으로서의 협동학습

갈등의 충분조건이라 할 수 있는 공감능력은 개발할 수 있다(Eisler, 2000). 또한 박수미 외(2004)가 말한 바와 같이 고착성을 갖는 고정관념도 교육에 의해 변화할 수 있다. 공감능력의 개발이 타인의 생각이나 감정에 대한 전적인 동의를 의미하는 것은 아니다. 그러나 우리는 교육을 통해 타인의 견해가 타당성이 있다는 것을 이해하는 방법을 배울 수 있다. 다원주의 사회에서 갈등은 일상적인 것이지만 교육은 갈등에 대한 관리 방식 즉, 민주적인 해결방식을 수습하는 것이기 때문이다.

존슨과 존슨(Johnson & Johnson, 2002:15-16)은 협동학습이 개인의 평등성을 기반으로 하며, 긍정적인 상호작용을 바탕으로 하기 때문에 다양한 사회적 상황 속에서 구성원 간 발생 가능한 갈등을 감소시키고 긍정적 가능성을 증대시킬 수 있는 교육 방법이라고 보았다.

상호작용의 측면에서 협동학습의 긍정성은 경쟁학습이나 개별학습과 비교할 때 명확해진다. 경쟁학습은 학습자 간의 비교를 통해서 보다 나은 결과를 도출할 수 있기를 기대한다. 그러나 경쟁은 본질적으로 승자와 패자를 가름으로써 나 이외의 학습자를 경쟁과 경계의 대상으로 생각하게 한다. 개별학습은 개인의 수준에 맞는 학습이 가능하지만, 학습자 개인별로 고립적으로 이루어짐으로써 학습자 간에는 소통이 이루어지지 않으며 결과적으로 관계 형성이 이루어질 수 없다. 이와 달리 협동학습은 학습 구성원들이 하나의 공동 목표를 달성하기 위해 구성원 간의 교류를 통해 자신의 역할을 수행한다. 특히 협동학습에서 학습 구성원은 개인의 실패가 협동그룹의 실패로 이어진다는 점을 고려하여 동료의 활동을 격려하고 지지한다.

더욱이 협동학습을 통해 형성된 긍정적 관계는 일정한 시기가 지난 후에도 소멸되지 않고 자유로운 선택 상황에서도 이질성 높은 개인과 집단에 대해 긍정성을 나타낸다(Johnson & Johnson, 2002:185). 즉, 협동학습은 학습의 과정을 통하여 현재의 갈등적 관계를 개선할 뿐만 아니라, 장기적으로 갈등 개선에 대한 일반화의 효과가 있다.

(2) 협동학습의 요소와 기대결과

존슨과 존슨(Johnson & Johnson, 2002:203)은 협동학습의 요건을 긍정적 상호의존, 개인적인 책무성, 활발한 상호작용, 사회적 기술, 모둠화 과정으로 보았다. 로첼리와 테슬(Roschelle & Teasle, 1995:70)은 협동학습의 요소를 상호 목표, 상호작용, 공통의 지식 스키마, 지식의 불균형, 집단 활동의 상황으로 말한다. 슬레빈(Slavin, 1987; 1991)은 개별 보상과 추가적 집단보상, 개별 책무성, 학습 참여의 균등한 기회를 주요 요소로 보았다. 또한 코헨(Cohen, 1994)은 협동학습의 주요 요소를 집단 과제, 책무성, 상호의존성으로 보았다. 이처럼 협동학습의 구성 요소는 학자마다 다르지만 대체로 존슨과 존슨(Johnson & Johnson, 2002:203)이 제시한 다섯 가지 요소를 공유한다(김보경, 2015; 김창아 외, 2014a; 이명숙, 2003a).

한편, 케이건은 협동학습에 있어서 구조와 보상을 중요시한다. 그는 보상 제도를 학급 분위기를 고양시키는 쉽고 확실한 방법으로 보았다(Kagan, 1998:65). 그러나 그는 협동학습의 구조에 대해서는 단지 내용을 담는 '틀'로 내용에 따라 협동학습의 형태는 달라질 수 있다고 말한다(Kagan, 1998:59). 즉, 협동학습을 위한 모델은 모형형태를 갖추고 있지만 보다 중요한 것은 '틀'이 아니라 어떠한 가치에 중점을 두고 운용하느냐가 관건이라는 것이다.

다원주의 사회에서 대두되는 사회적 문제는 갈등이다. 따라서 인간관계를 중심으로 하는 존슨과 존슨의 협동학습은 여타의 협동학습 모형에 비해 그 중요성이 부각된다. 존슨과 존슨의 협동학습의 특징은 구성원 간의 '상호의존'과 '상호작용'을 중시한다는 데 있다. 이때 개인적 책무성은 함께 활동하는 학습자 사이에서 개인의 특수성을 보장하는 것으로, 사회적 기술은 함께 활동하는 학습자 간의 상호작용 하

〈표 3-2〉 협동학습의 요소와 특징

협동학습 요소	특 징
긍정적 상호의존	교사는 학습자의 특성을 반영하여 명확한 과제와 공동의 목표 부여
개별적 책무	공동목표 달성과 관련 있는 개별 과제 부여
활발한 상호작용	다른 사람들의 성공을 도와주기 위해 실제로 작업을 함께 하는 것
사회적인 기술	대인관계와 활동을 위한 기술 및 인간관계
모둠화 과정	상호의존성이 효과적으로 달성될 수 있도록 하는 토론활동을 포함

는 방법으로써, 상호의존을 촉진하는 방법적 요소에 해당한다. 특히 존슨과 존슨은 모둠화 과정에 대한 특징을 '상호의존성이 효과적으로 달성될 수 있도록 하는 토론활동을 포함'하는 것으로 설명한다. 즉, 모둠화 과정 또한 상호의존성을 높이기 위한 방법으로 활용되는 것이다. 존슨과 존슨이 제시한 협동학습의 요소와 특징을 나타내면 위의 〈표 3-2〉와 같다.

〈표 3-2〉에서 나타난 바와 같이 존슨과 존슨이 제시한 모둠화 과정은 토론활동을 포함하는 것으로 설명된다. 하지만 존슨과 존슨은 토론활동의 포함이 어떻게 모둠화 과정을 촉진하는지에 대해 명확하게 제시하지 않고 있다.

이에 대해 김창아 외(2014a)는 모둠화 과정 속에서 나타나는 상호의존성에 대한 특징을 나타냈다. 그는 존슨과 존슨이 제시한 협동학습 요소를 과정적 측면에서 탐색하였는데, 모둠화 과정이 형식적으로는 개인 간의 활동이지만 실질적으로는 인정, 반성, 성찰이라는 개인 내적 활동을 통해 이루어진다고 한다.

이 주장은 특히 실증적 연구에 의해 이루어진 것으로 타당성이 있다고 본다. 즉, 존슨과 존슨이 말한 모둠화 과정은 학습의 과정에서 나와 다른 학습자를 인정하고, 공동의 목표를 달성하기 위해 자신의 행동과 태도를 성찰하고 반성하는 과정을 의미하는 것이다. 이때 인정과 반성 및 성찰은 자신의 행위를 자발적으로 조정하기 위한 필요 · 충분조건으로서 결과적으로 공동체로서의 소속감 및 집단과 자기의 역할에 대한 책임의식을 형성하는 것이다.

〈표 3-3〉 협동학습의 의의와 과정 및 기대 결과

협동학습의 의의	과정요소	협동학습 기대 결과
- 학습자는 의미 있고, 역동적인 참여 - 자신의 잠재력을 성취하고, 심리적 성취감을 경험	흥미와 자발성	자기주도성 증가
- 학습자들에게 관심과 노력을 쏟아 부을 수 있는 관계성을 발전 - 학습을 위한 도움을 주고받거나 질적인 삶이 되도록 서로 기여	의사소통 기술	인간관계 증진
- 문제를 공유하고 해결 - 효과적인 과제수행	공동체 의식	책임의식 증가

*김창아 외, 2014a; Johnson & Johnson(2002:201-202)참고

한편, 존슨과 존슨(Johnson & Johnson, 2002:201-202)은 협동학습의 의의를 학습자의 측면에서 여섯 가지로 제안하였다. 그들이 제시한 협동학습의 의의는 의미 있고 역동적 참여, 성취감, 관계성의 증진과 삶의 질 개선, 문제의 공유와 해결, 과제수행의 효과성이다. 이를 김창아 외(2014a)에서 제시한 과정요소 및 기대 결과와 함께 나타내면 위의 〈표 3-3〉과 같다.

〈표 3-3〉에서 학습자의 의미 있고 역동적인 참여는 흥미와 관련된다. 흥미는 학습자의 경험에 근거하여 하나의 관심사로써 표출되고, 이를 통해 자기 주도적 활동이라는 자발적인 모습을 기대할 수 있다. 또한 학습자들은 다양한 형태의 의사소통을 통해 관계를 개선할 수 있다. 그리고 협동학습의 주체는 공동의 과제를 해결하는 과정을 통하여 책임의식과 공동체 의식이 증가하는 것을 경험하게 된다(김창아 외, 2014a).

이와 관련하여 존슨과 존슨 (Johnson & Johnson, 2002:50)은 개인의 정체성이 자부심 혹은 자존감과 관련된 것으로 자신의 행동과 성격에 대해 객관적인 판단과 평가를 가능하게 한다고 말한다. 즉, 개인의 정체성으로부터 학습자는 자기에게 의미 있는 내용에 대해 흥미를 갖고 역동적으로 참여함으로써 자기주도성이 증대될 수 있다. 또한 자신에 대한 객관적인 판단과 평가를 통해 책임의식이 증대된다.

다문화학교에서 성공적인 협동학습은 결과적으로 교사를 포함한 학습자들이

주변에 만연한 다양한 수준의 갈등에 대해 관심을 갖고, 자발적으로 협동적 상호작용을 통해 문제를 해결하려는 책임의식을 함양하는 것이라고 할 수 있다. 협동학습에 대한 이러한 기대는 이질적인 구성원들이 함께 살기 위해 인간관계를 중시하고 일방적인 권위에 반대하는 다원주의의 이념과 맥을 같이 한다. 또한 갈등은 이질성이 높은 구성원들의 만남으로부터 비롯되지만 다름에 대한 이해와 성찰적 태도 그리고 나와 다른 입장에 대한 공감능력을 높임으로써 발전적으로 변화할 수 있다.

그러나 보다 효과적인 인간관계 개선을 위해서는 자신과 타자의 활동이 긍정적인 결과를 줄 것으로 기대할 수 있는 상황 · 맥락이 필요하다. 또한 앞서 살펴보았듯이 학습이 놀이로부터 시작된다는 것을 고려한다면, 교육은 학습자가 자신의 행위에 방향성을 부여하는 자기 주도적 성향이 학습이라는 형식적 활동에 대해 자신의 행위를 자발적으로 규제하는 자율성으로 이행하는 것을 돕는 행위로 볼 수 있다. 이러한 교육적 요구에 있어서 정체성은 중요한 역할을 한다. 교육연극은 학습자에게 긍정적인 경험을 줄 수 있는 자발적인 상황 · 맥락을 제공하고 긍정적인 정체성을 함양하는 데 기여할 것으로 기대한다.

2. 교육연극

1) 교육연극과 다문화교육

다문화사회에서 연극(drama)은 사회적 인식을 구축하기 위한 기회를 제공한다(McCaslin, 2006:6-15). 이는 초국적 이주배경을 갖는 구성원들이 새롭게 속하게 되는 사회의 관습, 신념, 가치 등을 연극적 활동이라는 상황 · 맥락 속에서 경험할 수 있기 때문이다.

한국다문화교육연구학회(2014:122)는 다문화교육과 관련하여 연극의 중요성이 문화의 소개, 공감, 학습의 측면에서 점차 증가하고 있다고 한다. 기존의 다문화교육과 관련한 연극의 활용은 주로 주류집단의 문화나 생활양식을 소수집단에게 혹은 소수집단의 문화나 생활양식을 주류집단에 소개하는 방식으로 이루어졌다. 그러나 최근에는 다문화가정 구성원이 연극에 직접 참여함으로써 그들의 삶의 경험을 관객과 함께 나누는 연극도 시도되고 있다.

국내에서 다문화교육과 관련한 교육연극 관련 연구는 언어교육 측면(김숙희, 2011; 한규용, 2010)이나, 다문화적 감수성 증진 방안(권재원, 2011; 한규용, 2010)으로 관심 있게 논의되고 있다. 또한 학습자의 능동적 참여 측면(권재원, 2005; 한규용, 2010)이나 문화이해 교육과 관련(김숙희, 2011; 이송은, 2007; 박연희, 2012)하여서도 심리적으로 긍정적 인식을 갖게 한다는 장점이 확인되었다. 특히 김숙희(2011)는 참여자의 이야기를 재구성하여 표현하는 활동을 통해서 학습자들은 성취감과 자신감의 증진을 경험할 수 있다고 한다.

이와 같이 다문화교육에서 교육연극에 주목하는 것은 연극이 종합예술로서 다문화 감수성의 핵심인 이해와 공감을 바탕으로 하기 때문이다(김영순, 2013b; 김창아 · 김영순, 2013; Bennett, 2007). 또한 교육연극은 대화와 토론을 통해 민주주의의 갈등해결 방법을 연습할 수 있는 중요한 방법이며(Campbell, 2012:54-70), 갈등을 극복하는 협상과 중재절차를 체험하는 방법이자(Johnson & Johnson, 2002:369), 편견을 제거하기 위한 방법이기도 하다(Banks, 2008:112). 다문화교육에서 주목하는 교육연극의 특징은 다음과 같다.

(1) 교육연극의 특징

교육연극은 연극적 체험활동을 교육현장에 응용하여 효율적인 교육효과를 지향하는 활동이다(심상교, 2004:75). 교육연극은 연극의 기법을 수용함으로써 다양한 학습을 가능하게 한다. 한규용(2010)은 교육연극이 영미권에서 주로 언어교육을 위해서 시작되었다고 한다. 그러나 이후 미국에서는 창의적 드라마를 중심으로 발전하였다. 창의적 드라마는 교육을 목적으로 하는 아동극(children's theatre)과 교육을 위해 연극기법을 사용하는 드라마(educational drama)를 포함한 개념이다. 이와달리 영국에서는 교사이자 전문가가 참여하는 TIE(Theatre-in-Education: 이하 TIE로 기술)와 교과교육과 관련성 높은 DIE(Drama-in-Education: 이하 DIE로 기술)로 구분하여 발전하였다.

우리 교육에서 교육연극에 대한 연구는 주로 교과통합 학습 또는 개별 교과 학습의 방법적 측면에서 이루어지고 있으며(한민희, 2012), 범교과성과 간학문성의 특징을 갖는다(성민정, 2011; 오은정, 2014). 교육연극의 특징은 교육연극이 다음과 같이 연극과 교육을 바탕으로 한다는 데서 비롯된다.

① 교육연극의 연극적 특징

연극은 원시시대로부터 시작된 인류의 가장 오래된 놀이 중 하나이다(김창화, 2003:13). 교육연극은 연극의 종합예술성을 기반으로 한다. 이는 연극이 문화적 형식일 뿐만 아니라 문화를 반영한 예술이기 때문이다(김창화, 2003; 한규용, 2010).

서종남(2010:20)은 문화를 한 민족의 생활양식을 총체적으로 표현한 것이라고 하였다. 홀(Hall, 1976:22)은 문화를 외부의 연장물, 자신의 약점을 보완하기 위해 진화시킨 모든 것으로 보았다. 따라서 문화는 언어, 제도, 도구 등을 포함한다. 캠벨(Campbell, 2010:74)은 이러한 문화가 개인의 삶과 자신의 경험을 인식하는 방식이라고 말한다.

예술은 그 과정을 통해서 개인의 창의성, 감수성, 상상력을 촉진하고 결과적으로 사회의 발전과 성숙을 이끌어 올 수 있다(김세훈, 2004). 이는 예술에 참여하는 개인이 기존의 문화를 이해하고 공감함으로써 실존적 자아를 찾고, 이를 예술적 형식을 통해 표현하는 가운데 창의성이 발현되기 때문이다. 따라서 개인과 사회는 예술적 행위를 통해 유기적으로 연계된다. 미술, 음악, 무용 등과 같이 예술은 일정한 형식을 통해 구성되며 연극은 다양한 종류의 예술 형식을 포괄한다. 즉, 연극은 문화적 공감과 예술적 이해라는 총체성을 갖는 문화예술 활동이다. '문화예술 활동'으로서 연극은 극화(dramatization)를 통하여 개인의 '삶에 실존적 의미'를 부여한다(김창아 · 김미순 · 아이게림, 2015).

② 교육연극의 교육적 특징

교육연극은 연극적 방법을 활용한 교육활동을 의미하며 학습자의 흥미성과 능동적 참여를 특징으로 한다(김정희 외, 2008; 김창아 · 김영순, 2013). 또한 교육연극은 학습자의 흥미를 고려하고 이를 지지함으로써 행동의 변화와 발달을 촉진한다. 일반적으로 알려진 바와 같이 교육연극은 다양한 연극적 방법을 수용하고 교육현장에 폭넓게 적용함으로써 범교과성과 간학문성의 특징을 갖는다.

실제 수업에서 교육연극의 활용은 다양하게 이루어진다. 교육연극은 수업의 도입부분에서 간단한 상황극을 활용하여 학습자의 동기유발을 유도할 수 있고(김유미, 2004), 역할극이나 연극놀이를 통해 숙달학습이나 창의성의 발달에 도움을 주기도 한다(김창화, 2003:68; 한규용, 2008; 2010). 또한 교육연극은 타자와의 대화를 통해 삶을 자신의 언어로 의미화함으로써 공동체 의식의 형성에 기여한다(김창아 외, 2014a; 박세원 · 이지선, 2010). 그뿐만 아니라 교육연극은 학습을 사회와 개인을 잇는 매개체로 활용함으로써 학습동기를 높이고, 학습자의 경험을 확대할 수 있는 장(場)을 제공할 수 있다(이용희, 2005).

특히 교육연극이 다양한 경험을 할 수 있는 장을 제공한다는 것은 학습자들이 안전성과 안정성을 보장하는 교육적 환경 속에서의 경험이라는 데 의의가 있다. 학교교육에서 교육연극은 학습자의 발달에 관여하며 교사는 이를 지지하고 지원하기 위해 다양한 연극적 방법을 활용할 수 있다.

(2) 다문화교육에서의 교육연극

우리의 학교 현장에서 교육연극은 히스코트(Heathcote)를 중심으로 하는 DIE가 주로 활용되고 있다. DIE는 일반적으로 워밍업-드라마틱 게임, 타블로 만들기, 즉흥, 가상적인 역할놀이, 이야기 꾸미기, 신체표현의 순서로 진행된다. 또한 활동이 모두 끝난 후에는 학습에 대해 자신의 생각을 표현함으로써 의미부여 혹은 학습의 내면화가 이루어지도록 한다.

히스코트는 DIE에서 교사의 가장 중요한 역할이 평범한 행위를 '낯설게' 만드는 것이라고 본다(Heathcote & Bolton, 1995). DIE는 주로 학교현장에서 이루어진다. DIE에서 학습자들은 별도의 대본 없이 연극 내에서 갈등을 경험한다. 그러나 교육적 상황에서 갈등은 설명가능하거나 극복할 수 있는 경험으로 내재되어야 한다. 이를 위해 히스코트는 '역할 내 교사'를 통해 학습자가 연극 활동 내에서 긴장을 유지하는 가운데 갈등을 극복하도록 돕는다. 히스코트의 낯설게 하기는 연극적 각성을 의도

했다는 측면에서 브레히트의 '소외효과'와 유사하다(오영훈 · 김창아, 2015).

창의적 드라마는 장소나 수업의 형태에 관계없이 진행된다는 특징을 갖는다. 맥카슬린(McCaslin, 2006:372)은 창의적 드라마가 방과 후 활동이나 거리에서도 자유롭게 활동이 가능하다고 말한다. 창의적 드라마에서 리더는 참여자의 성장과 발달에 주요 가치를 둔다. 따라서 참여자들은 리더의 안내와 지지 속에서 실제 혹은 상상의 체험에 대해 생각하고 반응한다. DIE와 같이 대본은 원칙적으로 사용하지 않으며, 같은 내용에 대한 팀별 발표에 대해서도 완성도보다는 주제에 얼마나 깊이 있게 접근했는지에 주목한다. 따라서 수업에 참여하는 여러 팀이 동일한 주제 혹은 동일한 이야기를 중심으로 발표를 하더라도 이를 모두 허용한다.

TIE는 공연을 목적으로 하며, 교사는 전문가로서 교수법과 연극기술을 모두 훈련받은 사람이 활동한다(민병욱 · 심상교 편저, 2000:31-47). TIE의 활동장소는 크게 제약받지 않는다. 교사전문가는 사전 작업, 공연, 공연 후 활동을 위해 작업을 한다. 또한 교사전문가는 교육대상인 관객이 연극의 참여자로 활동할 수 있도록 유도한다. 공연은 전문 극단 혹은 교사전문가와 작업을 한 학습자로 구성되는데, 공연 중 관객과 함께 토의하거나 연극 내 역할놀이에 참여하기도 하고 극중 인물과 대화를 나누기도 한다.

교육연극은 이처럼 그 명칭에 따라 특징이 분류되며 활동장소, 주요 목적, 활동주체가 다르다. 또한 위에서 나타난 바와 같이 교사의 역할은 학습자를 지지하고 안내하며, 유도하는 것과 같이 조금씩 차이가 있다는 것을 확인할 수 있다. 그러나 교사의 역할은 단편적이거나 단순하지 않다. 교육연극에서 교사 역할의 다양성은 최지영(2015)을 통해 확인할 수 있다.

최지영(2015)은 교육연극 교사의 역할을 연극 만들기(playmaking)의 안내자(guide), 드라마 리더(drama leader), 드라마로 배우기(Learning through drama)의 체계를 확립한 운영자, 공연을 통해 인식의 변화를 이끌어 내는 촉매자(facilitator), 미적 체험을 이끌어 내는 전문예술교육가(teaching artist)로 말하였다. 이러한 특성은 연극적 활동이 학습자의 내면에 잠재되어 있는 본능의 표현(guide)이며, 이미 그들 내부에 연기자로서의 속성과 능력을 갖고 있다는 (drama leader) 가정에 근거한다. 따라서 교사는 교육을 완성하는 시스템으로서의 교육연극 구조를 제시하여 직접적으로 학습을 도우며(Learning through drama), 공연을 통해 관객인 학습자의 참여와 인식의 변화를 유도하고(facilitator), 예술적 감성을 통해 학습자가 자신의 존재와 의미를 재구성할 수 있도록 돕는 역할(teaching artist)을 한다.

최지영이 논의한 연극적 활동에서 교사의 역할은 교육연극을 DIE, TIE나 혹은 창의적 드라마나 연극으로 분류하지 않고, 교육과 연극이 하나의 연장선상에 있는 것으로 이해하는 데 도움을 준다. 또한 교사 역할의 다양성은 교사가 학습의 매개자이자 실천자로서 갖추어야 할 전문성과 학습자에 대한 긍정성이 보장되어야 한다는 것을 알 수 있다.

하지만 교사는 단지 그가 축적한 지식을 실천함으로써 그 전문성을 보장받을 수는 없다(이명숙, 2003b). 무엇보다 교사는 자신의 행위에 대한 성찰을 통해서 교육적 전문성을 유지하고 발전시킬 수 있기 때문이다(김선아, 2010).

한편, 니토(Nieto 2010:48)는 다문화교육이 단지 학교나 정규 수업에서만 이루어져서는 안 된다고 한다. 따라서 다양한 수업 장면에서도 유연성 있게 활용 가능한 창의적 드라마나 활동 장소에 구애받지 않는 TIE를 함께 활용하는 것이 필요할 것이다. 같은 맥락에서 교사의 역할은 창의적 연극, DIE, TIE에서 요구하는 역할뿐만 아니라 성찰자로서의 역할이 통합적으로 필요하다.

(3) 교육연극 수업의 평가

교육연극 수업에서 평가는 주로 '수행평가'에 의한다. 수행평가는 교육 개혁의 중요한 방법의 하나로 시행되고 있다(김경희, 2000; 김명숙, 2000; 오판진, 2014; Afflerbach, 1996; Jett & Schafer, 1993). 수행평가가 새로운 평가방법으로 등장하게 된 가장 중요한 이유는 다원주의 사회에서 교육은 축적된 지식의 양보다 지식의 질과 활용할 수 있는 능력을 더욱 중요시하기 때문이다. 기존의 전통적인 평가방법은 단편적인 지식을 위주로 측정해 왔다. 또한 기존의 평가는 대부분 일회적인 것으로 학습자의 다양한 능력의 변화나 활용을 측정하기보다는 얼마나 많은 지식을 갖고 있는지에 관심을 둔다는 한계가 있다. 반면 수행평가는 이러한 한계를 넘어 학습자의 다양한 능력을 평가할 뿐 아니라 변화과정까지 확인할 수 있다. 오판진(2014:90)은 김명숙(2000)이 제시한 자료를 참고하여 동화 교육에서 학습자의 반응구성 자유도에 따른 수행평가의 유형을 세 가지로 제시하였다. 반응구성의 자유도는 교수활동에 대해 학습자가 자유롭게 응답할 수 있는 범위를 말하는 것(김명숙, 2000:6)으로 자기 수행, 주어진 수행, 주어진 산출물 순으로 높다. 오판진이 제시한 반응구성 자유도에 따른 수행평가 유형의 특징은 다음과 같다.

① 자기 수행은 주어진 수행과 마찬가지로 학습자의 활동에 대해 평가를 한다.

그러나 주어진 수행과 달리 정해진 교재나 대본이 없다는 차이가 있다. 자기 수행평가의 종류로는 마임, 인터뷰하기, 대화하기, 토론하기, 즉흥극하기가 있다. 예를 들어 인터뷰하기 평가 활동에서 학습자는 몇 개의 주제 중에서 하나를 선택하고 주제에 맞는 인터뷰 대상자를 선택한다. 또한 자신이 작성한 질문을 바탕으로 인터뷰를 진행하고 가장 효과적이라고 생각하는 방식으로 결과를 제시한다. 즉, 주제의 선택과 인터뷰의 과정 및 결과의 제시를 어떻게 할지에 대한 자유도가 높다.

② 주어진 수행은 주로 학습자의 활동에 대한 평가를 한다.

역할극, 시뮬레이션 게임, 방송극 녹음, 연극 구성과 같이 제시된 내용을 학습자가 숙지하여 활동을 하고 이를 평가한다. 예를 들어 외국어 교육에서 흔히 활용되는 역할극은 특정한 상황 속에서 이루어지는 대화와 행동을 교재 속 간단한 대본을 통해 제시한다. 이때 교사는 학습자가 수행하는 역할극 활동을 통하여 평가한다. 학습자는 발화의 속도나 크기, 억양 등에 대해 제한적이지만 스스로 구성할 수 있는 여지를 갖는다.

③ 주어진 산출물은 주로 지필평가와 작품평가에 의한다.

지필평가에는 완성형 문항, 단답형 문항, 표와 개념도를 활용한 간단한 시각 자료 만들기, 동화에 대한 글쓰기, 연구 보고서 작성, 과제 일지 작성이 있다. 즉, 주어진 산출물은 학습자가 반응을 구성할 수 있는 여지가 제한된다는 특징이 있다.

위의 세 가지의 수행평가 유형은 특정한 것을 좋거나 나쁘다고 말할 수 없다. 오히려 세 가지 수행평가 유형의 복합적 적용이 요구된다. 이는 수행평가가 '학생이 직접 만들어 낸 산출물이나 직접 작성한 응답을 통해서 그들의 짓기나 기능을 평가하는 여러 가지 다양한 방식'을 말하기 때문이다(미국의회기술평가국/김명숙, 2000:4; 오판진, 2014:90에서 재인용). 따라서 어떠한 수행평가 유형을 어떻게 활용할 것인가는 교육적 상황 · 맥락에 대한 고려와 교육주체의 성찰 속에서 이루어지는 선택의 문제일 것이다. 왜냐하면 학습자의 자유로운 반응이 보장된 평가방식이더라도 교육주체의 성찰이 결여될 경우 일종의 '관행'으로 전락할 가능성이 높기 때문이다. 같은 맥락에서 '주어진 산출물' 또한 교육장면의 상황 · 맥락에 따라서 수행평가의 방식으로 적절하게 활용되어야 할 것으로 본다.

2) 교육연극과 이야기하기

교육연극의 조건에 대한 공통된 의견은 없다(김창아 · 김영순, 2013). 그러나 총체적 언어교육을 주장하는 웨슬스(Wessels, 2008:162)는 연극의 필수요소를 희곡(이야기)과 표현활동으로 보았다. 또한 오판진(2014)은 '이야기'를 통해 앎의 교육에서 존재론적 실천을 위한 교육이 가능하다고 말한다. 이러한 주장은 이야기가 삶의 은유로서 사람이 살아가는 터전이자 삶의 과정이라 할 수 있는 문화의 특성을 반영한다는 것을 나타낸다.

(1) 삶의 은유, 이야기

스테위그와 뷰에지(Stewig & Buege, 2004:123)는 이야기를 흥미롭게 구성하는 요소로 갈등을 말하였다. 그들은 갈등의 유형을 사람과 사람 간의 갈등, 사람과 운명 사이의 갈등, 자기 자신과의 갈등으로 제시하였다.

키케로는 연극이 삶의 은유(mimesis)적 표현이라는 것을 '인생은 곧 연극'이라는 말을 통해 말하였다. 키케로의 말은 연극이 이야기를 극으로 표현한 것이지만, 이야기의 바탕에는 인간의 삶의 경험과 감성이 자리한다는 의미로 해석할 수 있다. 따라서 스테위그와 뷰에지(Stewig & Buege, 2004)가 언급한 갈등은 흥미 요소이지만 보다 근본적으로는 인생의 질곡(桎梏) 속에서 확인할 수 있는 삶의 특징을 나타낸 것이다. 이처럼 삶의 은유인 이야기는 발단-전개-절정-결말의 서사구조를 갖는다. 또한 이야기에는 이야기를 만든 사람의 정서가 나타난다(류수열 외, 2007). 이야기의 주요 요소는 인물, 사건, 배경이며 이야기는 희곡으로 다시 연극으로 형태를 달리한다.

> 이야기(story)는 삶의 방식을 말한다. 당신은 이야기를 접하면, 이야기 속 사람을 걱정한다. 그리고 그것들이 필요한 곳에 나누어 주는 것을 배운다. 사람은 때때로 살아남기 위해 음식보다 이야기가 필요하다. 그것이 우리가 각자의 기억에 이야기를 넣는 이유이다.(Barry Lopez, 1994:94/McCaslin, 2006:255에서 재인용)

위의 인용문에서 베리 로페즈는 이야기가 삶의 방식임을 규정하며 이야기에서 삶이 재현되고 있다고 말한다. 또한 이야기를 접하는 사람은 이야기를 통해 '이야기 속 사람을 걱정'한다. 이는 이야기 속 인물의 경험이 마치 나의 일인 것처럼 감정이입이 이루어지기 때문이다. 이 과정에서 이야기를 접하는 사람은 이야기 속에 나타나는 인물들의 삶과 그들의 관여 방식에 대해 가치판단을 하게 된다. 즉, 개인은 이야기를 접하고 등장인물의 행위에 가치판단을 함으로써 이야기 속 인물의 삶이 '마치 나의 것처럼' 해석하고 의미를 부여하는 것이다. 베리 로페즈의 story를 리쾨르(Ricoeur)는 narrative로 기술한다. 이들이 제시한 story와 narrative는 모두 누군가의 삶이 반영되어 있고, 이를 해석하는 데 감정이입이 이루어진다. 따라서 리쾨르의 narrative는 베리 로페즈의 story와 같은 개념이라고 볼 수 있다.[1)]

리쾨르(Ricoeur, 2003)는 이야기 정체성(narrative identity) 개념을 통해서 개인과 공동체를 이해할 수 있다고 본다(변경원, 2014; Simms, 2009:190). 정체성은 개인적 정체성과 공동체적 정체성으로 구별할 수 있는데 이것은 이야기 정체성을 통해 이해가능하며 다음과 같은 특징이 있다.

① 개인적 정체성

에릭슨은 정체성의 특징을 '∞로서의 나' 사이의 통합 의식, 과거 · 현재 · 미래의 나 사이의 연속 의식, 주체적 자아와 객체적 자아 사이의 조화 의식, '나는 나다.'라는 실존 의식으로 말한다(Erikson, 1968). 정체성은 사회구성원에 대한 동일시를 통해 형성될 수 있다(E. T. Hall, 1976). 가장 작은 사회집단인 가정에서 자녀는 부모에 대한 동일시를 통하여 자신의 미래를 현재와 연결하고(연속의식), 객체적 자아로서의 부모에게 나를 투영(조화의식)함으로써 다양한 사회적 상황 · 맥락 속에 흩어져 있던 '나'는 통합되고, '나는 나'라는 실존의식이 생성된다. 이러한 논의는 개인의 주체성이 자신에 대한 실존의식을 통해 확립되며, 이는 무엇을 바라보는 기준이 된다는 것을 나타낸다.

존슨과 존슨(Johnson & Johnson, 2002:52-53)은 정체성을 자아의 핵심으로 보았으며 그 중요성을 다음의 여섯 가지로 말한다. 첫째, 정체성은 삶의 안정을 가지고 온다. 둘째, 정체성은 수많은 정보들 중 자신이 선택한 하나의 정보로서 관심을 환기시킨다. 셋째, 자아에 대한 일관성을 부여한다. 넷째, 자신의 정체성과 일치한다고 생각하는 것은 쉽게 기억하고 그렇지 않은 것은 지워버린다. 다섯째, 피곤한 사건들을 해결하는 수단을 제공한다. 여섯째, 자신의 정체성을 입증할 만한 정보와 경험을 찾으려 나서려고 한다.

1) 이하 이야기(story)로 통일하여 기술한다.

② 사회적 정체성

정체성은 개인이 속해 있는 다양한 문화 집단 안에서 구성되며(E. T. Hall, 1976:332) 심리적, 사회적 동일시 과정을 통해 형성된다(S. Hall, 1996). 따라서 정체성은 사회적 · 문화적 성격을 갖는다. 사회적 · 문화적 차원에서 동일시는 문화와 개인을 연결하는 매개가 된다(E. T. Hall, 1976:340-341). 그러나 홀은 급속한 변화를 맞이하고 있는 오늘날, 국경을 따라 형성된 문화는 조월하여야 한다고 말한다. 이러한 주장은 초국적 이주자가 증가하는 오늘날 사회적 정체성이 고정될 수 없다는 점을 상기시킨다.

이와 관련하여 뱅크스(Banks, 1984; 2008:40)는 문화적, 국가적, 지역적, 세계적 경험과 정체성은 역동적으로 상호 관련을 맺으며 서로 영향을 주고받는다고 말한다. 그는 민족정체성 발달을 심리적으로 속박된 민족성 단계, 폐쇄적 민족성 단계, 민족정체성의 명료화 단계, 이중민족성 단계, 다민족성의 단계, 세계화와 세계화 역량 단계로 제시하였다. 뱅크스가 제시한 민족정체성 발달 단계는 다음과 같은 특징이 있다.

1, 2단계에서 개인은 자신이 속한 민족 집단에 대한 사회적 부정적 관념을 내면화하거나 오히려 우월하게 본다. 3단계에서는 자신과 타 민족 집단에 대한 존중이 동시에 일어나는 혼종적 관계가 나타난다. 4단계는 건전한 자민족 정체성뿐만 아니라 타민족 문화에 대한 참여와 이를 위한 심리적 특성과 기술을 갖는 단계이다. 따라서 이 단계에서 개인은 두 민족의 문화에서 효율적인 역할을 하고 싶다는 욕망이 나타난다. 5단계는 여러 민족의 사회문화적 환경에서 다양한 역할이 가능한 단계이다. 따라서 개인은 여러 민족 문화의 가치와 제도를 존중하며 공유하게 된다. 6단계에서 개인은 긍정적인 민족 정체성뿐만 아니라 국가에 대한 이해와 세계적 정체성을 바탕으로 인류 보편의 민족적 가치와 원칙을 내면화할 수 있다.

공동체의 일원으로서 개인이 형성하는 정체성은 공동체의 도덕적 코드의 전형을 나타낸다. 그러나 세계적 이주의 증가와 교통 · 통신의 발달로 개인은 과거와 달리 다양한 사회를 접하고 다양한 사회의 도덕적 코드를 접하게 된다. 이때 개인은 비록 순차적일 수는 없지만, 다양한 공동체의 다양한 도덕적 코드를 접하고 내면화하는 과정을 통해서 다원적인 정체성을 형성하게 된다.

③ 개인적 · 사회적 정체성으로서의 이야기 정체성

에릭슨(Erikson, 1968)은 정체성을 자신이 누구이고, 어떤 사람인지를 설명하는 일관된 태도이자 공동체 문화의 핵심으로 규정한다. 그런데 문화는 인간이 만든 모든 것(Hall, 1976)이자, 경험을 인식하는 방식이며(Campbell, 2010), 삶의 총체(서종남, 2010)이다. 즉, 문화는 '삶'을 의미한다.

리꾀르에게 삶은 이야기로 나타낼 때 재형상화되고, 개인은 이것을 객관적으로 인식함으로써 삶을 이해할 수 있다. 이야기를 통한 개인과 공동체의 정체성은 이야기를 접할 때(Mimesis 1), 해석자의 삶이 이야기 속에 투영되고(Mimesis 2), 이를 재형상화하는 과정(Mimesis 3)을 통해서 형성된다(Simms, 2009:191).

즉, 이야기 정체성(narrative identity)은 내가 접하고자 하는 이야기 속에 나의 모습을 투영함으로써 삶을 반추(反芻)하며, 이를 해석하는 과정 속에서 드러나는 특성을 말한다. 또한 이야기 정체성은 이야기 속에 나타나는 타인의 삶을 통해서 나와 너를 이해하고 관계를 규정하는 것이다. 교육연극에서 이야기는 이야기하기(storytelling)로서, 이야기 살기(living through)로서 그리고 이야기 만들기로서의 의미를 갖는다.

㉠ 이야기하기: 이야기하기는 이야기를 접하는 것이다. 이야기하기는 개인적인 책읽기를 통해서 혹은 이야기꾼이나 교사 또는 동료 학습자와의 활동을 통해 이루어진다. 맥카슬린(McCaslin, 2006:254)은 이야기하기가 창의적 글쓰기와 명확한 관련성이 있다고 한다. 이야기는 창의적 글쓰기의 모티브가 되기도 하고, 창의적으로 쓴 글이 다시 이야기를 통해 대중에게 공유되기도 한다. 즉, 이야기하기는 이야기 만들기의 바탕이 되는 것이다.

그러나 맥카슬린의 논의에서는 이야기하기가 창의적 글쓰기의 모티브가 될 뿐, 이야기 만들기 과정으로의 연결점이 없다. 이야기하기가 창의적 글쓰기로 연결되기 위해서는 매개 과정이 필요하다. 이러한 측면에서 히스코트의 이야기 살기 개념은 유용하다.

㉡ 이야기 살기: 히스코트(Heathcote, 1984; Heathcote & Bolton, 1995)의 '이야기 살기'는 이야기의 주요 상황에 연극적 가정을 통해 참여자를 머무르게 함으로써 인물을 이해하고 공감하도록 한다. 이야기 살기에서 연극 참여자는 이야기의 배경이나 사건의 인과관계 속에서 마치 이야기 속 인물인 것처럼 인물의 삶을 이해하고, 이야기를 이어간다. 이야기를 이어가기 위해서는 인물의 특성이나 사건이 일어나는 배경 등에 대한 인지적 이해와 인물이 느끼는 정서적 이해 즉, 감정이입에 의한 공감이 함께 필요하다.

뱅크스(Banks, 2008:106-112)가 제시한 콜럼부스와 관련한 자료의 제공은 이야기 살기를 위한 것이다. 뱅크스는 콜럼부스와 아라와크족이 살던 시대적 배경과 공간적 배경의 특성 및 그들의 문화적 특성을 자료로 제시하였다. 이는 학생들이 아라와크족이 처한 입장을 이해한 후, 콜럼부스를 만난 상황에 감정이입을 통해 공감할 수 있도록 단서를 제공한 것이다. 이처럼 이야기하기는 이야기 살기라는 이해와 공감의 과정을 통하여 이야기 만들기로 발전할 수 있다.

㉢ 이야기 만들기: 김영순(2011)은 이야기가 갖는 힘뿐만이 아니라 과정을 모두 포함하여 이야기하기(storytelling)로 규정하고 이에 대한 특징을 다음과 같이 말한다.

> 스토리텔링의 주요 요소로 '참여성'과 '대중성', '상호작용성'을 꼽을 수 있다. 스토리텔링이 지닌 '대중성'은 이야기가 지닌 경험과 감성과 연관되어 있다.(김영순, 2011:27)

위의 인용문에서 나타난 바와 같이 김영순(2011)이 규정한 이야기하기는 참여성, 대중성, 상호작용성을 특징으로 한다. 이 특징들은 맥카슬린이 말한 이야기하기와 창의적 글쓰기의 관계와 유사하다.

김영순(2011)은 이야기(story)가 일방성과 텍스트라는 한정된 매체를 갖지만, 이야기하기(storytelling)는 이야기 당사자들의 상호작용에 의해 이루어지며, 재현매체가 다양하다고 말한다. 이야기하기(storytelling)는 이야기 당사자들의 상호작용을 통하여 이해된다. 이야기하기의 상호작용적 특징으로 인하여 개인은 자신과 관계하는 타인을 이해할 수 있다. 또한 이야기하기를 통해 이야기뿐만 아니라 이야기하기에 참여하는 당사자 간의 공감이 이루어진다. 즉 '나와 너'는 이야기에 공감한다. 이해되고 공감된 이야기는 확장되고 변용된다. 즉, 공감된 이야기는 새로운 형식으로 만들어진다.

맥카슬린(McCaslin, 2006:244)은 이야기하기가 젊은 영화감독들의 작업에 의해서 미디어와 결합하여 청중에게 도달한다는 영감을 받았다고 말한다. 그러나 그는 재현 매체와 방법에 대한 관계성을 밝히지는 못하였다. 이는 맥카슬린이 간과한 이야기하기의 상호작용적 특징이 김영순(2011)에서는 포함되고 있다는 사실을 나타낸다. 이와 함께 김영순(2011)은 이야기하기가 사람들이 보편적으로 갖는 경험을 통해 개인 또는 집단의 감성을 자극한다고 보았다. 이를 통해 이야기하기는 개인적 관점을 넘어 공동체 형성의 매개가 될 수 있는 가능성이 있다는 것을 알 수 있다.

(2) 이야기하기의 확장과 변형의 매체

이야기하기(storytelling)는 역사적으로 변화되어 왔다. 이야기는 원시시대부터 구전되며 청자의 요구에 의해 혹은 구술자의 판단에 의해 많은 첨삭과 각색이 이루어졌다. 중세시대에는 방랑 음유시인을 통해 이야기가 노래와 함께 즉흥극처럼 공연되기도 했다. 이야기는 이후 인쇄술의 발달에 따라 텍스트로 정착되었고 그 고정성으로 인하여 더 이상 각색되거나 윤색되기 어려웠다.

그러나 이야기하기는 여전히 사랑받는 분야이며 그림, 음악, 대본 등과 같이 다른 형태로 재현되고 있다. 콜(Cole, 1940)은 '교실 속 예술'이라는 책을 통해서 다양한 예술 활동을 제시하였다. 그가 제시한 활동에는 그리기, 신체활동, 춤, 쓰기 활동이 포함된다. 재현 매체의 다양성은 인간의 '인지적 특성이 다양'(Gardner, 1997; 2006)하다는 사실을 반영한다.

김영순 · 오장근(2004:138)은 일상적으로 이루어지는 의사소통에서 '비언어적 표현이 65%를 차지한다'고 말한다. 또한 베넷(Bennet, 2007:105)은 50-90%의 비언어적 커뮤니케이션이 나타나고 있다고 말하기도 하였다. 인간의 마음을 나타내는 비언어적 표현에는 제스처, 그림, 음악이 포함된다. 이 활동들은 이야기하기와 관련하여 확장되고 변형될 수 있다. 연극 활동에서 대표적인 이야기의 언어적 변형에는 대본이 있다.

㉠ 제스처와 마임: 제스처는 주로 언어적 의사소통의 부수적이고 보충적인 역할을 한다. 이야기하기에서 제스처는 주로 이야기의 이해를 돕기 위한 몸짓으로 나타난다. 이와 달리 마임(Mime)은 말없이 신체를 도구로 활용하여 어떤 상황을 표현하는 것이다. 마임과 유사한 것으로 '거울놀이(Mirror images)'가 있다. 그러나 거울놀이는 마임과 달리 다른 사람의 행위를 복제함으로써 완성된다. 마임은 인간이 있는 곳이면 어느 곳이나 존재하며(차경희 1983), 행위 목적이나 행위자의 수에 따라서 언어적 표현과 함께 혹은 독자적으로 활용될 수 있다.

㉡ 그림: 그림은 시각 커뮤니케이션의 도구이자, 인간의 심리를 나타내기도 한다. 그림은 언어가 다른 경우 커뮤니케이션을 위해 사용할 수 있다(김창아, 2012). 또한 그림에서 나타나는 선의 굵기와 색이나 그림의 크기와 도형의 형태 등을 통해 그림을 그린 사람의 심리상태를 파악할 수 있다(오승진 · 최은정, 2007; Cole, 1940:68). 그림책에서 그림의 제시방식은 재현적, 보충적, 발전

적으로 이루어진다(현은자, 2008). 그림은 책 속의 이야기를 설명하거나(재현), 제시된 이야기만으로는 이해하기 어려운 부분을 묘사하며(보충), 이야기에서 드러나지 않은 사항을 확장(발전)함으로써 독자에게 이야기의 다음을 상상할 수 있도록 한다.

㉢ 음악: 고든(Gordon, 2003)은 음악적 사고능력을 오디에이션이라고 말한다. 그는 음악을 언어와 같다고 한다. 오디에이션을 확장하기 위해 고든은 학습자들이 음악을 들으며 동작을 활용하여 자유롭게 반응하고 자기표현을 하도록 한다. 그러나 고든은 녹음자료의 사용에 대해서는 부정적인 입장이다.

이야기와 관련하여 음악은 이야기의 흐름에 따라 보조적으로 사용하거나 이야기의 내용을 노래로 만들 수 있다. 또한 이야기에 대한 감정을 음악으로 표현할 수도 있다. TV 드라마에서 극적 전개에 따라 나오는 음악이 이야기의 보조적 활용이라면, 서양의 오페라나 우리 사회의 창극은 이야기를 노래로 만든 대표적인 예이다.

㉣ 대본: 창의적 연극이나 DIE에서 대본은 사용하지 않는다. 그러나 이야기가 삶의 은유라면 대본은 연극이라는 가상의 무대를 위한 또 다른 은유의 집결체라고 할 수 있다. 연극은 대본을 통해 총체적으로 표현되며 지문, 대사, 해설로 구성된다. 한규용(2008)은 바넌, 버만의 논의를 빌어 연극의 언어가 무대장치, 의상, 몸짓, 음향효과, 대사, 플롯과 구조, 인물, 주제를 포함하는 총체적인 것이라고 말한다. 여기에는 연극적 행위를 위한 소품, 조명, 음악 등과 같은 비언어적 표현 양식들이 있으며, 이 양식들은 이야기의 흐름에 맞게 통합되어 대본으로 제시된다.

이처럼 이야기하기의 확장과 매체의 다양성은 분절적으로 제시되었던 기존의 교과교육 중심의 교육과정을 통합할 수 있는 바탕이 될 수 있다. 삶의 은유인 이야기를 이어가기 위해서는 개별교과에서 제시하는 개념적 이해가 함께 필요하기 때문이다. 예컨대 흥부와 놀부 이야기를 이해하고 이어가기 위해서는 당시 사회의 지배적 가치인 유교문화나 과학적 개념인 계절의 변화, 철새의 이동 등에 대한 이해가 요구되는 것이다.

앞서 살펴본 바와 같이 다원주의 사회는 일상적인 갈등을 내포하고 있으며 다문화교육은 이러한 갈등을 어떻게 해결하는지가 관건이다. 교육적 차원에서 갈등을 예방하고 해소하기 위해 우리 교육은 교육적 평등을 보장한다.

'ㅎ'학교에서 교육적 평등의 실현은 그들의 지적 · 사회적 · 발달적 모습을 알고 그들의 관심사에 맞는 교육적 지원을 통해 가능하다고 볼 수 있다. 이를 위해 교육활동은 학습자 간, 학습자와 교사, 교사 간의 협동적 활동을 통해 이루어져야 한다. 교육연극은 협동학습을 위한 흥미롭고 다양한 경험의 장을 제공할 수 있다. 또한 교육연극은 문화예술적 특징으로 인하여 상호작용을 통해 개인의 실존적 의미를 부여하고, 타자를 이해하며 공감함으로써 공동체적 의식을 함양할 수 있는 활동이다.

특히 이야기는 이야기하기로 변형되어 나타나고, 이야기하기 주체들은 상호작용을 통해 공동체적 정체성을 형성한다. 정체성은 이야기하기를 통하여 음악, 미술, 몸짓 등과 같이 다양한 방식으로 재현될 수 있다. 재현매체를 통해 이야기하기의 형식이 변형되는 경우에도 재현하는 사람의 사고는 반영된다.

다문화교육에서 협동학습은 다양성이 높은 사회에서 복잡하게 나타나는 사회적 갈등의 해결을 수습하는 방식을 학습한다는 측면에서 잠재적 교육과정에 해당한다. 따라서 교육적 평등과 협동학습의 목표는 별개의 것이 아니며, 교육적 상호작용을 통해 발전적인 학습이 가능하다. 교육적 평등은 평등의 질에 따라 형식적 평등, 기회의 평등, 과정의 평등으로 나눌 수 있다. 이와 함께 협동학습의 목표요소는 자기주도성, 긍정적 인간관계, 책임 의식이다. 교육적 평등과 협동학습의 목표 수준을 함께 나타내면 다음 〈표 3-4〉와 같다.

평등의 질적 수준을 나타내는 형식적 평등, 기회의 평등, 과정의 평등은 협동학습의 목표 수준이라는 기준으로 볼 때, 각각 명목상, 표면적, 공감적평등으로 치환

〈표 3-4〉 협동학습의 목표 수준

	명목상	표면적	공감적
자기주도성	타인에 의한 행위	수동적 자기주도	적극적 자기주도
인간관계	강제적 관계	이해적 관계	공감적 인간관계
책임의식	인식적 책임	목적적 책임	반성적 책임의식

(置換)된다. 형식적 평등 측면에서 바라볼 때, 자기주도성, 인간관계, 책임의식이라는 목표요소는 타인에 의해 부여된 것으로 학습자의 흥미나 관심과 상관없이 이루어진다. 따라서 협동학습은 명목상으로만 달성되며 협동학습의 목표에서 실질적인 과정이나 참여의 지속성 여부는 고려되지 않는다.

기회의 평등 측면에서 협동학습은 학습자 개인의 흥미와 관심사를 고려하여 목표를 설정한다. 그러나 이 목표는 학습의 과정에서 나타날 수 있는 학습자의 변화나 상황 · 맥락적 요소의 변화와 상관없이 최초의 조건에 의한 것이므로 학습자의 행위는 적극적이거나 자발적이기보다는 수동적 입장에서 이루어진다. 즉, 협동학습의 목표 요소는 이미 이루어진 상호성과 유동성에 대해 완성성을 보인다. 따라서 표면적으로는 협동학습의 목표가 달성된 것으로 보이지만 단지 최초의 목적달성을 위한 이해관계로서의 참여로 목적이 달성됨과 동시에 더 이상의 상호작용이나 책임감은 나타나지 않는다.

이와 달리 과정의 평등 측면에서 협동학습은 학습자의 흥미와 관심사를 반영할 뿐만 아니라 학습의 과정 중에서도 개인과 환경의 변화에 대해 순환적인 상호성과 유동성 및 이에 대한 반성적 활동이 나타난다. 즉, 협동학습의 목표는 주변의 환경과 함께 활동하는 타자의 측면에서 생각하고 성찰함으로써 공감적으로 달성되는 것이다. 따라서 협동학습의 당사자들은 협동학습의 목적이 달성되더라도 관계가 유지되며 이를 위한 자기 반성적 책임의식을 갖게 된다.

IV

다문화 대안학교의 협동학습 경험 탐색을 위한 설계

이 장에서는 'ㅎ'학교의 KSL 교육연극활동에 참여한 초등학생의 경험을 알고 의미를 해석하기 위해 필요한 탐구 방법을 살펴보도록 한다. 어떠한 주제를 탐구하기 위한 방법은 그 주제의 특성에 따라 달라질 수밖에 없다. 수많은 학자들이 학문적 탐구를 위한 다양한 방법을 제시하지만, 새롭게 시작하는 학문적 탐구에 기존의 방법을 그대로 적용하기는 힘들 것이다. 따라서 이 장에서는 학교라는 교육현장에서 이루어지는 교육활동이라는 주제의 특성을 고려하여 문화기술지식 방법을 중심으로 학문적 탐구 방법을 기술하고 이를 'ㅎ'학교의 특성에 맞게 제시한다. 특히 본서에서 탐구할 학교는 새로운 형식과 구성원으로 이루어진 것으로 학교의 개교와 함께 이루어진 활동이라는 점을 고려하여 실행연구와 사례연구의 방법을 혼용하여 제시하고자 한다.

1. 교육활동 관찰과 참여를 위한 방법적 절차

이 글의 바탕이 되는 교육활동에 대한 관찰은 문화기술지적 방법을 중심으로 2013년 2월부터 2014년 1월까지 'ㅎ'학교의 방과 후 수업에 참여함으로써 이루어졌다. 김영천(2006)은 문화기술지를 한 사회 혹은 사회 내 집단의 일상적 세계들을 이해하고 기술하는 연구방법으로 정의한다. 그러나 문화는 어떻게 개념화하느냐에 따라 연구의 과정과 초점이 달라진다. 문화기술지는 최근 거시적-미시적 경험을 연계하는 데 관심을 두고 있다. 스프레들리(Spradley, 1980)는 문화기술지의 전통적 방법과 신문화기술적 접근방법을 접합하는 데 기여했다(이용숙, 2001).

스프레들리(Spradley, 1980:8)는 문화를 인간의 경험 해석 및 행동의 생성에 사용하는 획득된(acquired) 지식이라고 하였다. 하지만 학교문화는 여타의 문화와 달리 획득된 지식의 사용뿐만 아니라 지식의 획득(acquisition)이라는 목적을 함께 갖는 특수집단이다.

교육집단의 특징을 듀이(Dewey, 2008:192)는 반성적 사고 과정으로 말한다. 반성적 사고의 과정은 문제-자료의 수집과 -시사 내지 관념의 안출과 정밀화(프로그램 구성 원리)-실험적 응용(교육 프로그램 제안)과 검증-결론 내지 판단의 순환적 과정이다.

스케릿과 파커(Skerrit & Farquhar, 2002)는 교육활동에서 나타나는 순환적 특성이 실행연구의 특성에 해당한다고 하였다. 김남수(2003), 김용식(2008)은 우리나라에서 실행연구가 강조점에 따라 다양하게 번역되고 있다고 한다. 교육활동은 학교에서 일상적으로 이루어지는 문화적 활동(손민호, 2004)이다. 또한 노프케(Noffke, 1990)는 실행연구(action research)를 분류적 사고에 의해 나누는 것은 실행연구의 역동성과 순환성의 특성 및 유형들 사이의 의미 있는 공통점을 감춘다고 말하였다(Noffke, 1990/ 이명숙, 2001 재인용). 즉, 듀이가 제시한 반성적 사고 과정은 실행연구의 특성이라 할 수 있으며, 동시에 교육집단의 문화적 특성이라 할 수 있다.

이용숙(2001; 2005)은 실행연구가 갖는 문화기술지적 특징을 실행인류학(Action anthropology)으로 규정하고 연구 목적에 따라 ① 문제의 원인과 개선 대안 찾기, ② 일반화가 가능한 새로운 프로그램의 개발, ③ 현장에서 이미 발견한 문제의 즉각적 해결로 분류하였다.

그러나 새로운 형태의 교육현장에는 이미 발생한 문제의 원인과 개선안의 탐색이나 해결을 모색하기 어렵다. 교육의 과정 중 나타나는 문제에 대해 원인을 규명하고 해결책을 탐색할 수밖에 없다. 또한 그러한 상황 · 맥락 속에서 구현되는 프로그램은 일반화의 목적을 위해 구안하는 것이 아니라 현장에서 나타난 문제를 발견하고 이를 해결하는 가운데 구안할 수밖에 없다. 따라서 본서에서 제안하는 탐구방

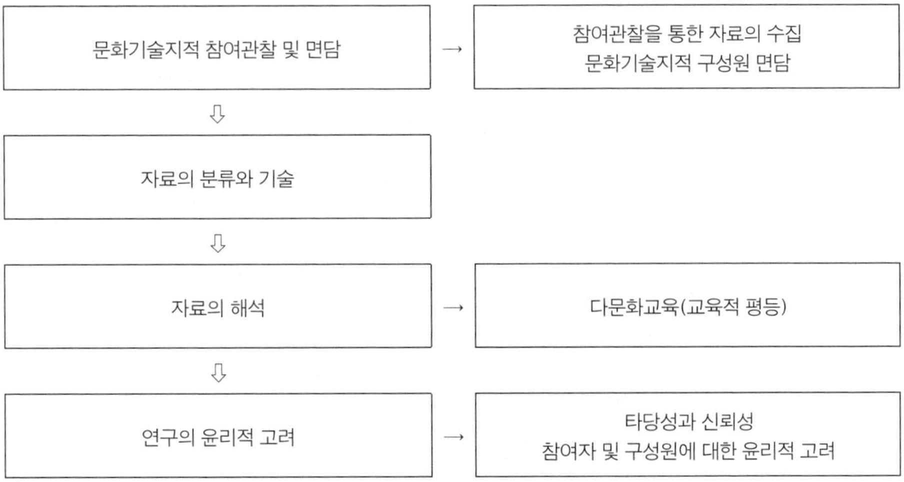

[그림 4-1] 탐구의 절차

법은 이용숙(2005)이 제시한 실행인류학과 차별성을 갖는다. 탐구의 절차를 간략하게 나타내면 [그림 4-1]과 같다.

[그림 4-1]에서 나타난 바와 같이 탐구의 절차는 선행 단계가 끝난 후에 다음 단계를 수행하는 순차성을 갖는다. 이 과정은 문화기술지적 참여관찰의 특징에 따라서 탐구의 범위와 주제를 명확히 하고자 순환적으로 진행한다.

민주주의 사회에서 개인은 사회의 구성원으로서 사회적 가치를 따른다는 외부 맥락에 의존한다. 그러나 사회적 가치와 문화적 특성을 받아들이는 개인의 모습은 모두 다르다. 또한 서로 다른 개인의 요구와 특성 및 행위는 전체 사회 속에 내재하는 맥락으로 작용하는 가운데 다시 사회의 전체 문화를 구성한다. 이러한 관계 규정에 의한 관점은 다음의 [그림 4-2]와 같다.

[그림 4-2]에서 나타난 바와 같이 학술적 탐구를 수행하는 관찰자는 교사의 관점을 공유하며 교육활동에 참여한다. 공립학교 교사로 14년째 재직 중인 관찰자는 공립형 학교에서의 교육활동에 대해 내부자적 관점을 갖는다. 이와 함께 관찰자는 다문화학교라는 새로운 체제와 방과 후 교사라는 비일상적인 신분에 의해 외부자적 관점을 갖는다. 참여관찰을 통해 수집한 자료는 내부자적 시각과 외부자적 시각

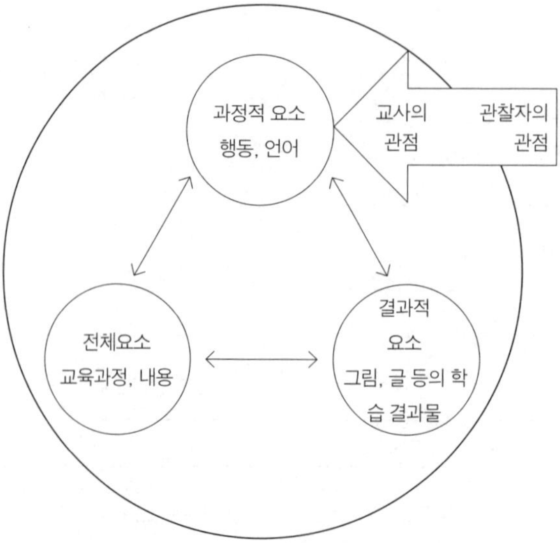

[그림 4-2] 학교의 문화적 특성과 관점

을 유지하면서 교육연극에 따른 참여자들의 경험의 변화와 그 의미를 기술한다. 참여자들의 경험과 변화의 기술은 시간의 흐름에 따라 특징적으로 나타나는 참여자의 모습을 사례화하여 제시한다. 참여자들은 교육연극 수업이라는 공통된 활동을 이어가지만, 그들의 경험적 활동이 같을 수는 없기 때문이다. 부가적으로 교육연극 활동에서 유의하게 생각되는 학습자의 모습과 관련한 에피소드를 관찰자이자 참여자인 교사의 반성과 함께 기술한다.

학술적 탐구를 하는 관찰자가 내부자적 관점과 외부자적 관점을 통해 수행한 참여 관찰 단계는 다음의 [그림 4-3]과 같다.

[그림 4-3]에서 나타나듯이 서술관찰 단계에서는 교육연극활동에서 어떠한 모습이 나타나는가에 초점을 두고 학습자들의 활동과 관련된 모습을 전반적으로 관찰하였다. 서술관찰에서 파악된 참여자들의 주요 모습의 특징은 갈등이었다. 집중관찰은 2013년 7월 2분기 수업부터 시작하였다.

집중관찰 단계에서는 연극 활동에 보다 집중하는 가운데 나타나는 갈등의 상황 · 맥락적 특성이 무엇인지에 대해 관찰초점을 맞추었다. 집중관찰을 통해 드러난 갈등의 종류는 개인의 욕구에 의한 갈등, 상호작용의 기술적 문제에 의한 갈등, 교육연극 목표 설정에 의한 갈등, 상호 대면 방식에 의한 갈등, 공동체 의식 부재에 의한 갈등이 파악되었다. 선별관찰은 2013년 9월부터 시작한 3분기 수업부터 시작되었다.

서술관찰(descriptive observation)
교육연극활동 중 주요 장면 발견: 갈등

⇩

집중관찰(focused observation)
갈등의 발생 상황 · 맥락

⇩

선별관찰(selctive observation)
갈등의 해결

[그림 4-3] 관찰초점의 변화

선별관찰 단계에서는 집중관찰 단계에서 파악한 갈등에 대한 대조적 질문을 통하여 갈등이 해결되는 양상은 탐구하는 데 초점을 두었다. [그림 4-3]의 관찰초점의 변화를 통해 나타난 문화적 주제는 '협동'이다.

2. 'ㅎ'학교와 'ㅎ'학교 학습자 특성

'ㅎ'학교는 각종학교에 해당하며 대안학교의 형식을 통해 2013년 3월 개교하였다. 이 학교의 학습자는 '학업을 중단하거나 개인적 특성에 맞는 교육을 받으려는 학생'이다(초 · 중등 교육법 제60조의 3항). 대안학교 교육은 현장실습과 같은 체험위주의 교육이나 인성위주의 교육 또는 개인의 소질과 적성을 개발할 수 있는 교육과 같이 다양한 교육을 특징으로 한다. 그러나 다문화 대안학교는 한국사회 적응에 더 큰 목적을 둔다는 점에서 일반 대안학교와 다르다. 또한 학력이 인정된다는 점에서 다문화가정 학생 대상의 예비학교와도 구별된다. 이곳에 입학할 수 있는 자격을 갖춘 학생들의 독특한 언어문화 능력과 환경에 의해 특수목적 학교의 성격도 일부 갖는다

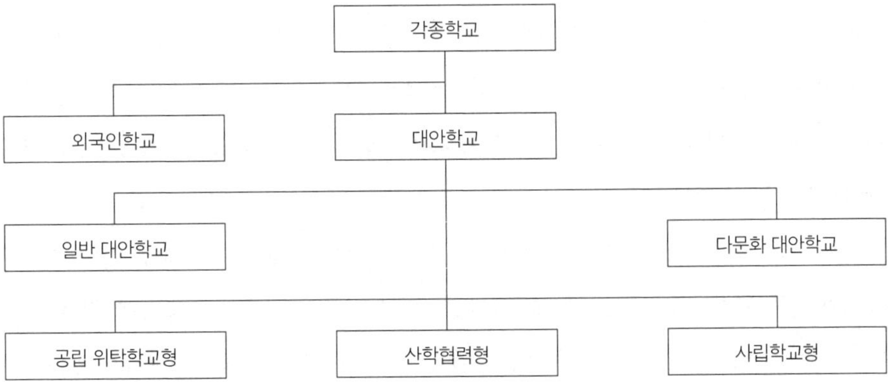

[그림 4-4] 'ㅎ'학교의 위상

고 할 수 있다. 대안학교는 [그림 4-4]와 같이 세 가지 유형으로 분류할 수 있는데, 설립목적과 교육대상을 기준으로 한다.

[그림 4-4]을 살펴보면 각종학교는 크게 외국인학교와 대안학교로 구분된다. 외국인학교는 대통령령이 정하는 사람을 교육하는 기관이다. '대통령령이 정하는 사람'은 외국인학교 및 외국인유치원의 설립 · 운영에 관한 규정 제10조(외국인학교의 내국인 입학자격 등)에 의하여 다음과 같다. ① '대통령령이 정하는 자'란 외국에서 거주한 기간이 총 3년 이상인 내국인을 대상으로 하며, ② 특별시 · 광역시 또는 도의 여건을 고려하여 교육감의 재량에 의해 특별시 · 광역시 또는 도의 교육규칙으로 입학비율을 높일 수 있다.

위의 규정에 의하면, 초국적 이주 배경의 다문화가정 자녀도 한국 국적이 있는 경우 정원의 30퍼센트 내에서 외국인학교에 입학할 자격을 가질 수 있다. 그러나 실제 이 규정에 근거하여 입학한 사례는 찾기 힘들다.

대안학교는 일반 대안학교와 다문화 대안학교로 분류된다. 설립 주체에 따라 분류할 수도 있는데 이에 따라 교육의 내용과 목표 및 방향에 차이가 있다. 산학협력형은 일반 기업이나 단체와 MOU를 통해 설립된 학교이다. 사립학교형은 주로 종교단체에 의해 설립되었다는 특징이 있다(김창아 외, 2014b).

'ㅎ'학교는 2013년 3월에 공립형 다문화 대안학교라는 새로운 개념(한국교육개발원, 2011b:100)을 통해 설립된 학교이다. 입학 자격은 부 또는 모가 한국 이외의 국적 출신이라는 조건을 만족해야 한다. 이곳은 초 · 중등 공립형 위탁학교로서 기숙형 통합학교이나 통학도 가능하다. 재학생들은 거주지 인근의 원적교에서 이곳으로 위탁을 의뢰하는 형식으로 입학하게 된다. 'ㅎ'학교의 학습자들은 최대 1년 동안 이곳에서 그들의 출신국과 다른 일반학교 생활에 대한 준비와 적응 및 다문화적 역량을 함양하는 시간을 갖는다('ㅎ'학교, 2013a).

학교의 정규 교원은 2013년 설립 당시를 기준으로 교장 1인, 교감 2인, 초등교사 8인, 중등교사 15인으로 구성되었다. 교감의 경우에는 초 · 중등 통합형 학교라는 특성에 맞게 초등교감 1인과 중등교감 1인이 이곳에서 함께 근무한다. 초등교사

1인과 중등 국어교사 1인은 한국어 특별반에 해당하는 디딤돌 반을 담당한다. 이 학교의 다문화학교로서의 특징은 정규 교원보다는 비정규 교원의 현황에서 잘 드러나고 있다. 일반학교의 경우에는 이중언어 강사나 상담교사가 상주하는 경우가 거의 없으나, 이곳에서는 이중언어 강사 4인과 상담교사 3인이 비정규 교원으로 상주하여 근무한다. 'ㅎ' 다문화학교의 홈페이지와 안내책자를 통해 알 수 있는 일반적인 사항은 다음 〈표 4-1〉과 같다.

〈표 4-1〉을 살펴보면 'ㅎ'학교의 교육목적, 목표 및 경영의 주요 방향은 글로벌

〈표 4-1〉 'ㅎ'학교의 일반사항

<table>
<tr><th>항목</th><th>내용</th></tr>
<tr><td>학교명</td><td>'ㅎ'학교, 학교기호: 각종3</td></tr>
<tr><td>학교상징</td><td>교목: 소나무, 교화: 장미</td></tr>
<tr><td>주소</td><td>00광역시 남동구 논현동 640-2</td></tr>
<tr><td>개 교 일</td><td>2013. 03. 01</td></tr>
<tr><td>교육목적</td><td>· 다문화교육으로 꿈을 실현하는 글로벌 인재 육성</td></tr>
<tr><td>경영방향</td><td>· 다문화교육으로 꿈을 실현하는 글로벌 인재 육성</td></tr>
<tr><td>경영방침</td><td><table>
<tr><td>사랑이 가득한 학교</td><td>꿈과 희망이 가득한 학교</td><td>창의적 인재를 육성하는 학교</td></tr>
<tr><td>학생상</td><td>교사상</td><td>학부모상</td></tr>
<tr><td>· 자주적이고 창의적인 학생
· 나눔과 배려를 실천하는 학생
· 자신을 찾고 사랑하는 학생</td><td>· 꿈과 희망을 심는 학습지도
· 사랑과 인내의 생활지도
· 사명감을 갖고 책임교육 실현</td><td>· 학생과 교사를 신뢰하는 학부모
· 사회통합에 기여하는 학부모
· 자발적으로 참여하는 다양한 공동체</td></tr>
</table></td></tr>
<tr><td>교육중점</td><td>· 7up 추진사업: 자존감, 적응력, 희망, 자긍심, 글로벌 리더, 공동체 의식, 맞춤형 교육</td></tr>
<tr><td>교훈 및
교육목표</td><td>· 교훈: 성실 · 창의
· 교육목표: 다문화교육으로 꿈을 실현하는 글로벌 인재 육성</td></tr>
<tr><td>글로벌
인재육성</td><td>· 예절인: 예의바르고 남을 배려하는 사람 · 창의인: 스스로 계획하고 실천하는 사람
· 건강인: 몸과 마음이 건강한 사람 · 세계인: 글로벌 소양과 능력을 갖춘 사람</td></tr>
</table>

* 2013년 9월 기준자료

〈표 4-2〉 'ㅎ'학교 경영의 중점

학교 경영 중점	• 노력중점: 한국어 의사소통 능력을 높이자! - 한국어(KSL)교육 과정 운영, 한글교실 운영(방과 후), EBS 한국어 방송 시청 • 특색사업: 진로 · 인성으로 나와 친해지기- 진로체험주간 운영, 전문 상담사와 집단별 · 개인별 상담하기, 체험활동으로 직업의 세계 이해하기 • 1교 1덕목: 인사 잘 하기-바른 인사 예절 지도, 각 나라 인사 예절 익히기, 바른 인사 예절 실천하기

인재 육성에 있다. 학교는 자주적이고 창의적인 학생, 나눔과 배려를 실천하는 학생, 자신을 찾고 사랑하는 학생상을 추구한다. 또한 교육의 중점은 자존감, 적응력, 희망, 자긍심, 글로벌 리더, 공동체 의식, 맞춤형 교육에 있다. 이 학교의 경영 중점은 〈표 4-2〉와 같이 한국어 의사소통을 위한 노력과 개인 및 집단별 상담활동 등이 제시되고 있다.

학습자의 구성은 2013년 4월을 기준으로 할 때, 총 13개국 103명이었으나, 2013년 10월 기준으로는 총 15개국 출신 107명의 학습자가 함께 공부한다. 학교 학습자의 90% 이상은 학령기 이후 한국생활을 시작하게 된 초국적 이주 배경을 갖는다는 특징이 있다. 나머지 10% 미만의 학습자는 일반 학교를 다니다가 이곳에 오게 된 다문화가정 자녀이다. 학습자들의 거주지는 2013년 10월 28일 기준으로 인천지역 학생이 67명, 인천 외 지역의 학생이 40명으로 구성되어 있다. 또한 기숙사의 경우에는 2013년 10월 30일 기준으로 초등학생 13명, 중등학생 26명이 입소 중이다. 이곳에서의 교육활동은 한국교육개발원(2011b)이 제시하는 교육과정 체제를 따른다.

> 전체 교육과정의 세부 과정은 세 가지 형태로 편성한다. 기본 교육과정, 특성화 교육과정, 방과 후 과정으로 편성된다(한국교육개발원, 2011b:103).

위의 인용에서 나타난 바와 같이 전체 교육과정은 세 가지 형태로 편성된다. 'ㅎ'학교 교육과정은 기본 교육과정, 특성화 교육과정, 방과 후 과정으로 구성되어 있다. 정규 교육과정 중 교과교육 과정은 일반학교 교과수업 시간의 50%를 배당하

〈표 4-3〉 'ㅎ'학교 교육과정

<table>
<tr><td rowspan="2">교육 기간</td><td>기본</td><td colspan="3">기본 위탁교육기간 1년</td></tr>
<tr><td>추가</td><td colspan="3">기본 위탁교육기간 만료 후 원적교 전출 후 부적응(한국어, 생활능력 등)으로 재위탁 신청 시 추가 1년 위탁교육</td></tr>
<tr><td rowspan="4">교육 과정 구성</td><td rowspan="3">정규 교육 과정</td><td colspan="2">교과교육</td><td>초/중/고 모두 일반학교 정규 교과의 50% 이수</td></tr>
<tr><td rowspan="2">특성화 교육</td><td>한국어</td><td>초: 주당 5시간 이상</td></tr>
<tr><td>다문화</td><td>초: 주당 2시간</td></tr>
<tr><td>방과 후 과정</td><td colspan="2">한국어</td><td>초: 주당 2시간 이상
(전교생 한국어 강좌 1강좌 이상 참여)
중: 주당 3시간 이상
(전교생 한국어 강좌 1강좌 이상 참여)</td></tr>
<tr><td colspan="2">특이사항</td><td colspan="3">초등 1학급, 중등 1학급 디딤돌 반 운영: 일반학급과 독립적으로 한국어 능력 기초수준 대상 학생 한국어 중심 교육과정 별도 운영</td></tr>
</table>

* 조영철 · 김창아(2013) 참고

여 교육한다. 또한 정규 교육과정의 나머지 50%에 해당하는 시간은 특성화 교육에 할애한다.

특성화 교육은 '다문화가정 자녀'라는 학습자의 특성에 의한 교육과정으로 일반학교에서는 찾아 볼 수 없다. 특성화 교육과정은 주당 5시간 이상이 배정된 한국어 교육과 주당 2시간이 배정된 다문화교육으로 나누어진다.

'ㅎ' 학교 교육과정은 〈표 4-3〉에 나타난 바와 같이 한국교육개발원(2011b)에서 제시한 교육과정안을 바탕으로 한다. 'ㅎ'학교에서 한국어 교육은 2012년 공시된 한국어 교육과정과 '다문화가정 자녀의 특성을 고려하여 개발'하고 2013년 현장에 배포된 〈표준한국어〉를 중심으로 이루어진다. 'ㅎ'학교 교육과정이 갖는 특징은 학습자의 특성과 학교의 자율성이 강화된 것으로 2009 개정 교육과정에서의 창의적 체험활동과 유사하다는 것을 알 수 있다.

특히 단위 학교에서는 기초적 국어사용 능력과 수리 능력이 미흡한 학생을 위해 별도의 기초 학력 증진 프로그램을 편성 · 운영할 수 있도록 하고 있다. …(중략)… 다양한 수업방법을 적용하는 등 수행능력을 강조하였다 체육 · 예술, 생활 · 교양 영역의 내실화를 통한 소양교육을 강화하였다. 또한 지나치게 세분화된 교과목을 통합하고, 수준별로 편성하여 학생의 흥미와 수준을 고려한 수업이 가능하게 하였다. …(중략)… 2009 개정 교육과정에서도 2007 개정 교육과정의 연장선상에서 창의적 체험활동은 단위 학교의 창의적이고 자율적인 교육과정 편성 · 운영을 강조하고 있다. 무엇보다 창의적 체험활동은 단위 학교 교육과정의 자율성이 많이 보장된 교육과정 영역이다(교육과학기술부, 2009:12-14).

위의 인용은 2009 개정 교육과정에서 제시한 초 · 중 · 고 창의적 체험활동 교육과정 해설의 일부이다. 위의 내용을 살펴보면 창의적 체험활동은 ① 교과목 통합, ② 학생의 흥미와 수준을 고려한 수업, ③ 단위학교의 창의적이고 자율적인 교육과정 편성 · 운영을 강조하고 있음을 알 수 있다.

'ㅎ'학교에서 세 가지 형태로 제시된 교육과정은 '공립형 다문화 대안학교의 교육'의 교육목표를 달성하도록 상호보완적 관계를 유지할 필요가 있다. 이는 'ㅎ'학교의 교육과정이 일반학교와 달리 정규 교과 시간의 50%만을 배정함에 따라 시간당 과다한 학습량 혹은 교과교육에 있어 학습결손이 예상되기 때문이다.

'ㅎ'학교의 방과 후 과정 또한 방과 후 학교의 체제를 따른다. 한국교육개발원(2011b:103)은 공립형 다문화 대안학교 체제 연구에서 방과 후 과정을 여가교육과정과 학력보충과정으로 나누어 〈표 4-4〉와 같이 제시한다.

〈표 4-4〉에서는 방과 후 과정에 대한 시간이나 내용에 대해 구체적인 언급이

〈표 4-4〉 공립형 다문화 대안학교 방과 후 과정 편성 · 운영(한국교육개발원, 2011b:103)

구분		초등학교		
		1-2학년	3-4학년	5-6학년
방과 후 과정	여가교육과정	특정제한이 없으며, 기숙시간에 따라 결정		
	학력보충과정			

나타나지 않는다. 한국교육개발원(2011b)에 의하면 방과 후 과정에 대한 특정 기준 시간은 없으며 '학교 특성과 학생들의 특성에 근거하여 과목과 시수에 대한 자율'을 부여한다(한국교육개발원, 2011b:105). 2013년 'ㅎ'학교 방과 후 프로그램은 총 18개의 강좌로 진행되었다. 이 중 초등학생을 위한 프로그램은 8개가 운영되었다. 2013년에 운영된 초등 방과 후 프로그램은 아래의 <표 4-5>와 같다.

<표 4-5>에 제시한 8개의 프로그램은 'ㅎ'학교에서 학기 중에 운영된 것이다. 방과 후 프로그램은 학력 보충과목(수학 기초학습, 과학 만들기, 한국어Ⅰ, 한국어Ⅱ)과 예체능 교육(공예부, 교육연극, 스포츠 활동, 전통악기)으로 구성되어 있다. 여름 방학에는 학기 중 프로그램과 달리 공예부, 교육연극, 한국어 I 강좌만 운영되었다. 방과 후 수업은 일반적으로 1년을 4분기로 나누어서 진행한다. 그러나 'ㅎ'학교는 2013학년도의 경우, 2014년 1월 3일 수료식 날까지 수업을 진행한 후 모든 학습자가 원적교로 복귀한다. 따라서 방과 후 수업은 1학기, 여름방학, 2학기의 총 3분기로 나누어 이루어진다.

교육연극 강좌 역시 방과 후 활동이므로 3분기로 이루어진다. 1학기 수업은 매주 금요일 5교시 수업이 끝난 후에 시작한다. 대부분의 학교는 1교시 수업을 9시에 시작하여 5교시가 끝나면 13시 50분경이 된다. 'ㅎ'학교 초등학생의 등교시간은 <표 4-6>과 같이 8시 30분으로 일반학교의 등교시간과 비슷하다. 하지만 <표 4-6>과 같

<표 4-5> 'ㅎ'학교 초등 방과 후 프로그램

순번	프로그램	운영시간	교육내용
1	공예부	화요일	공예제작
2	과학만들기	금요일	과학 만들기 활동
3	교육연극(KSL)	금요일	KSL 교육연극
4	수학 기초학습	수/금요일	수학기초
5	스포츠 활동	수요일	농구, 배드민턴 등
6	전통악기(단소/소금)	금요일	단소 연주
7	한국어 I	목요일	제2언어로서의 한국어 교육
8	한국어 II	목요일	제2언어로서의 한국어 교육

* 오영훈 · 조영철(2013) 참고

〈표 4-6〉 'ㅎ'학교 수업 시정표

교시	초등학교(2층)	교시	중학교(3층)	고등학교(4층)
1	9:30~10:10	1	9:00~10:45	9:00~10:50
2	10:20~11:00	2	10:00~10:45	10:00~10:50
3	11:10:~11:50	3	11:00~11:45	11:00~11:50
4	12:00~12:40	4	12:00~12:45	12:00~12:50
중식	12:40~13:40	중식	12:45~13:40	12:50~13:40
5	13:40~14:20	5	13:40~14:25	13:40~14:30
6	14:30~15:10	6	14:40~15:25	14:40~15:30
7		7	15:40~16:25	15:40~16:30

* 중등학교 조회시간: 오전 8:50~9:00

** 종례 및 청소 시간: 중학교-16:25~16:50, 고등학교-16:30~16:50

이 'ㅎ'학교 초등학생의 1교시 수업은 간단한 1인 1역과 아침체조를 한 후, 9시 30분에 시작한다. 일반 초등학교와 다르게 원거리에서 통학하는 경우도 있기 때문이다. 따라서 1학기 교육연극의 경우, 수업시작 시간은 5교시 수업 후인 14시 30분이다.

2학기 교육연극 수업 시간은 수요일 15시 20분부터 17시까지이다. 기숙사에서 생활하는 아이들은 고등학교 수업이 끝나는 시간인 16시 30분부터 식당에서 저녁 식사를 시작한다. 그러나 방과 후 수업이나 2학기부터 시작된 멘토링과 같이 공식적인 이유가 있는 경우에는 식사시간을 늦출 수 있다. 여름 방학에는 교육연극 수업이 요일별로 다소 다르게 진행될 수 있다. 월요일과 화요일은 12시 40분부터, 금요일은 오전 9시부터 시작된다. 그러나 정규수업 후 방과후 수업을 해야 하는 아이들의 입장을 고려하여 실제 수업은 〈표 4-7〉과 같이 2학기는 15시 30분부터, 그리고 2분기 월요일과 화요일은 12시 40분부터 시행하였다.

수업이 이루어진 장소는 일반적으로 이루어지는 방과 후 수업과 달리 고정적이지 않다는 특징이 있다. 1분기 수업 중 2차시까지의 활동장소는 식당 2층에 위치한 강당이지만, 이후 도서실과 교실로 나타나고 있다. 이렇게 장소의 변동이 잦은 것은 초등학교 학급이 6개인 데 비해 방과 후 수업은 8강좌가 같은 시간대에 이루어

〈표 4-7〉 교육연극 수업의 시간과 장소

1분기(1학기): 4월 19일~6월 28일, 매주 금요일		2분기(여름방학): 7월 22일~8월 2일, 월, 화, 금요일		3분기(2학기): 9월 4일~11월 27일, 매주 수요일	
차/날짜	장소	차/날짜	장소	차/날짜	장소
1차 / 4. 19.	강당	1차 / 7. 22.	교실	1차 / 9. 4.	교실
2차 / 4. 26.	강당	2차 / 7. 23.	교실	2차 / 9. 11.	교실
3차 / 5. 3.	도서실	3차 / 7. 26.	교실	3차 / 9. 25.	교실
4차 / 5. 10.	도서실	4차 / 7. 29.	교실	4차 / 10. 2.	교실
5차 / 5. 24.	도서실	5차 / 7. 30.	교실	5차 / 10. 16.	교실
6차 / 6. 5.	동네 걷기	6차 / 8. 2.	교실	6차 / 10. 23.	교실
7차 / 6. 21.	도서실			7차 / 11. 13.	교실
8차 / 6. 28.	교실	1, 2차 12:30~13:10		8차 / 11. 20.	교실
		3, 6차 9:00~10:20		9차 / 11. 27.	강당
14:30~16:00 / 쉬는 시간 10분 포함		4, 5차 12:40 ~14:00		15:30~17:00 / 쉬는 시간 10분 포함	

짐에 따라 교실이 모자라기 때문이다. 강당은 초등학교 교실이 있는 본관의 2층과 복도를 통해 이어져 있다. 강당의 크기는 일반학교의 강당과 비슷한 크기로 입학식과 개교기념행사, 수료식 등과 같은 행사에 학교의 모든 구성원이 사용할 수 있다. 그러나 2분기 수업과 3분기 수업은 1분기 수업과 달리 모두 초등학교 학급에서 이루어진 것으로 나타남으로써 시간이 지남에 따라 점차 일반학교와 유사하게 학교 운영이 이루어지고 있다는 것을 알 수 있다.

이곳에서의 방과 후 수업의 특징은 1분기 수업의 경우, 장소의 변동이 두드러지고 2분기의 경우 시간상 변동이 두드러진다는 것이다. 이와 달리 3분기 수업은 교육연극 수업 시간이나 장소에 큰 변동이 없었다.

위의 〈표 4-7〉에서와 같이 1분기 수업과 3분기 수업은 시간상 변동이 없었다. 그러나 학기 중 이루어진 1분기 수업과 3분기 수업은 학교 행사 혹은 체험학습이 있는 경우 한 주씩 미루어서 이루어졌다.

3. 수업 참여자

수업 참여자는 크게 학생 참여자와 교사 참여자로 구분한다. 학생 참여자는 'ㅎ'학교에서 방과 후 수업 KSL 교육연극 강좌의 학습자 모집에 응하거나 담임교사에 의해 수강신청을 하게 된 초등학생들이다. 교사 참여자는 KSL 교육연극 강좌의 개설과 유지에 직접적 · 간접적으로 관련 있는 교사들이다.

'ㅎ'학교는 학습자들의 한국어 능력을 향상시키고자, 방과 후 프로그램의 수강을 독려한다. KSL 교육연극 1분기 수강생은 모두 6명인데, 1명은 수업이 진행되는 도중 추가 신청을 한 경우이다. 2분기 수업의 신청자는 1분기 참여자 3명과 새로운 신청자 2명을 포함하여 총 5명이다. 이 중 1명은 법적 대리인이 참여자 동의서를 작성하지 않아 연구 참여자에서 제외하였다. 3분기 수업에서 참여자의 수는 수업 초기에는 11명, 최종적으로는 8명이다. 이는 자의적으로 혹은 교사에 의해 수강을 그만둔 학습자 4명과 추가로 신청한 1명을 포함한 수이다.

교육연극 수업에 대한 수강안내는 일반적으로 이루어지는 방과 후 수업에 대한 안내와 같이 가정통신문에 의해 이루어졌다. 1분기와 2분기 수업의 경우 학년과 상관없이, 3분기에는 6학년을 중심으로 수강안내문이 배부되었다. 3분기 수업에서 6학년을 중심으로 구성한 것은 발달상 학습자의 정체성이 형성되고, 외부환경에 대해 민감한 시기라고 판단했기 때문이다. 또한 2013년 'ㅎ'학교의 6학년 인적 구성은

〈표 4-8〉 학생 참여자의 특성

참여자	성별 (나이,학년)	인적 사항 및 특이사항	사용 가능 언어
S-1	여 (만15세, 6학년)	• 다문화가정 배경: 베트남 • 기숙사 • 체육을 좋아하고 싫어하는 과목은 없음	베트남어 한국어
S-2	여 (만12세, 6학년)	• 다문화가정 배경: 중국 • 부: 한국, 모: 중국 • 통학 • 수학을 좋아하고 체육을 싫어함	중국어 한국어
S-3	여 (만12세, 6학년)	• 다문화가정 배경: 방글라데시 • 기숙사 • 영어와 과학을 좋아하고 수학을 싫어함 **특이사항: 다국적 이주 경험이 있음. **2분기에서는 사용 가능 언어를 방글라데시 소수민족어 대신 중국어로 말함	방글라데시어 방글라데시 소수민족어 인도어 영어 한국어
S-4	여 (만12세, 6학년)	• 다문화가정 배경: 일본 • 통학 • 과학을 좋아하고 수학을 어려워함 **특이사항: 일본어를 잊어감	한국어 일본어
S-5	여 (만12세, 6학년)	• 다문화가정 배경: 중국 • 통학 • 음악을 좋아하고 사회를 싫어함 **특이사항: 붙임성이 좋음	한국어 중국어
S-6	여 (만13세, 6학년)	• 다문화가정 배경: 태국 • 통학 • 그림 그리기를 좋아하고 사회를 싫어함	태국어
S-7	남 (만12세, 6학년)	• 다문화가정 배경: 필리핀 • 기숙사 • 영어를 좋아하고 읽기를 싫어함	따갈로르어 영어
S-8	남 (만13세, 6학년)	• 다문화가정 배경: 중국 • 기숙사 • 미술을 좋아하고 싫어하는 과목은 없음	중국어
S-9	남 (만8세, 1학년)	• 다문화가정 배경: 중국 • 통학 • 즐거운 생활을 좋아하고 싫어하는 것은 없음	한국어 중국어
S-10	남 (만15세, 6학년)	• 다문화가정 배경: 중국 • 기숙사 • 체육을 좋아하고 싫어하는 과목은 재미없는 것	중국어

* S는 학생을 의미한다.

우리나라 다문화가정의 출신국 비율과 유사하다. 2013년 7월 3일 안전행정부가 발표한 자료에 의하면 2013년 1월 1일을 기준으로 우리나라에 거주하는 외국인 주민은 모두 144만 5,631명이다. 그중 다문화가정 자녀의 부모 출신국은 중국, 베트남 순으로 나타난다. 'ㅎ'학교 전체 학습자 구성은 2013년 10월 기준으로 중등의 경우 중국, 러시아 순으로 나타나지만 초등의 경우 중국, 베트남 순으로 나타나고 있다.

참여자에 대한 일반적인 정보 수집은 수업 시간 내에 이루어졌다. 이는 일반적인 학교수업과 달리 방과 후 수업의 경우, 학습자가 신청하지 않고 먼저 수업에 참여하는 경우도 있기 때문이다. 따라서 1분기에는 2차시에, 2분기와 3분기에는 1차시에 간단한 설문지를 통해 수집하였다. 설문의 내용은 일반적인 것으로 출신국, 나이와 학년, 좋아하는 과목과 싫어하는 과목, 기숙사 생활 여부를 포함하였다. 학습자들이 설문의 내용을 이해 못하는 경우에는 동료 학습자나 교사의 도움으로 작성하였다. 부수적으로 참여자들의 생활 환경요인과 학교에서의 일반적인 교육활동에 대한 모습을 알기 위해 교사 참여자들과의 형식적 면담을 수행하였다.

설문과 대화를 통해 수집된 학생 참여자의 특성은 〈표 4-8〉과 같다. 교육연극

〈표 4-9〉 학생 참여자의 분기별 참여와 자발성

참여자 번호	1분기 2013. 4. 19.~6. 28.	2분기 2013. 7. 22.~8. 02.	3분기 2013. 9. 4.~11. 27.	비고
S-1	비자발적 참여	자발적 참여	자발적 참여	
S-2	자발적 참여	불참	자발적 참여	방학 중 중국에 다녀옴
S-3	자발적 참여	자발적 참여	자발적 참여	1분기 7회부터 참여
S-4	불참	불참	비자발적 참여	
S-5	불참	불참	자발적 참여	3분기 6회부터 참여
S-6	불참	자발적 참여	자발적 참여	
S-7	비자발적 참여	불참	자발적 참여	
S-8	불참	불참	비자발적 참여	
S-9	비자발적 참여	자발적 참여	불참	원적교 복귀로 불참
S-10	비자발적 참여	불참	불참	

* S는 학생을 의미한다.

수업에 참여를 철회한 4명은 포함하지 않았다.

〈표 4-8〉에서 제시한 사용가능 언어는 참여자의 진술에 의한 것이다. 참여자들은 기숙사 생활을 하거나 통학을 한다. 기숙사 생활을 하는 참여자는 금요일 오후에 귀가하였다가 다음 주 월요일에 다시 기숙사 생활을 시작한다. 연구의 각 분기별 기간과 참여자의 분기별 참여 여부는 〈표 4-9〉와 같다.

〈표 4-9〉에 기술된 바와 같이 참여자들은 1분기에는 비자발적인 경우가 많았으나 3분기에는 자발적 참여자의 수가 증가하였다. 또한 S-2의 경우 방학을 이용하여 다문화 배경의 출신국으로 방문이 있었음을 알 수 있다. 참여자들의 입국시기와 한국 학교 경험을 표로 나타내면 〈표 4-10〉과 같다.

참여자들은 대부분 한국에서의 학교 경험 이전에 모두 부 또는 모의 나라에서 성장하고, 학교를 다니다가 한국으로 이주하였다. 〈표 4-10〉에서 나타난 바와 같이

〈표 4-10〉 학생별 입국시기와 한국어 교육

참여자 번호	입국시기	한국어 교육	한국어 공부
S-1	2010년	• 2012년 무지개 청소년 센터 약 5개월 • 교육 공백 3년	무지개 청소년 센터 약 5개월
S-2	2012년 말	• 한국 출생, 초등학교 1학년까지 한국학교 다니다가 중국으로 이주	• 주말에 중국 국제학교에서 한국 책을 많이 읽음
S-3	2013년 4월	• 한국어 교육 경험 없음	
S-4	2011년 말	• 2012년 한국학교 경험	한국학교 경험 1년
S-5	2011년 말	• 2012년-2013년 10월 중순까지 한국학교 경험 있음	한국학교 경험 1년
S-6	2013년 3월	• 한국어 교육 경험 없음	
S-7	2013년 3월	• 한국 출생 후 필리핀 생활. 한국어 교육 경험 없음	
S-8	2013년 2월	• 한국어 교육 경험 없음 • 교육공백 1년	
S-9	2012년	• 한국어 교육 경험 없음	
S-10	2010년	• 한국어 교육 경험 없음 • 교육 공백 3년	

S-2는 한국에서 초등학교 1학년을 마치고 2학년 시기에 중국으로 이주하여 생활하였다. S-9의 경우에는 초등학교 입학 시기 전에 한국 생활을 시작하였다. S-3의 경우에는 방글라데시에서 출생하여 성장하였다. 그러나 학교는 인도에서 다니다가 2013년 4월에 엄마의 나라인 한국으로 오게 되었다. 따라서 부 또는 모의 나라와 한국에서의 학교 경험이 전혀 없었다. S-4와 S-5는 4학년부터 한국학교 생활을 경험했다는 공통점을 갖는다. 특히 S-4와 S-5는 출신국의 언어에 비하여 한국어를 사용하여 말하는 것을 더 편하게 생각한다. S-2, S-4, S-5는 한국에서 일반학교를 다닌 경험을 갖는다. 그러나 S-2는 중국으로 가기 위해 일반학교에서의 학습이 중단된 반면 S-4와 S-5의 경우에는 다른 이유로 이곳에 위탁되었음을 알 수 있다.

교사 참여자와의 면담은 문화기술지적 방법에 따라서 구성원에 대한 비형식적 면담을 수행하였고, 이와 별도로 필요한 경우에는 형식적 면담을 병행하였다. 비형식적 면담은 연구자가 교육연극 수업을 진행하는 과정에서 생긴 궁금한 점이나 학습자들의 활동모습에 대해 동료교사의 입장에서 편안하게 대화를 중심으로 이루어졌다. 특히 T-2와 T-3과의 대화는 교육연극 수업의 진행과 수업과 관련한 학습자의 경험을 이해하는데 많은 도움을 주었다. 비형식적 면담 교사 참여자는 아래의 〈표 4-11〉과 같다.

〈표 4-11〉에서 제시한 비형식적 면담 교사 참여자의 경우에는 방과 후 교사와

〈표 4-11〉 비형식적 면담 교사 참여자

		교직 경력		
		20년이상	10년 이상	10년 미만
T-1	여	0		
T-2	여			0
T-3	남		0	
T-4	남		0	
T-5	남		0	
T-6	여		0	

* T는 교사를 의미한다.

〈표 4-12〉 형식적 면담 교사 참여자

		교직 경력			형식적 면담	
		20년 이상	10년 이상	10년 미만	면담일자	면담형태
T-1	여	0			2013. 6. 1	개별
T-2	여			0	2013. 7. 22 2013. 7. 29 2013. 12. 11	개별
T-3	남		0		2013. 12. 11 2014. 1. 2 2014. 1. 3	개별 개별 그룹
T-4	남		0		2014. 1. 3	그룹
T-5	남		0		2014. 1. 3	그룹

* T는 교사를 의미한다.

연구지의 교사로서 지속적인 관계를 유지한 경우만을 포함하였다.

T-2와 T-3는 형식적 면담에도 참여하였을 뿐만 아니라, 수업에 대해 평가하기도 하였다. T-1과의 면담은 2013년 6월 1일 있었던 '세계인의 날' 행사장에서 진행하였다. 이 면담은 신설학교에서 준비해야 할 사항들이 어느 정도 정리된 상황에서 이루어진 면담으로 수업활동 초기에 있었던 교육활동의 양상을 파악하는 데 도움이 되었다.

〈표 4-12〉의 그룹면담은 'ㅎ'학교에서 일상적으로 나타나는 학습자들의 모습을 이해하기 위해 실시하였다. 특히 T-3, T-4, T-5와의 그룹면담은 학습자의 특성을 보다 명확하게 이해하는 데 도움이 되었다.

4. 자료 수집 및 처리과정

문화기술지적 방법에서 자료의 수집은 참여관찰과 면담을 통해 이루어진다. 참여관찰은 의사소통 기술이 원활하지 않은 아동을 대상으로 할 때 특히 중요한 자료 수집 도구이다(Eder & Fingerson, 2001: 181). 참여관찰의 유형은 관찰자의 개입정도에 따라 비참여-수동적 참여-중간 수준 참여-적극적 참여-완전참여의 5단계로 구분할 수 있다(Spradley, 1980:74). 자료는 참여관찰과 문화기술지적 면담을 통해 수집하였다.

참여관찰은 현장에서 직접 관찰하는 활동을 통해 자료를 수집하는 방법이다(Spradley, 1980). 참여관찰은 학교 현장에 대한 직접 경험을 가능하게 하고, 현장에서 나타나는 일상성에 대해 새로운 시각을 제공할 수 있다는 장점을 갖는다(유기웅 외, 2012:205-206; Spradley, 1980:76). 참여관찰자는 현장 구성원들의 행위나 말, 상징뿐만 아니라 자신이 참여자로서 경험하거나 느낀 것, 현장 구성원들의 대화 내용까지도 자료로 사용한다(이용숙 · 김영천, 1998:110).

본서에서 자료의 주요 원천은 수업 참여에 의한 것이지만 학교 구성원과의 면담을 통해서도 수집되었다. 문화기술지적 방법에서 면담은 비형식적 면담과 형식적 면담이라는 두 가지 방식으로 이루어진다. 먼저 비형식적인 면담은 현장 구성원과의 대화에 의한 것으로, 명확한 시간과 장소를 예정하지 않는다. 이 경우 면담은 현장 구성원과 편하게 대화를 나누는 가운데 구성원이 정보제공자로서 반응할 수 있도록 대화의 방향을 제시하는 것이라 할 수 있다(Spradley, 1980:58). 비형식적인 면담은 현장참여 중 자연스럽게 이루어진다. 이와 달리 형식적 면담은 구성원과 명확한 시간과 장소를 정하여 이루어진다(Spradley, 1979:59).

'ㅎ'학교와 관련하여 학생 참여자에 대해서는 주로 참여관찰과 비형식적 면담을 통해, 교사 참여자에 대해서는 형식적 면담과 비형식적 면담을 통해 자료를 수집하였다. 참여관찰시는 'ㅎ'학교 초등학생과 함께 교육연극활동 및 동네 걷기 활동, 간식시간 등을 함께하며 자연스러운 상황에서의 참여관찰과 대화 및 그룹면담을 통해 자료를 수집하였다. 참여관찰을 통해 수집한 자료에는 음성파일, 비디오 녹화테이프, 학교 홍보물, 학습자 활동사진, 교사면담 자료 외에도 수업을 위한 학습지와 설문지, 활동 과정에서 만들어진 가면, 대본, 연극 배경 소품 사진 등이 있다. 참여자들은 녹화와 녹음을 위해 설치한 비디오와 녹음기에 대해서 처음에는 낯설어 하는 모습을 보였다. 그러나 참여자들은 참여 횟수가 증가함에 따라서 비디오 앞에서 손으로 v자를 그린다거나 볼에 바람을 가득 불어 넣거나, 검지로 볼을 살짝 누르며 자신의 표정을 확인하는 등 거울의 용도로 사용하기도 했다. 때로는 녹화 중 참여관찰자에게 다가와서 자신의 모습을 찍어 줄 것을 요청하기도 했다.

자료는 크게 세 가지 종류로 정리하였는데 연구자 일지와 참여관찰 일지 그리고 수업관찰기록이다. 수업관찰기록은 문화기술지에서 현장노트에 해당하며, 질적 연구에서의 날자료(raw data)와 유사하다. 연구자 일지는 연구의 구상 단계에서부터 기록한 것으로 수업에 대한 아이디어나 수업 후 기억나는 참여자들의 특징적인 모습, 연구의 내용을 이론적으로 규명하기 위한 아이디어와 연구 방법에 대한 아이디어 및 계획을 기록한 것이다. 또한 연구자는 수업 자체에 초점을 두고 연구자와 교육연극활동가의 역할을 함께 함으로써 발생 가능한 현장노트 작성의 누락과 기억에 의한 사실의 왜곡을 방지하기 위해 녹음과 비디오 녹화 자료를 함께 확인하며 수업관찰기록을 작성하였다.

비디오 녹화는 1회부터 하였다. 그러나 교육활동의 전과 후의 상황까지 면밀하게 살펴보고자 3회부터는 녹음을 함께 하였다. 녹음 내용의 전사는 자료 분석이 최종적으로 마무될 때까지 다시 확인하는 반복적인 과정을 거쳤다. 마지막으로 수업관찰기록과 연구자 일지를 바탕으로 참여관찰 일지를 작성하였다. 수업관찰기록과 참여관찰 일지의 예는 각각 다음의 〈표 4-13〉, 〈표 4-14〉와 같다.

〈표 4-13〉 수업관찰기록 예시

장소	5학년 교실	관찰 일자	2013. 10. 2 (수)
수업시간	15:40~17:00 총 80분	분기/ 차시	3분기/ 4차
수업의 주제	연극 만들기: 대본확인, 노래 녹음하기, 연극 제목 정하기		
주요 활동	대본 만들기, 노래 녹음(바누와), 지구 챈트 만들기		

수업이 시작되기 전 카메라를 설치하고 자기 반에 있던 S-7은 자리에 앉아 핸드폰을 만지고 있다. 교사는 S-7이에게 "책상이 더 필요할 것 같으니 옆 반에 가서 가져와 줄래?"하고 말한다. 교사는 S-7이 옆 반(6학년 반)으로 책상을 가지러 간 동안 교실에 있던 책상과 의자를 ㄷ 자 형태로 만들고 있다. 책상을 옮긴 후 교사는 만들어 온 대본을 올려 둔다. S-1이 교실로 들어오며 "안녕하세요?"하고 인사한다. S-1은 손에 책 한 권을 들고 왔는데, 지난 시간에 앉았던 자리에 자리를 잡는다. S-1은 그 책이 재미있는지 교사 쪽을 다시 보지 않고, 자리에 앉아서 열심히 본다. 교사 책상 가까이로부터 S-2와 S-3, S-6이 앉는다.

교사는 아이들에게 책상 위의 대본을 확인할 것을 말한다. "자, 얘들아, 지금 책상 위에 대본을 올려놨는데요, 너희가 보면 대사가 조금 달라진 걸 알 수 있을 거예요. 전에 보니까 S-8이 대사 하는 걸 좀 어려워하는 것 같아. 그래서 대사를 조금 바꿨어요. 그리고 너희들이 얘기했던 걸 넣었거든? 지금 보면서 이상하거나 바꾸고 싶은 거 있으면 얘기하세요~," 교사의 안내가 끝날 무렵 S-4가 왔다. S-4도 지난 시간에 앉았던 자리로 다가갔다. 하지만 책상 위에 대본이 놓여 있는 것을 보고는 "여기 누구 자리 있어?" 하고 S-1에게 묻는다. S-1은 가져온 책을 보느라 대답이 없다. 다른 아이들은 교사가 제공한 대본을 뒤적이며 보고 있다. 교사는 컴퓨터를 조작하고 있다. S-4는 잠시 S-7 쪽의 빈자리 부근을 서성이다가 전에 앉았던 자리 위에 있는 대본을 빈 책상 위에 올려놓고 앉는다. 교사는 준비해 간 바누와 노래 가사를 아이들에게 나누어 준다. S-3은 대본을 펼쳐서 자기 대사를 읽는다. S-6과 S-2는 노래 가사를 받자마자 부른다. S-2는 S-6보다 조금 높은 음으로 노래를 부른다. 교사는 "와~ 화음 넣으니까 멋지다."라고 말한다.

00분 00초

S-7, S-1, S-2, S-4, S-3, S-6이 왔고 교사는 교실도 작고 아이들도 눈에 다 들어오지만 오지 않은 아이들까지도 출석을 부른다. "&&~" 교사가 이름을 불렀지만 ○○은 오지 않았다. S-7은 "없어요~"하고

대신 대답한다. "어? && 없어요? 어디 갔어요?"하고 교사가 묻는다. S-7은 "집에 갔어요~"하고 대답한다. "진짜?" 하고 교사는 말한다. S-4는 자기 이름을 부를 때 손을 들으며 조금 멋쩍은 듯이 "네~ 저 여기 있는데요?"한다. 아이들의 출석을 확인하고 교사는 "어머나, 세상에~ @@이랑 S-8은 왜 안 왔을까?"하고 아이들에게 묻는다. S-3은 6학년 교실이 있는 쪽을 가리키며 "교실에 있어요~"하고 대답한다. 교사가 "왜요? 아직 못 한 거 있어요?"하고 묻자, S-3은 "어디 있는지 몰라요." 하고 다시 대답한다. "응? 교실에 있다면서…" 하자 "아…" 하며 웃는다. 옆에 있던 S-2가 "어, 아니 김@@은~ 어, 아니 S-8은~ S-10이랑 같이 있구요, @@은요, 선생님이 뭐 그냥 가방을 가지구 기, 기지구… 순간 공부하고 있는 거 같아요.(허허)" 교사는 "그런 슬픈 일이 벌어지고 있구나?" 말하고 이어서 "그럼 오늘은요, 바누와 노래 두 번 (손가락을 두 개 펴며)부르고 세 번째(손가락을 세 개 펴며) 녹음을 할 거예요. 첫 번째, 두 번째는 우리 연습하는 거예요~"라고 말한다. S-4는 뭔가 할 말이 있다는 듯이 바누와 노래가 나올 때 "선생님~" 하고 작은 목소리로 부른다. 하지만 교사는 음악의 크기를 조절하느라 듣지 못한다. 아이들은 바누와 노래를 부르고 있다. S-2가 "선생님, 근데 이거 하나씩 하나씩 다 달라요."하고 말한다. "뭐가요?"하고 교사가 묻자 "첫 번째는 (음을 조금 낮게) 우리들 모두가 친구예요. 하고 두 번째는 (오른손을 가슴 위쪽으로 올리며 음을 조금 높게 하여) 우리들 모두가 친구예요. 해요" 하며 노래의 앞부분을 부르며 말한다. "아~ 화음이 있어요~?" "네" "높은 음, 낮은 음 같이 불러요~ 화음이 있어요. 맞아요." 교사의 말에 S-2는 "아니, 하나씩 하나씩 모두 다르다구요."라고 말한다. S-1은 그동안 읽던 책을 다 보았는지 다시 앞쪽으로 넘겨서 한번 훑어보더니 책을 접는다. S-4는 그런 S-1의 모습을 보다가 대본을 본다. 교사가 "자, 그럼 화음을 한번 넣어볼까요?" 하고 묻자 S-2와 S-3은 "네~" 하고 대답한다. "S-7도 한번 넣어볼까?" 하고 묻자 S-7은 앞쪽만 보며 대답하지 않는다. 교사는 "S-7은 그럼 노래만 불러요. 다른 친구들이랑 같이."라고 말하자 그제서야 고개를 끄덕이며 "네" 하고 대답한다. 교사가 음악을 준비하는 동안 S-1은 왼손을 번쩍 들며 아이들에게 "펜 좀 빌려줄 사~람~" 하고 묻는다. S-3은 "없어~요." 하고 가볍게 대답하고, 옆에 있던 S-4는 필통을 열며 "어떤 거?"하고 묻는다. S-1은 "아무거나"하고 대답하며 왼손을 든다. S-4가 S-1의 의견을 듣는 동안 교사는 "펜? 여기 여기 있는데…."하며 펜을 든다. 하지만 S-1은 보지 못하고 S-4에게 펜을 빌린 후 교사의 모습을 본다. S-1과 S-4는 교사의 모습을 보고 웃는다. 교사는 웃으며 "너무해…."라고 말하고는 이어서 "자~ (바누와 노래 동영상) 반주로 먼저 할게요~ 노래 듣기 말고 반주 듣기 먼저 할게요~"라고 말하며 반주를 튼다. 음악이 시작되자 교사는 바누와 노래를 부르며 S-7에게로 간다. S-7 앞으로 간 교사는 S-7이 어느 부분을 불러야 하는지를 손으로 짚어준다. 노래가 끝나자 S-2는 "선생님 죄송한데요, 아까부터 노래를 똑같은 똑같은 똑같은 음으로 하고 있어요."한다. S-7 앞에 있던 교사는 S-2 쪽으로 이동하며 "그래. 맞아요. 이 노래는 높은 음, 낮은 음(화음)이 있어요."라고 말한다. S-2는 고개를 끄덕인다. 교사가 "우리 높은 음, 낮은 음 나누어서 불러 볼까?"하고 말하자 아이들은 "네~"하고 대답한다. 교사는 "그럼 누가 낮은 음 하고 높은 음 하지?" 아이들은 각자 음의 높낮이를 달리하여 노래를 부른다. S-4는 자기의 대본에 연필로 표시를 하고 있다.

9분 26

〈표 4-13〉에서와 같이 수업관찰기록은 수업자와 관찰자가 동일하기 때문에 발생할 수 있는 연구자의 주관성을 최소화하고자 작성한 것이다. 따라서 수업관찰 기록의 작성은 비디오 동영상을 반복해서 시청하며 말과 행동이 가급적 객관적으로 나타나도록 기술하였다. 작성된 수업관찰기록은 정리하여 참여관찰 일지의 작성에 첨부하였다. 수업관찰기록과 달리 참여관찰 일지에는 수업의 의도와 계획 그리고 참여자의 활동 및 특징이 나타날 수 있도록 기록하였다. 또한 현장에서 느끼거나 궁금하게 여긴 점들과 구성원과의 대화를 상황맥락성이 드러나도록 〈표 4-14〉와 같이 기술하였고, 분석메모를 포함하였다.

〈표 4-14〉 참여관찰 일지의 예시

2013. 10. 2. 한누리 3분기 4차 수업 〈현장 들어가기〉 출입문을 지키는 학교 보안관께 출입증을 보여드리고, 한누리에 들어섰다. 성장기 아이들이라서 항상 배고파하는 아이들을 위해 약간의 간식을 준비했다. 아이들이 다툴 수도 있으니 모두 같은 것으로 준비하는 게 좋을 것이라는 00의 조언을 생각하여 작은 빵 하나씩과 주스를 준비했다. 준비물-간식과 비디오 카메라, 포스터 물감 셋트(물감, 붓, 물통, 파렛트용 플라스틱 접시, 바닥 보호용 비닐)-을 들고 가는데, 3학년 여자 아이들이 반갑게 인사를 했다. 아이들은 내가 들고 있던 물건들을 달라고 한다. 작은 아이들이 짐을 들어준다니 미안한 마음이 들었지만, "우와~ 고마워~" 하며 아이들의 도움을 받았다. 〈수업 계획〉 1. 대본 만들기와 수정- 이전 시간 아이들의 이야기 이어가기와 대본 읽기 활동에서 나타난 점을 바탕으로 대본의 뒷부분과, 지구에 대해 아이들이 돌아가며 말한 것을 바탕으로 만든 '하나 챈트'를 넣었다. 챈트는 반복적이고, 단순한 가사를 리듬과 함께 외치는 것을 특징으로 하는데, '바누와'의 경우, 가락과 화음이 있는 음악성을 갖지만, 챈트는 주로 영어과에서 언어 학습의 하나로 사용된다. **대본 만들기는 2분기와 같이 이야기 만들기와 대본의 빈곳 채우기로 구성하였다. 3분기 대본 만들기에서는 2분기에 비해 대본의 빈칸을 늘렸다. 예) **: (　　　) 아니에요. 처음엔 그냥 장난이라고 생각했어요. 그런데 (끼얏)하고 말했는데도 그 앤 계속 저를 괴롭혔어요.

**끼얏 : 태국어로 싫다는 말

2. 녹음하기(악기 준비하기): '하나 챈트'의 리듬을 위해 리듬악기 2종류 준비(기로-빨래판 모양의 나무 악기, 우드블럭-목탁과 비슷한 2종류의 소리를 내는 나무 악기). 말로만 하는 것보다 악기를 활용하여 일정한 리듬을 줌으로써 아이들의 흥미를 높일 수 있을 것이라 기대한다. 또한 일반 학교에서 사용하는 다양한 악기를 사용해 보도록 함으로써, 아이들이 원적교에 돌아갔을 때, 악기를 낯설어하지 않도록 하기 위한 것이다.
3. 대사와 지문, 해설을 보다 명확하게 구별할 수 있도록 일반적인 대본의 형식으로 대본을 만듦. 지문과 해설의 글자 크기를 작게, 대사 앞의 인물을 내어 쓰기를 설정하여, 자신의 역할을 찾기 쉽도록 함.(1, 2차에서는 자신의 역할을 읽으면서 찾도록 했다.)
4. 연극 제목 정하고 무대 배경 꾸미기 - 학습지

3분기 4차 수업 학습지

연극 제목 정하고 무대 배경 꾸미기

이름: ____________

※ 대본을 역할에 맞게 읽어요.

1. 연극은 모두 몇 장으로 나누어지나요? 각 장에 어울리는 무대 배경을 그려보세요.

2. 이야기에 어울리는 제목 만들기.

- 연극에서 하고 싶은 이야기는 무엇인가요?(주제는 무엇인가요?)

- 연극의 인물 중에서 비슷한 성격을 갖는 사람은 누구와 누구인가요?

- 등장인물 간의 갈등에는 무엇이 있나요?

- 등장인물이 갈등을 갖는 이유는 무엇인가요?

- 애벌레가 나타내는 것은 무엇인가요?

00의 대사를 대폭 수정하였다. 0가 대본을 읽을 때, 많이 어려워하는 모습을 보여서 대사의 길이를 줄이고, 00의 대사 일부를 다른 학습자의 대사로 바꾸어서 작성하였다.

〈주요 활동1: 대본 만들기와 수정〉

대본 읽기-지난 시간에 아이들이 이야기한 내용이 반영되었는지 확인하기.

감정을 드러내어 읽기. 대본에 있는 빈칸에 대해 생각하고, 써보기(동작과 표정)를 했다. 대본에서 대사와 행동이 다르게 나타나 있음을 확인하도록 했다. 괄호 안에는 행동이나 표정이 나타난다. 아이들은 행동과 표정에 대해 어떻게 써야 할지를 모르는 것 같다. 하지만 자신의 대사를 직접 읽어보며 아이들은 무엇이 이상한지에 대해서는 금방 이야기를 하였다. 소리내어 대본 읽으며 대본 수정하고 이야기 이어가기를 할 때, S-1은 대본의 문장부호가 이상함을 말하였다.

S-1: 아니? 그래요? 이게 너무 (음이) 올라가서 이상해요.

S-1의 제안에 다른 아이들의 의견을 물어보았다.

S-2: 아니를 빼고, 네 그래요?

S-4: 진짜요?

…

아이들의 의견이 분분하여 역할을 맡은 S-3이 제안된 대사를 해 보고, 그중에서 가장 편한 것(네? 그래요?)으로 결정하였다.

이와 별도로 대본연습을 할 때, 아이들은 붉은 여왕의 목소리가 이상하다는 말들을 했다. 베트남어에서는 많이 나타나는 비음은 귀여운 느낌이 든다. 따라서 성격이 좋지 않은 붉은 여왕과 어울리지 않다고 생각하여 붉은 여왕의 목소리가 이상하다고 말한 것이다. S-1의 경우 일반적인 대사에서도 비음이 많이 들린다. S-7은 대사 읽기에서 휴지부분을 생각하지 않고 모두 같은 음조와 같은 속도로 하여, 어색하다. S-7의 대본에는 휴지부분을 표시하도록 이야기했다. 하지만, 띄어 읽기를 해 주었음에도 어디에 표시를 해야 할지 난감해 하는 표정이다.

〈주요 활동2: 노래 녹음하기〉

오늘은 녹음을 먼저 할 거예요. 2번 연습하고, 3번째 녹음할 거예요.

노래 연습 시간에 어느 부분을 부르고 있는지를 알려주고자 S-7이 옆에서 손으로 글자를 짚어가며 함께 노래를 부른다.

화음의 파트 정하기(교사는 노래의 내용과 한국어라는 형식을 생각하였으나, 아이들은 보다 아름다움을 생각하여 화음을 넣자고 함)

S-2: 선생님 죄송한데요, 아까부터 노래를 똑같은 똑같은 똑같은 음으로 하고 있어요. (화음을 말함. S-2는 화음을 설명하기 위해 직접 노래를 파트별로 부름).

교사: 그래. 맞아요. 이 노래는 높은 음, 낮은 음(화음)이 있어요.

S-2: (고개를 끄덕임)

교사: 우리 높은 음, 낮은 음 나누어서 불러 볼까?

아이들: 네~

S-2의 의견에 모두 동의하여 아이들은 화음을 나누어서 노래를 부르기로 했다.

연습. 아이들은 화음을 넣어서 노래 부르는 것을 어려워한다.

교사: 그런데 화음이 잘 나타나고 있나요? 높은 음이랑 낮은 음이 잘 들리나요?

S-2: 저 파스 계속 하고 있는데요.

교사: 파트?

아이들: 웃음.

교사: 그래요. S-2는 자기 파트를 계속 하고 있는데, 화음은 잘 들려요?

S-1: 높은 음, 낮은 음, 평평한 음이 처음부터 다 하는 게 아니라, 처음에는 높은 음 먼저 하고, 다음에는 낮은 음 하고, 그다음엔 평평한 음 하고 그러면 좋을 것 같아요.

교사: 아, 음을 높은 음, 낮은 음, 중간 음으로 나누고 그것을 순서대로 부르자는 얘기지요?

S-2: 마지막에 엄청 높아지는데.

교사: 음악책에 있는 화음 말고, 우리들이 다른 사람보다 조금씩 높게 음을 잡아서 노래를 부르자. 누가 처음에 부를까?

아이들은 높은 음을 낼 수 있는지를 생각하여 순서를 정했다. 하지만 ##과 S-7은 높은 음을 낼 수 있는지와 상관없이 나중에(높은 음) 부르게 되었는데, 자기의 의견을 말하지 않고 있다가 남는 파트를 맡게 되었다. 하지만 실제 노래를 부를 때 S-7과 ##는 높은 음으로 부르는 대신 다른 아이들보다 낮은 음으로 노래를 부름으로써 훌륭한 화음을 만들었다.

노래 순서(화음 파트)정하고 연습 후 녹음. 녹음 후 함께 들으며 확인(자신의 소리를 직접 들어보기) 아이들은 자신들이 녹음된 노래를 확인하고, 평가함. 자기 평가에 해당함.

1번 파트: S-1, 2번: S-2, 3번: S-6, 4번: S-3, 5번:##, S-7, S-4 함께

누구의 목소리가 특히 두드러지게 들리는지, 혹은 화음을 살려서 노래를 불렀는지, 박자에 맞지 않게 불렀는지 등에 대해 말하며 웃기도 하다가, 다시 녹음해도 되냐고 함. 이번에는 연습을 두 번만 더 하고 녹음을 하겠다고 하다.

근무하고 있는 학교에서도 음악교과서의 노래를 부를 때, 상당수의 음악이 높은 음까지 표현되고 있어서, 아이들이 노래를 몇 번 부르면 목이 아프다고 말한 것이 생각이 났다. 나 역시 음악 시간에 아이들과 함께 노래를 부르는데, 배에 힘을 주고 노래를 불러도 높은 음을 부를 때는 힘들었던 기억이 난다.

(2차시 S-3: 지구-> 피구로 말함. 4차시 S-2: 파트-> 파스로 말함. 개념어 '화음'을 몰라서 풀어 설명)

〈주요 활동3: 연극 제목 정하고 무대 배경 꾸미기〉

학습자와의 의견교환을 통해 대사를 수정하고, 동작을 생각하느라 시간이 부족하다. 따라서 연극 제목 정하기는 준비한 학습지 대신, 구두로 말하도록 했다.

S-2: 이상한 나라의 왕따

S-1: 이상한 나라에 왕따도 있네?

S-3: 이상한 나라에서 왕따

S-4: 이상한 나라와 왕따

이야기에서 왕따는 누구일까?

S-4: 하나와 붉은 여왕

그럼 하나와 붉은 여왕은 왜 왕따가 되었을까?

S-1: 사람이니까. 생각도 다르고 마음도 다르고…

붉은 여왕은 하얀 여왕에게 왜 애벌레를 주었을까?

S-2: 붉은 여왕이랑 잘 지내고 싶다고…

〈관심과 반응〉

3학년 아이들은 주차장에서 짐을 내린 내 모습을 언제부터 봤는지, 어느새 내 옆에서 짐을 들어 준다. 아이들은 "연극~ 연극. 돈~ 내요?"하며 교육연극 수업을 하려면 돈을 내야 하는지를 물어본다. 무료로 진행을 하고 있음을 얘기하며, 20일 경에 연극공연이 끝나면 다시 모집을 할 테니, 그 때 부모님의 허락을 받고 신청하면 된다고 했다. 아이들은 엘리베이터 앞에서 자기들끼리 이야기를 하더니 "네~"하고 웃으며 대답한다. 지난 여름방학 때 상담 선생님이 3학년 아이들의 경우, 표현력이 좋아서 이런(연극)활동을 정말 잘 하겠지만, 6학년 아이들을 무서워해서 함께 하는 것을 원할지는 모르겠다는 말이 생각났다. 학교 여기저기에 국화 꽃이 보인다. 향기가 좋았다.

아이들의 도움으로 수월하게 5학년 교실에 도착하고, 수업 준비를 했다. 수업 전 잠시 교무실에 들러 대본을 복사했다. 교감 선생님은 반갑게 맞아 주시며 "커피 좀 뽑아 드릴까요?" 하고 물어보신다. "네, 감사합니다." 인사드리고 복사를 하는 동안 교감 선생님께 방과 후 수업 시간을 5시까지로 잡았는데 괜찮은지를 여쭤보았다. 내일은 공휴일(개천절)이라서 오늘 아이들이 집에 갈 것이라 생각했기 때문이다. 교감선생님은 "그럼요, 원래 끝나는 대로 끝내셔도 돼요,"라고 말씀하신다. 교감 선생님께 인사드리고 교실로 돌아와 비디오 설치를 했다. 그런데 복사한 대본을 교무실에서 안 가져 온 것이 생각났다. 교무실에 다시 가서 대본을 들고 오는데 5학년 선생님이 "안녕하세요?" 하고 먼저 인사해 주신다. "네, 안녕하세요?"하고 반갑게 인사하니 선생님은 "저, 선생님 하시는 거요~ 혹시 그걸루 여기에서 강의해 주실 수 있나요?"하고 물어 보신다. 당황한 마음에 "네?"하고 되물으니 선생님은 "저희 다문화 관련해서 교사 연수를 해야 하는데 선생님이 다문화 교육하시잖아요. 그리고 보니까 애들이 연극하는 거 굉장히 좋아하구…" 강의 제안은 다음 기회로 미루었다. 하지만 선생님께 감사한 마음과 함께 아이들이 좋아해서 다행이라는 생각이 들었다.

〈표 4-14〉와 같이 참여관찰 일지는 참여관찰자의 연구 활동과 관련한 개인적인 생각, 분석메모 등이 포함되었고 1: 현장 들어가기, 2: 수업 계획, 3: 주요 활동, 4: 관심과 반응, 5: 주요 이슈의 순서로 작성하였다. 특히 주요 활동에는 지난 시간 학습자와의 대화를 통해 생성된 이야기에 대한 확인 활동이 포함된다. 또한 관심과 반응부분은 주요 수업의 진행과 관련하여 학습자 혹은 교사 참여자가 보인 관심과 반응을 기술하였다. 그리고 주요 이슈에는 주요 수업의 내용과는 큰 상관이 없지만 수업 전후 참여자들과의 활동 중에서 유의하다고 판단되는 것을 분석메모를 통해 연구자의 반성과 함께 기술하였다.

이와 같은 참여관찰 기술 방식은 극작 코딩의 과정을 참고하였다. 린드로프와 타일러(Lindlof & Taylor, 2002:236)가 말한 바와 같이 극작코딩은 행위로서 의사소통과 관련한 연구에 적합하다. 살다나(Saldaña, 2009:155)는 이때의 행위가 참여자의 삶을 의미한다고도 말한다. 또한 리에스만(Riessman, 2008:110-111)은 극작코딩이 연구 자료를 하나의 장면으로 세분할 수 있음을 말한다(Saldaña, 2009:157 재인용). 이러한 특성으로 인하여 극작코딩은 한국어능력이 제한된 참여자들을 대상으로 하는 학술적 탐구에 적합하다. 또한 참여관찰자와 참여자는 주류사회 성인과 비주류사회 학생이라는 이중적 권력구조 속에서 상호작용하는 관계라는 점을 고려할 때(김창아 외, 2014a), 극작

〈표 4-15〉 극작코딩 분석의 여섯 범주와 예시

① 참여자 행위의 목적, 행위동사 형태의 모티브(OBJ): 이야기알기, 이야기하기, 라면을 먹는다, 화음을 맞춘다, 연극하기, 공부를 한다 등
② 갈등이나 장애물(CON): 어렵다, 할 수 없다, 시간이 없다, 모른다, 책이 없다, 놀이감이 없다, 도울 수 없다, 정신없다, 공통 경험이 없다 등
③ 참여자 전략(TAC): 이야기 만들기, 솔직하다, 신경 쓰지 않는다, 마지막, 규칙, 처음, 동네 걷기, 마임, TPR, 간식, 녹음, 연습, 다른 곳에서, 2주 후에, 책에서, 도서관 이용, 강당, 가면 만들기, 음악, 음향, 물어보기 등
④ 갈등에 대한 참여자의 태도(ATT): 꿋꿋하다, 참는다, 아이러니하다, 담담하다, 놀라다, 당황하다, 별 다름이 없다, 생각을 바꾸다, 다시 생각하다, 화를 내다, 상관 없다 등
⑤ 참여자의 감정(EMO): 좌절, 조급함, 기쁨, 즐거움, 화남, 미안함, 낯설음, 알 수 없음, 이상함, 지겨움, 기대함, 힘듦, 답답함, 싫어함 등
⑥ 참여자의 행동에서 나타나는 생각이나 인상(SUB): 하기 싫어 하다, 기대하다, 지겨워하다, 걱정스럽다, 미안해하다, 고마워하다, 담담해하다 등

코딩은 더욱 유의한 방법이라 할수있다. 왜냐하면 살다나(Saldaña, 2009:158)가 말했듯이 극작코딩은 개별 목적과 전술을 행동과 반응을 통한 분석을 함으로써 권력관계와 인간 삶에 대한 과정 이해를 심화시킬 수 있기 때문이다. 살다나(Saldaña, 2009:156)가 제시한 극작코딩 분석의 여섯 가지 범주를 예시와 함께 나타내면 〈표 4-15〉와 같다.

위에서 예시로 제시한 여섯 가지 범주의 예는 행위 또는 목적에 대해 맥락적 인과관계를 나타내는 데 용이하다.

예컨대 앞서의 〈표 4-14〉에서 제시한 참여관찰을 전체적으로 살펴보면 다음과 같은 절차에 의한다. 교사는 참여관찰이 있는 날의 상황을 〈현장 들어가기〉를 통해 나타내며(SUB), 〈수업 계획〉(OBJ)을 기술하였다. 그리고 수업 중 〈주요 활동〉을 통해 수업에서 나타나는 다양한 수준의 갈등(CON)과 그에 따른 대처방안(TAC)과 다양한 참여자들의 행동(ATT), 감정(EMO), 태도(ATT)를 진술한다. 여기에는 교사의 생각이 함께 기술되어 있다(SUB). 세부적으로 보면, 주요 활동 3에서는 노래(OBJ)를 녹음하기(OBJ) 활동이 계획되었다. 그러나 S-2는 화음에 대해 이의를 제기(CON)하고, 교사는 이에 대해 높은 음, 낮은 음 나누어서 부르기(TAC)를 제시한다. 이 과정에서 S-2는 "마지막에 엄청 높아지는데" 하며 걱정하는 마음(SUB)을 나타내고, 아이들은 자신의 음역을 생각하여 순서를(TAC) 정한다. 하지만 &&와 S-7는 음악적 요소와 상관없이(ATT) 순서를 정하였다. 아이들은 웃으며(EMO) 연습을 하였고, 실제 노래를 부를 때 S-7과 &&는 보다 낮은 음으로 노래를 부름으로써(TAC) 훌륭한 화음(SUB)을 만들었다.

이와 같이 극작코딩을 통한 분석은 단계별로 초점화된 관찰에서 나타나는 갈등의 상황 · 맥락적 특성을 나타내는 데 효과적이다(Saldaña, 2009:156). 이러한 과정을 통해 수집하고 기록한 자료는 교육연극 수업의 흐름에 따른 참여자의 변화를 중심으로 5장에서 제시하였다. 또한 6장에서는 총 3분기 수업에 대해 9개의 하위 주제와 3개의 본질적 주제를 도출하여 이를 교육적 평등의 관점에서 해석하였다.

5. 신뢰성과 윤리적 고려

인간을 주제로 하는 학문적 탐구에서 요구되는 연구의 신뢰성은 일관성과 관련된다(Kvale, 1998:312). 일관성과 타당성을 확보하기 위한 방안으로 링컨과 구바(Lincoln & Guba, 1985:243)는 신뢰성(credibility), 전이가능성(transferability), 감사 가능성(auditability), 확인 가능성(confirmability)을 제시한다. 그러나 정소민(2014)은 나장함(2006)의 논의를 빌어 질적 연구의 일관성과 타당성을 확보하기 위한 일련의 기법들을 기계적으로 사용하는 것에 대해 문제를 제기하였다. 그는 '도구로서의 연구자'에 의한 독창적 개발에 대한 필요성을 말한다.

본서의 주요 탐구 방법은 듀이의 반성적 사고 개념과 실행연구의 반복적이고 순환적 과정으로, 학교라는 공간에서 이루어지는 문화적 특성속에서 교육이라는 목적 지향적 활동에 의한 것이며 문제의 인식과 반성적 과정을 통해 지속적으로 수행되었다는 특징을 갖는다.

이와 함께 신뢰성을 확보하기 위한 검토는 총 3단계를 통해 이루어졌다.

① 참여자 검토와 구성원 검토: 먼저 참여관찰을 통해 수집한 자료는 참여자 검토와 구성원 검토를 병행하였다. 참여자 검토는 매 시간 진행된 수업을 통해 참여자가 제시한 내용을 참여관찰자가 대본으로 작성하고 그에 대해 다음

수업이 시작되기 전 참여자의 의도를 잘 이해하고 있는 것인지 확인함으로써 이루어졌다. 참여자들은 비디오 혹은 연극에 사용하기 위해 만든 대본을 확인하며 참여관찰자가 오해하거나 잘못 이해한 점에 대해서는 자신의 의견을 제시하였다. 다음으로 'ㅎ'학교 교사 참여자의 검토를 진행하였다.

② 교사 면담을 통한 검토: 학습자들이 수업 중 보이는 모습과 의견에 대해 참여관찰자가 잘 이해하고 있는지에 대한 상황 · 맥락적 검토를 위해 교사 참여자들과 대화와 면담을 수행하였다.

③ 전문가 검토와 학술 집단 검토: 마지막으로 자료의 분석과 해석을 함에 있어서 문화인류학 전공 교수 1인과 다문화교육 전공 교수 1인, 문화교육 전공 박사 1인 그리고 다문화교육 박사과정생 1인이 참여관찰자와 함께 검토하였다. 또한 학문 공동체인 '동명사'의 정기 학술모임을 통해 다문화교육, 문화학, 사회교육과 교수, 박사 및 박사 과정생과 함께 토론하고, 연구의 일관성과 타당성에 대한 지속적인 조언을 들었다.

참여관찰을 시작하기 전 연구의 목적과 자료의 수집에 대한 참여자 동의서를 준비하였다. 그러나 수업의 특성상 수업이 시작하기 전에는 참여자가 구체적으로 정해지지 않아서 참여자 동의서를 미리 작성할 수가 없었다. 따라서 참여자 동의서는 수업 진행 중 작성하도록 제시하였다. 동의서의 작성은 참여자 대부분이 만 12세인 미성년임을 감안하여 법적 대리인인 보호자가 함께 확인하도록 하였다. 참여자 동의서에는 탐구 활동의 목적과 자료 수집의 목적, 수집될 자료의 범위, 탐구의 기간, 자료의 보관과 출판에 대한 안내를 포함하였다. 또한 탐구가 진행되는 도중이나 탐구 종료 후에라도 참여의 철회를 요청할 경우, 해당 자료를 삭제할 것을 명시하였다. 참여자의 보호를 위해서 익명성의 보장을 명시하였다. 참여자 동의서에는 참여자나 보호자가 활동의 과정 혹은 내용에 대한 의문이 생길 경우 연락할 수 있도록 참여관찰자의 전화번호와 이메일 주소를 명기하였다.

학술적 탐구 활동의 참여에 동의한 참여자들과 보호자들은 구체적으로 자료

사용의 허락 여부, 추가 연구의 허용성, 연구과정의 기록, 자료의 검토, 출판의 허용에 대한 확인 후 연구의 참여를 수락하였다. 작성된 참여자 동의서는 각 2부씩 복사하여 참여관찰자와 참여자가 나누어 보관하였다.

V

교육연극 수업에 참여한 학생들의 이야기

이번 장은 교육연극 수업의 구성과 수업에 참여한 학생들의 변화에 대해 살펴본다. 교육활동은 학교라는 문화집단에서 일상적으로 이루어지는 주요 활동임과 동시에 포괄성을 갖는다. 교수활동이 직접 학습자와의 동적 과정을 통해 학습목표를 달성하기 위한 수업을 의미하는 것이라면, 교육활동은 그 수업을 준비하는 과정과 수업 후 평가를 통하여 다음 과정까지 준비하는 활동을 포함하기 때문이다. 또한 교육활동은 계획-실행-반성-평가의 순환적 과정이다. 따라서 여기에서는 교육연극 수업을 위한 준비와 구성을 기술하고, 교육연극 수업의 변화와 수업에 대한 평가를 함께 살펴보도록 한다.

1. 교육연극 수업의 구성

교육이 이루어지기 위해서는 사회적으로 요구되는 교육적 목표와 학습자의 특성을 함께 고려하여야 한다. 우리 교육이 추구하는 바는 2장에서 살펴본 바와 같이 국가 교육과정을 통해 제시하고 있다. 다문화 대안학교에서의 방과 후 교육연극 수업을 위해서는 교육현장의 성격을 고려하여야 한다.

첫째, 방과 후 교육연극 수업은 2009 개정 교육과정의 창의적 체험학습의 성격을 갖는다. 'ㅎ'학교 교육과정은 창의적 체험학습이 제시한 바와 같이 높은 자율성과 학습자 특성의 반영을 특징으로 하기 때문이다.

둘째, 방과 후 교육연극 수업은 'ㅎ'학교 교육의 심화 · 보충 수업으로서의 성격을 갖는다. 'ㅎ'학교 교육과정은 교과수업에서 정규 교육과정의 50%를 감축하여 운영함에 따라, 학습자가 이곳에서의 학습 후 원적교에서 적극적이고 능동적으로 참여할 수 있느냐라는 새로운 문제를 갖게 된다. 따라서 방과 후 교육연극활동은 교과교육 및 특성화 교육의 심화 · 보충의 개념으로 구상한다.

그러나 수업의 구상에 있어서 가장 중요한 요인인 학습자 특성에 대해서는 수업이 이루어지기 전까지는 알 수가 없다. 방과 후 수업은 정규 수업과 달리 학습자의 신청에 의해 이루어지고 학습자가 수업에 참여하기 전까지는 참여자를 확정하기 어렵기 때문이다.

이러한 특징으로 인하여 교육연극 수업을 구성하기 위해서는 수업의 성격, 내용, 방법에 대한 고려가 더욱 요구된다. 이 책에서는 교육연극 수업에서 '무엇을 어떻게' 할 것인지를 계획하기 위해 'ㅎ'학교 교육과정과 한국어 교육과정, 한국어 교과서에 해당하는 〈표준한국어〉 그리고 'ㅎ'학교 교사 및 학생 참여자들의 의견을 참고하였다.

1) 방과 후 교육연극 수업의 준비

교육연극 수업을 위한 준비는 크게 교육연극 프로그램 구안을 위한 준비와 분기별 수업 내 준비로 구분할 수 있다. 프로그램 준비는 전체 프로그램을 시작하기 전 교육의 중점과 학습자의 특성을 고려하여 수업의 목표를 설정하는 것이다. 수업 내 준비는 프로그램의 과정 중 나타나는 학습자의 변화에 따른 조정을 의미한다. 특히 연극을 활용한 프로그램은 놀이부터 전문적인 연극까지 스펙트럼이 매우 넓기 때문에 교육연극 수업을 진행할 학교와 학습자의 특성을 아는 것이 중요하다.

교육연극 프로그램의 구상을 위해서는 현장 방문을 통한 학교의 특성 및 학습자의 특성을 알고, 한국어 교육과정과 한국어 교재 〈초등학생을 위한 표준한국어〉를 분석하는 과정이 필요하다. 그러나 참여관찰을 시작한 2013년 2월 당시에는 〈표준한국어 2〉가 교육 현장에 배포되지 않았다. 이에 따라 참여관찰을 위한 확인과 검토는 〈표준한국어 1〉을 중심으로 하였고, 부수적으로 〈표준한국어 2〉의 내용을 다루었다.

(1) 현장방문

'ㅎ'학교 현장방문은 학교가 개교하기 약 10일 전인 2013년 2월 21일에 이곳에서 근무하게 된 K교사의 도움으로 이루어졌다. K교사는 참여관찰자와 석사 과정을 함께 공부한 인연이 있다. K교사는 2012년 10월에 이루어진 'ㅎ'학교 교사모집에 대한 공문을 보고 이 학교 근무를 신청하여 소정의 선발과정을 통해 2013년 3월자로 발령받았다. K교사는 'ㅎ'학교의 개학과 학습자들의 입학이 3월 4일이지만 교사들은 모두 2월부터 출근을 하고 있다고 한다. 그는 신설학교라서 준비할 것이 많기 때문이라고 조기 출근의 이유를 말하였다. 3층에 있는 중학교 아이들이 사용할 사물함의 색이 예쁘다고 하자 K교사는 학교 비품 하나하나 모두 교사들이 의논하여 고른 것이라고 하였다. 교사들은 이 기간 동안 각 학급에서 학습자들과 교사가 사용할 책상과 의자, 교실 텔레비전, 사물함 등을 선택하고, 교표나 교화와 같은 학교의 상징을 만드는 등 학교의 정상적인 교육활동을 위한 준비를 하고 있었다. 또한 교사들은 다문화가정 아이들을 어떻게 교육할 것인지에 대해 고민하고 있었다. 이러한 고민은 'ㅎ'학교에서 우연히 만나게 된 학교 관리자를 통해서도 확인할 수 있었다. 학교 관리자는 한국어도 잘 못하는 아이들이 학교에 와서 하루 종일 한국어를 공부해야 하는데, '아이들이 너무 지칠 것 같다'고 하며 '다양한 형태의 한국어 교육'에 대한 필요성을 언급하였다. 이와 같이 개교 전부터 'ㅎ'학교 교사들은 처음 접하게 된 학습자들에 대한 교육을 고민하고 있었다. 학교 교육과정은 2013년 4월경 제시되었는데, 일반 학교에 비해 약 한 달가량 늦게 제시된 것이다.

학교 교육과정이 늦게 개발된 것은 이 학교가 공립형 다문화 대안학교 체제를 통해 처음 설립되어 선행 자료가 없기 때문이었다. 더욱이 교육의 대상인 '다문화가정 학생'에 대한 경험이 부족하여 교육과정을 계획하는 데 필요한 학습자 특성을 알 수 없다는 이유도 있었다. 이러한 사실은 교육연극 수업을 구안하는 데도 영향을 주었다. 따라서 방과 후 교육연극 수업은 학습자들과의 첫 만남이 이루어지기 전까지 교육 내용을 명확히 제시하기 어려웠다.

(2) 한국어 교육과정과 〈표준한국어〉

교육을 위한 계획은 주로 학습자와의 만남 이전에 이루어진다. 연구자는 학습자의 특성을 알기 위해서 한국어 교육과정과 〈표준한국어〉를 살펴보았다. 한국어 교육과정(2012)은 다문화가정 자녀의 한국어 교육을 위해 한국어 교육의 전반적인 계획을 나타낸 국가 수준의 교육과정에 해당한다. 그러나 그 내용이 다문화가정 자녀로 한정되기에 지역 수준의 교육과정의 성격을 포함한다.

특히 'ㅎ'학교 교육에서 한국어 교육과정이 중요한 의의를 갖는 것은 교육과정의 개발에 있어 다문화가정 자녀의 특성을 반영한 것으로 기대되기 때문이다(원진숙, 2011). 이와 함께 다문화가정 자녀를 대상으로 하는 한국어 교육에서 교과서에 해당하는 〈표준한국어〉도 학습자의 특성을 예측하는 도구로써 의의가 있다. 학교교육에서 교재는 교과 교육과정과 교육현장을 매개하는 역할을 한다. 하지만 내용과 방법의 구체성으로 인하여 교육현장에서는 교재가 교육과정보다 더 강력한 영향력을 행사한다(신명선, 2011). 무엇보다 교재는 학습자의 요구와 특성을 반영하고, 이를 교사가 교수활동에 사용할 수 있도록 내용과 방법적 구성을 고려하여 만든 구체물이기 때문이다(김정숙, 2004; 김재욱, 2002; 서종학 · 이미향, 2007:17). 이와 관련하여 〈표준한국어〉의 머리말은 다음과 같이 안내한다.

> 〈초등학생을 위한 표준한국어〉는 일차적으로 2012년 교육과학기술부에서 개발 고시된 '한국어 교육과정'에 기반하여 다문화 배경 초등학생들이 기초적인 의사소통을 할 수 있도록 하는 생활 한국어 능력과 교과 학습의 토대가 되는 학습 한국어 능력을 배양하는 데 목표를 두어 개발했기 때문에 일선 학교에서 다문화 배경 학습자들을 위한 한국어 교재로 활용이 가능합니다. 또한 이 책은 다문화 배경 초등 학습자들의 인지적 · 정의적 특성을 충분히 고려하여 개발되었기 때문에 한국어를 배우고자 하는 일반 외국인 아동 학습자들에게도 매우 적합한 한국어 교재로 활용될 수 있을 것입니다(초등학생을 위한 표준한국어 1, 2013:3).

〈표 5-1〉 한국어 교육과정 내용체계(교육과학기술부, 2012:3)

생활 한국어(BICS)	학습 한국어(CALP)
언어 기능: 듣기, 말하기, 읽기, 쓰기	언어 기능: 듣기, 말하기, 읽기, 쓰기
언어 재료 - 주제 · 의사소통 기능 - 어휘 · 문법 · 발음 - 텍스트 유형	언어 재료 - 국어 · 수학 · 사회 · 과학 주제별 핵심 어휘 - 학습 의사소통 기능 및 전략
문화 의식과 태도 - 문화 인식 · 이해 · 수용 - 긍정적 자아정체성 · 공동체 의식	

위의 머리말에는 교재의 대상과 대상의 특성 및 학습의 목표가 나타나고 있다. 〈표준한국어〉의 사용 대상은 다문화 배경 초등학생이다. 또한 교재는 사용 대상인 다문화 배경 학습자들의 인지적 · 정의적 특성을 충분히 고려했다는 것을 명시하고 있다. 〈표준한국어〉에서 제시하는 한국어 교육의 목표는 생활 한국어(BICS)와 학습 한국어(CALP)능력 배양에 있다. 이에 따라 한국어 교육과정(2012)은 〈표 5-1〉과 같이 내용체계를 제시하고 있다.

〈표 5-1〉에서 제시한 내용체계를 살펴보면 한국어는 크게 생활 한국어와 학습 한국어 그리고 문화 의식과 태도로 구성이 된다.

국립국어원에서 개발하여 제시한 교재 〈표준한국어〉는 이 체계에 의해 1권에서는 생활 한국어(BICS)를 중심으로, 2권에서는 학습 한국어(CALP)를 중심으로 구성되어 있다(원진숙, 2011). 그러나 양영희(2013)는 생활 한국어의 경우 어휘선정에 있어서 모호성이 있고, 학습 한국어의 경우 교과수업 내에서의 학습이 보다 실질적이라고 한다. 즉, 생활 한국어와 학습 한국어는 분리하여 교육하기 어렵다는 것이다.

한국어 교육과정은 교육의 계획과 방법에 있어서 학습자의 흥미와 동기를 유발할 수 있도록, 학습 환경과 발달 정도 및 학습 준비도나 성취 기준 도달 정도를 파악하도록 말한다. 이는 개인차를 고려하여 학습의 계열성과 통합성을 보장하여야 한다는 것이다(교육과학기술부, 2012:18).

〈표준한국어〉교재는 초등학습자의 발달수준을 고려하여 학습자의 흥미성과 숙달성을 높이고자 여러 가지 게임 활동을 넣어 문형의 반복 연습이 이루어질 수 있도록 구성되어 있다. 문화적 측면에 대한 고려는 주로 인사법, 동화, 동작언어, 속담 등을 통해 이루어지고 있다. 〈표준한국어 1〉에서는 세계의 인사법, 동화, 전래동화가 수록되어 있다. 또한 〈표준한국어 2〉에서는 세계 여러 나라의 동작언어, 속담, 동화, 전래동화가 수록되어 있다. 〈표준한국어〉에서 나타난 교수-학습 활동을 살펴보

〈표 5-2〉 〈초등학생을 위한 표준한국어 1〉의 구성 예시

과		학습 내용		
1~5		기본모음, 자음1, 자음2, 복합모음, 받침		
※동화로 배우는 한글				
		6과	7과	8과
생활 한국어	제목	안녕하세요?	이게 뭐예요?	운동을 해요
	주제	소개	사물	학교생활
	기능/과제	• 인사하기 • 자기소개 하기	• 사물의 이름 묻고 답하기	• 학교생활 말하기 • 반말로 말하기
	문법	• 은/는(주제) • 예요/이에요 • 에서 왔어요 • 몇 • 수(일~십)	• 이/그/저 • 무엇(뭐) • 의 • 이/가 • 아니에요	• -아/어요 • 에 가요 • 반말(아/야, -아/어) • 을/를
	어휘	• 인사 • 나라 이름	• 교실 사물 • 문구	• 학교생활 관련 어휘 • 놀이 • 음식
	주제	교수-학습 도구어	도형의 모양	순서화하기
학습 한국어	학습 내용	• 읽어 보세요 • 써 보세요 • 말해 보세요 • 들어 보세요 • 앉으세요 • 조용히 하세요	• 네모, 세모, 동그라미, 사각형, 삼각형, 원	순서화의 개념과 방법

면, 교사가 학습 내용을 안내하고, 학습자는 연습을 하는 구조로 이루어져 있다. 〈표준한국어〉의 내용 구성을 간략하게 살펴보면 〈표 5-2〉와 같다.

위의 〈표 5-2〉에서 제시한 바와 같이 〈표준한국어〉는 1단원부터 5단원까지 한글의 기본자모 학습으로 구성되어 있다. 이후 6단원부터 18단원까지는 생활 한국어와 학습 한국어로, 주당 10시간 내외의 수업을 통해서 1학기 동안 학습할 수 있도록 구성되어 있다(국립국어원, 2013:4). 이 교재에서 제시한 학습 계획을 따른다면 교육연극 수업이 시작된 4월 19일은 학교가 개교한 지 7주에 해당하므로 7단원 학습이 이루어지고 있을 시기이다. 그러나 'ㅎ'학교에서 한국어 교육은 주당 5시간 이상으로 편제되어 있다. 이러한 시간 편제의 차이는 학습자가 〈표준한국어〉교재에서 제시한 내용을 충분히 학습하는 데 어려움으로 작용할 것으로 판단할 수 있다. 그러나 T-1은 한국어 교육에 대해 다음과 같이 말한다.

> 한국어라는 건 그 한국어 시간에만 진행이 되는 게 아니라 모든 교과 속에서 진행이 돼요.(2013. 6. 1. T-1 면담)

위와 같은 T-1의 의견과 함께 오은정(2014)이 말한 교육연극의 범교과성과 간학문적 특징은 교육연극 수업 내에서도 한국어뿐만 아니라 교과 수업과 관련한 내용이 반영될 수 있음을 생각하게 한다. 따라서 교육연극 수업은 일반교과와 특성화교과의 심화 · 보충의 성격으로 출발하였다.

2) 교육연극 수업의 구성

'ㅎ'학교에서 시행한 방과 후 교육연극 수업은 일반교과와 특성화교과의 심화 · 보충적 성격을 갖는다. 또한 'ㅎ'학교 학습자에 대한 교육은 일반학교 학습자들의 교육과 마찬가지로 국가 교육과정이라는 상위목표에 종속되므로 교육적 평등의 목적을 공유한다.

교육연극 프로그램은 크게 오리엔테이션, 이야기하기, 연극하기로 구성하였다. 이야기하기는 이야기 알기와 이야기 만들기로 구성하였다. 교육연극 프로그램의 주요 활동은 상호 의견교환을 통한 이야기하기와 연극적 표현활동이다. 또한 전체 수업은 초등학생의 발달수준을 고려하여 놀이-극흥 표현-연극적 표현으로 확장될 수 있도록 구안하였다. 교육연극 프로그램의 전체 흐름은 크게 3단계로 계획하였다. 수업의 최종 목표는 함께 선정한 이야기를 대본으로 만들고, 그것을 연극으로 표현하는 것이다. 교육연극 수업의 단계별 활동 내용을 표로 나타내면 〈표 5-3〉과 같다.

〈표 5-3〉의 수업 단계는 각 분기별 수업 계획에 해당한다. 그러나 실제 수업을 진행하면서 수업의 각 단계는 수업 중 나타난 참여자의 요구와 'ㅎ'학교 교사의 평가 및 교사의 반성을 반영하여 변화하였다. 각 분기별 수업의 구성은 〈표 5-4〉, 〈표 5-5〉, 〈표 5-6〉과 같다.

1분기 수업은 학습자들의 특성을 파악하고, 경험을 공유하는데 중점을 두었다. 이야기 알기에서는 개별 학습자가 한국생활을 시작하기 전 사회에서 알고 있던 이야기를 공유하는 활동에 초점을 두었다. 이야기 만들기에서는 공유한 이야기 중에서 학습자들이 선택한 이야기 속 인물들의 행동과 말에 초점을 두었다. 연극하기에서는 대본이 사용되었지만, 연습을 위한 것이라기보다는 이전 수업에서 했던 활동을 한국어로 기록한 것이라는 데 의의가 있다. 따라서 연극을 하기 위한 연습시간은

〈표 5-3〉 교육연극 수업의 단계별 주요 활동

단계: 활동	내용
1단계: 오리엔테이션	놀이를 통한 마음열기, 간단한 수업 안내, 수업의 목표정하기
2단계: 이야기하기	학습자가 선정한 이야기를 함께 알기 학습자가 선정한 이야기 속 인물을 생각하며 내가 생각하는 이야기를 만들고 표현하기 (이야기의 배경, 인물의 행동, 소품, 대본 포함) 인물이 되어 생각하기(감정이입)
3단계: 연극하기	이야기 만들기 활동을 통해 만든 이야기를 연극으로 표현하기

〈표 5-4〉 1분기 수업의 구성

수업 차수	단계	세부 단계	주요 계획/학습주제	세부활동
1차	오리엔테이션	오리엔테이션	게임을 통한 마음 열기	자기소개 게임하기, 게임을 통한 신체 표현하기
2차	이야기 알기	'내' 이야기 공유하기	마임으로 표현하기	좋아하는 활동을 마임으로 표현하기, 내가 아는 이야기 말하기
3차		이야기 구조 알기	내가 고른 이야기를 이야기의 구조와 함께 알기	이야기의 구조 알기, 이야기 구조에 맞게 내가 고른 이야기를 말하기
4차		이야기 초점화하기	이야기의 줄거리를 생각하며 인물의 특징과 역할 정하기 음악 고르기	이야기 만들기, 이야기 속 인물의 특징을 생각하기, 인물의 특징을 생각하며 역할 정하기, 좋아하는 음악 이야기하기
5차	이야기 만들기	인물의 행동 초점화하기	가면 만들며 인물의 행동 생각하기	인물의 특성에 어울리는 가면 만들기, 이야기 이어가기, 조각 만들기
6차		즐거운 경험 공유하기	떡볶이 파티, 동네걷기를 하며 자유롭게 이야기하기	동네 걷기를 하며 자유롭게 말하기, 마음 속 이야기 공유하기
7차		이야기 만들기	가면 꾸미기	가면 꾸미기를 하며 인물의 행동과 말을 구체화하기
8차	연극하기	이야기를 바탕으로 연극하기	함께 만든 이야기를 바탕으로 만든 대본을 통해 연극하기	대본을 읽고 어울리는 동작으로 표현하기 연극하기

〈표 5-5〉 2분기 수업의 구성

수업 차수	단계	세부 단계	주요 계획/학습주제	세부활동
1차	오리엔테이션	오리엔테이션	오리엔테이션 /참여자 특성 및 관심 파악하기	학습자 개별 특성 알기, 그리기와 말하기를 통하여 수업에 대한 요구와 기대 파악하기
2차	이야기 알기	이야기 구성과 대본 만들기	비디오시청, 이야기 정하기	1분기 연극을 동영상으로 시청하기, 인터넷을 통해 연극으로 하고 싶은 이야기 확인하기, 이야기 정하기, 음악 고르기

수업 차수	단계	세부 단계	주요 계획/학습주제	세부활동
3차	이야기 만들기	이야기 만들기와 대본 만들기	이야기의 배경과 줄거리 만들기, 가면 만들기	이야기의 배경 생각하기, (사회)공간적 배경-세계 여러 나라, (국어)시간적 배경-과거 · 현재 · 미래 개념 알기, 등장인물의 성격에 어울리는 가면 만들기(인물의 마음 알기), 노래 만들기
4차			대본 읽고 수정하기	(음악)노래 수정하고 익히기, (국어)대본의 내용 확인하고 수정하기, 대본의 빈곳 채우기, (체육)동작 표현하기
5차		연극 연습하기	대본을 읽으며 어울리는 동작하기	대사에 맞는 동작 생각하기, 대사와 행동 연결하기, 대본에서 바꾸어야 할 곳 생각하기
6차	연극 하기	연극 하기	이야기의 흐름을 생각하며 연극하기	이야기의 흐름을 생각하며 연습하기, 연극하기

별도로 배정하지 않았다.

2분기 수업에서는 아래의 〈표 5-5〉에서 확인할 수 있듯이 교과 수업과의 연계를 고려하고, 연극을 위한 연습시간을 별도로 배정하였다.

〈표 5-5〉에서 연극 연습하기 시간은 학습자들이 초대한 관객에게 자신이 맡은 역할을 보다 잘 전달하고 싶다는 생각을 반영한 것이었다.

〈표 5-6〉에서 나타난 바와 같이 3분기 수업은 1, 2분기 수업보다 수업시간이 증가하고 단계별 활동의 종류가 다양해졌다. 또한 각 활동은 1, 2분기 수업에 비해 개별 교과와의 관련성이 높아졌다. 이처럼 교육연극활동은 분기가 지남에 따라 변화하였다. 〈표 5-6〉에서 나타나는 단계별 특징은 다음과 같다.

1단계 오리엔테이션은 수업에 대한 안내와 놀이를 통한 마음열기가 포함된다. 또한, 교육연극 수업의 최종 목표를 정한다. 수업의 최종 목표에 따라서 연극에 사용할 배경 혹은 소품의 제작여부가 결정된다.

2단계는 이야기하기 단계이다. 이 단계에서는 연극으로 만들 이야기의 내용을 공유하고, 이야기의 구조를 알도록 한다. 또한 이야기하기 단계에서는 등장인물의

〈표 5-6〉 3분기 수업의 구성

<table>
<tr><th>수업
차수</th><th>단계</th><th>세부 단계</th><th>주요 계획/학습주제</th><th>세부활동</th></tr>
<tr><td>1차</td><td>오리엔테이션</td><td>오리엔테이션</td><td>오리엔테이션
/참여자 특성 및 관심
파악, 비디오시청 및
이야기하기</td><td>비디오 시청 후 말 또는 그림으로
표현하기, 개별 특성과 새로운 방향
생각하기, (사회)학급 규칙 만들기</td></tr>
<tr><td>2차</td><td>이야기 알기</td><td>이야기
만들기와
대본
만들기</td><td>대본을 읽고 이야기를
통해 대본 내용 수정하기,
친밀감 쌓기</td><td>(국어)연극 대본 읽기와 이야기 나누기,
연극 배경 생각하기, (사회)북반구와
남반구, (과학)날씨와 생활, 사막과 환경,
이야기 수정하기, 발성연습</td></tr>
<tr><td>3차</td><td rowspan="4">이야기
만들기</td><td rowspan="2">이야기
만들기와
대본
만들기</td><td>이야기 이어가기,
챈트 만들기</td><td>지난 시간 참여자가 이야기한 내용을
대본에 반영하여 수정한 것을 함께 읽고
확인, 이야기 이어가기, 챈트 만들기</td></tr>
<tr><td>4차</td><td>녹음하기</td><td>노래의 가사를 생각하며 부르기, 내용이
잘 드러나도록 제목 만들기</td></tr>
<tr><td>5차</td><td>무대 꾸미기</td><td>무대에 맞는 배경과 소품
만들기</td><td>(미술)재활용품을 이용하여 무대에
필요한 선인장, 해, 나무 만들기</td></tr>
<tr><td>6차</td><td>녹음
하기</td><td>대본에 제시된 대사
녹음하기</td><td>이야기의 흐름을 생각하며 역할에 맞는
대사를 하고, 녹음하기</td></tr>
<tr><td>7차</td><td rowspan="3">연극
하기</td><td rowspan="2">연극
연습
하기</td><td>극의 흐름에 맞는 동작을
생각하며 연극 연습하기</td><td>대사에 어울리는 동작 생각하기, 녹음한
대사를 들으며 행동하기</td></tr>
<tr><td>8차</td><td>리허설</td><td>(체육)동작과 대사를 생각하며 연습하기,
자신의 연습 장면을 보고 성찰하기</td></tr>
<tr><td>9차</td><td>연극
하기</td><td>관객이 있는 무대에서
공연하기</td><td>(도덕)공연준비와 공연</td></tr>
</table>

특성을 고려하여 그에 맞는 행동과 말을 생각하며 새롭게 이야기를 구성한다. 학습자는 이야기 속 인물이 사는 세계가 어떠한 곳이고, 어떤 일이 벌어지고 있으며 내가 이야기 속 인물이라면 어떻게 말하고 행동할지를 생각한다. 즉, 특정 사건에 대한 가치 판단과 학습자 자신의 행위에 대한 결정이 이루어진다. 또한 학습자가 결정한 내용과 방향은 다른 학습자 또는 교사와의 의사소통을 통해 보다 그럴 듯한 이야

기로 조정된다. 따라서 이 단계에서는 학습자의 경험에 따른 이야기에 대한 개인의 관심이 나타나고, 원래의 이야기와 학습자가 생각하는 이야기를 다른 참여자들과의 의사소통을 통하여 조정하는 가운데 '이야기'에 대한 이해와 공감이 이루어진다. 특히 이 과정을 통해 형성된 이야기는 대본으로 만들어지는데, 연극하기 단계 이전까지는 반복적으로 내용이 바뀔 수 있다.

3단계는 이전의 단계를 통해 식상한 말과 행위를 기록한 대본을 중심으로 종합적인 활동을 하는 연극하기 단계이다. 또한 각 단계에서는 모두 동작 표현을 함께 함으로써 다양한 비언어적 의사소통에 대한 고려를 함께 한다.

2. 교육연극 수업에 따른 학생들의 변화

교육연극 수업은 현장에서의 다양한 한국어 수업에 대한 요구로부터 시작하였다. 또한 이에 대한 준비로 한국어 교육과정과 〈표준한국어〉를 고려하여 수업을 준비하였다. 그러나 첫 수업을 마친 후 'ㅎ'학교 초등학교 학생들은 대부분 교육연극 수업을 '지루한 것'으로 생각하였다. 이에 따라 1분기 2차시 수업부터는 참여자들이 생각하고, 관심을 보이는 것이 무엇인지를 파악하면서 수업을 진행하였다.

1) 오리엔테이션 단계

오리엔테이션은 분기별 수업에 대한 안내가 이루어지는 시간임과 동시에 수업 참여자들의 요구를 직접 들을 수 있는 첫 시간이다. 따라서 교사는 이 시간을 통해서 참여자의 모습과 요구를 확인하고 교사가 미리 계획한 수업을 한다.

방과 후 수업 참여자에 대한 명단은 수업이 이루어지는 첫날 확인할 수 있었다. 1분기 수업의 참여자는 5명으로 1학년 1명, 5학년 1명, 6학년 3명으로 구성되었다. 그렇지만 이후 7차시에서 1명이 추가되어 모두 6명의 참여자가 수업을 같이 하게 되었다.

일반적으로 교육활동의 처음 시간은 오리엔테이션 시간으로 참여자와 교사의 소개 및 수업에 대한 소개로 이루어진다. 교육연극 수업에서의 첫날 오리엔테이션도 수업과 교사에 대한 간단한 소개가 있었다. 또한 〈표준한국어〉를 참고하여 계획한 이름 소개 게임, 교실에 비치된 사물의 명칭에 대한 학습과 관련한 놀이 활동을 진행하였다.

오리엔테이션에서 진행한 구체적인 놀이 활동은 '이름소개', '내가 좋아하는 것', '끼리끼리 모여요'이다. 이 중 '이름소개', '내가 좋아하는 것'은 〈표준한국어〉 6단원과 7단원 내용과 관련된 것으로 부수적으로 참여자의 개인적인 특성을 자연스럽게 알기 위해 계획하였다.

참여자의 특성을 알기 위해서는 일반적으로 설문지 혹은 학습지가 사용된다. 그러나 학습자의 한국어 능력을 알기 위해 시행한 설문지를 통한 참여자 특성 파악은 참여자와의 직접 만남이 있은 후인 2차시에 구두로 이루어졌다. 따라서 참여자의 특성을 모른 채 진행한 첫 수업에 대한 참여자들의 반응은 아래와 같이 나타났다.

> S-1은 "언제까지 이런 것(게임) 해요?"하고 묻는다. …(중략)… S-10과 S-9는 걸어서 온다. S-9 뒤쪽에 있는 S-1도 걸어서 온다. S-1의 표정이 밝지가 않다. …(중략)…(2013. 4. 19. 수업관찰기록)

위의 일지에서 나타나듯이 참여자들의 말과 행동은 교사가 제시한 수업이 초등학생들이 좋아하는 신체 활동을 중심으로 한 것이었지만, 그들에게 흥미로운 활동은 아니었다는 것을 나타낸다. 오리엔테이션을 위해 교사가 준비한 활동은 다음 페이지에 제시한 일지와 같다.

교사는 오리엔테이션에서 교육연극을 '놀이를 통한 교육연극'으로 소개하였다. 교육연극은 학습자의 능동성과 흥미성을 중요하게 여기기 때문에 무엇보다 학습자의 요구와 관심을 파악하고 반영하는 것이 중요하다. 참여자의 흥미성이 결여

활동명	활동의 중심	〈표준한국어〉 관련 단원
교육연극 소개	놀이를 통한 교육연극활동	
이름 소개	게임을 통해 자신의 이름 소개하기	6단원: 안녕하세요? 인사하기, 자기 소개하기
내가 좋아하는 것	교실 탐색, 사물의 명칭과 색 익히기, 00색을 찾아라(놀이), 내가 좋아하는 색은 00입니다.	7단원: 이게 뭐예요? 교실 사물 지시하기, 사물의 이름 묻고 답하기
끼리끼리 모여요	의복의 명칭, 의복의 무늬 알기, 같은 색 또는 같은 도형이 들어간 옷을 입은 사람끼리 모이기(놀이)	7단원: 네모, 세모, 동그라미, 사각형, 삼각형, 원

(2013. 4. 19. 참여관찰 일지)

된 경우 능동성은 보장할 수 없다. 이러한 측면에서 교육연극 교사가 첫 수업을 위해 준비한 활동은 비록 초등학생이 좋아하는 게임 형태를 유지했으나 참여자의 요구를 반영하지 못한 것으로 볼 수 있다. 교사는 참여자들의 부정적인 모습을 확인하고, 참여자에게 활동을 직접 선택할 수 있도록 하였다.

교사는 "다음 시간에는 뭐 하고 싶어?"하고 물어본다.(2013. 4. 19. 참여관찰 일지)

참여자들의 활동 선택에 대한 안내는 위의 일지에서 나타나듯이 직접 질문의 형식으로 이루어졌다.

1분기 교육연극 수업은 1학기에 총 8차시로 진행되었지만 여름방학 중 이루어진 2분기 수업은 총 6차시로 진행되었다. 2분기 수업은 5학년 교실에서 2주 동안 월, 화, 금요일에 진행되었다. 이 중 월요일과 화요일은 12시 40분부터 40분 동안, 금요일은 오전 9시부터 80분 동안의 수업 시간이 할당되었다.

처음 2분기 수업에서 출석부에 기재된 참여자의 수는 10명이었다. 그러나 실제 수업이 시작되었을 때 5명은 참석하지 않았다. 2분기 수업 참여자 5명 중 3명은 1분기 참여자가 자발적으로 신청한 경우이다.

"신나요. 뭐 할지 재미있어요."(2013. 7. 22. 참여관찰 일지)

위의 기록은 S-3의 2분기 수업에 대한 기대를 나타낸다. 특히 S-9는 2분기 수업의 신청 대상이 아님에도 '하고 싶다고 신청서를 가져와서'(2012. 7. 22. 참여관찰 일지) 함께하게 되었다. 이 외에 새로운 참여자 2명은 한국어 능력이 매우 제한되었다는 특징을 갖는다.

2분기 수업은 1분기 수업과 다르게 처음부터 교실 수업이 예정되었으므로 컴퓨터와 텔레비전을 통하여 1분기 마지막 날 참여자들이 연극 활동을 한 동영상을 자료로써 제공할 것을 계획하였다. 이는 1분기 수업 경험이 없는 참여자들에게 하나의 예시로써 활용될 수 있을 것이라는 교사의 판단에 의해서였다. 또한 1분기 수업에서는 아이들의 특성과 관심을 알기 위해서 수업 둘째 날 설문지를 제시하였지만 2분기 수업에서는 첫날 설문지를 제시하였다.

설문의 내용은 1분기와 2분기의 내용이 달랐다. 예컨대, 1분기의 설문에서는 참여자들의 사용 가능 언어가 무엇인지에 대한 질문이 없었다. 하지만 수업을 통해 교사는 참여자들이 한국어 이외의 언어를 매우 유창하게 구사할 수 있다는 것을 확인할 수 있었다. 또한 S-2의 경우에는 출신국 언어를 통해서 한국어 능력이 제한된 S-10을 언어적으로 도와줌(2013. 4. 19. 참여관찰 일지)으로써 수업을 원활하게 이끌어 가는 데 큰 도움이 될 수 있었다. 따라서 2분기 설문은 1분기 수업을 통해서 연극 수업에 긍정적인 영향을 주었다고 판단되는 내용과 현재의 연극 수업에서 중요하게 다루어야 할 내용을 포함하여 구성하였다.

2분기 설문에서 참여자의 답변 중 특히 주목할 만한 것은 '내일 일반학교로 가게 된다면 걱정되는 것은 무엇이 있을까요?'에 대한 것이었다. 1분기 설문에서는 같은 질문에 대해 '없음' 혹은 '한국말'이라는 다소 피상적인 참여자들의 답변이 나타났다. 그러나 2분기 수업에서 참여자들은 '수업진도'와 '친구'와 같이 'ㅎ'학교를 떠남으로써 발생하게 될 일을 걱정하고 있다는 것을 나타내었다. 즉, 참여자들은 '한국학교에서 공부하기'라는 구체적인 상황과 맥락에 대해 걱정하고 있었다.

이름	일반학교 복귀에 대한 학습자의 걱정	
	1분기	2분기
S-1	없음	수업 진도 너무 많아.
S-3	한국말	학교에 아는 사람이 없음. 친구가 없을 것 같아요.
S-9	없음	친구들과 헤어져야 함.

(2013. 7. 22. 참여관찰 일지)

위의 일지에서와 같이 S-9와 S-3는 1분기에서 한국말, 없음의 의견을 나타내었지만 2분기에서는 '친구들과의 관계'에 대해 걱정하고 있다고 기술하였다. 또한 S-1의 경우에는 1분기와 달리 '수업 진도'와 관련하여 일반학교 복귀 시 수업을 따라가기 힘들 것을 걱정하였다. 2분기 교육연극 수업에서는 참여자들의 관심인 한국학교에서 공부하기라는 점을 통하여 한국어뿐만 아니라 교과교육과 참여자들의 관계에 대한 고려를 함께 해야 할 필요성이 제기된 것이다.

3분기 수업은 6학년 7명과 5학년 1명으로 구성된 총 8명의 참여자가 함께 활동하였다. 3분기 수업에서 교사는 1, 2분기 수업과 달리 11월에 예정된 학교 개교기념 행사에서 연극공연하기라는 목표를 오리엔테이션 시간에 제시하였다.

연극공연이라는 목표는 두 가지 이유에서 설정되었다. 먼저, 2분기 수업의 마지막 날 참여자들이 보인 모습에 근거하였다. 참여자들은 연극하기에서 "선생님 언제 와요?"하며 '평소와 다르게'(2013. 8. 2. 참여관찰 일지) 신경 쓴 옷차림으로 자신이 초대한 선생님들이 보아 줄 것을 기대했다. 참여자들의 기대는 '관객 부재'(2013. 8. 2. 참여관찰 일지)에 대해 실망하는 모습으로 이어졌다. 다음으로 연극공연은 참여자들에게 자존감 향상(2013. 7. 22. T-2와의 면담)이 가능한 활동으로 기대되었기 때문이다. 즉, 연극 교사는 참여자들의 기대와 자존감에 대한 성찰을 통해 3분기 수업을 계획하였다(2013. 9. 4. 참여관찰 일지).

3분기 수업에서는 1, 2분기 수업과 달리 참여자들이 늘어났고 공연을 위한 연습시간이 필요했다. 따라서 교사는 '순서대로 말하기', '손들고 의견 표시하기', '쉬는 시간에만 화장실 가기'(2013. 9. 4. 참여관찰 일지) 등과 같이 1, 2분기에서는 특별히 제시하지 않았던 규칙을 제시하였다. 그러나 교육연극에 대한 경험이 없고, 비자발적으로 참여한 학습자 @@은 발표회에 대해 부정적인 시각을 나타냈다.

> 교사의 설명에 @@은 "잘 안될걸요." 라고 한다…(중략)…"그런데 열심히 하면 잘 돼. 왜? 내가 도와줄 거니까…(중략)… (2013.9.4 수업관찰기록)

위의 기록에서와 같이 @@은 연극공연에 대해 부정적으로 말하였으나 교사는 도움을 약속하였다.

이처럼 오리엔테이션 단계는 처음 '참여자 특성'에 대한 직접적인 '고려 없이 시작'(2013. 4. 19. 참여관찰 일지)되었다. 그러나 참여자의 부정적 반응으로 인하여 변화의 필요성이 제기되었다. 이에 따라 교육연극 수업은 참여자의 특성을 직접 살피고, 흥미와 요구를 알고자 관찰과 질문지 등을 제공(2013. 7. 22. 수업관찰기록)하였다. 또한 교사는 이전 수업에 대한 반성을 통하여 새로운 목표를 설정하고 거기에 새로운 학습자의 요구와 특성에 대한 고려를 더하였다(2013. 9. 4. 수업관찰기록).

2) 이야기 단계

교육연극 수업에서 이야기 단계는 이야기 알기와 이야기 만들기로 구성되며 연극에 필요한 내용과 방법을 구성하는 중심 단계이다. 이야기 알기에서 참여자들은 개인의 경험과 관련된 이야기를 이야기의 기본 구조를 통해 알고 내용을 공유한다. 이야기 만들기는 감정이입을 통하여 이야기 속 인물의 삶을 생각하고 그들의 입장에서 말하고 행동하는 것을 포함한다. 즉, 이야기 만들기는 이야기에서 나타나는 인물과 사건에서 나타나는 문제를 인식하고 이를 맥락적으로 이해함으로써 해결의 실마리를 만드는 과정이다.

이야기 알기는 참여자 S-1이 제시한 '원숭이와 악어'이야기를 통해 시작되었다. 그러나 참여자들이 연극으로 만들고 싶은 이야기는 각자 달랐다. 이에 대해 아래와 같이 교사의 중재가 필요했다.

"요정 이야기로 하면, 다른 애들은 괜찮지만, S-1이랑 S-10은 너무 애들 같아서 싫어할 텐데…?" 아이들에게 "주변에서 볼 수 있는 이야기"로 바꾸어서 하면 좋을 것 같다고 했다.(2013. 5. 3. 참여관찰 일지)

"잠깐만, 이야기를 다 늘어놓는 게 중요한 게 아니라 그 이야기 중에서 우리가 어떤 것을 연극으로 하면 좋을지를 생각해야지?" 아이들은 "아~" 한다.(2013.5.3 수업관찰기록)

위의 기록에서와 같이 교사는 참여자들의 입장을 조정하고, 참여자들이 수업의 흐름을 유지할 수 있도록 방향을 제시하였다. 1분기에서 이야기의 제재는 학교에서 나타나는 학생들의 '갈등'이라는 경험과 관련된 것으로 숙제 뺏기, 괴롭히기 등과 같이 기본적인 안전의 욕구와 관련된 것이었다.

이어 2분기에서 5명의 참여자들은 자신이 하고 싶은 '이야기'로 로미오와 줄리엣 이야기, 로봇이야기, 이상한 나라의 앨리스 이야기와 같이 다양하게 제시하였다. 하지만 참여자들은 자신이 연극으로 만들고 싶은 이야기에 대해 의견 조정을 하였고, 이야기는 '이상한 나라에 간 로봇 로미오와 줄리엣'이라는 새로운 이야기로 통합되었다.

참여자들이 만든 이야기는 로봇 로미오가 인간 줄리엣과 만나는 것을 반대하는 아버지를 피하다가 이상한 나라로 가게 되면서 시작된다. 참여자들이 자신의 의견을 조정하여 제시한 1분기 교육연극 수업의 이야기와 2분기 교육연극 수업의 이야기를 발단-전개-절정-결말로 나누어 살펴보면 다음과 같다.

① 원숭이와 악어:

발단: 악어가 친한 친구인 원숭이를 만나러 가는데, 부인이 '원숭이의 심장'을 가져오라고 한다.

전개: 악어가 친구를 속여서 등에 태우고 강 가운데로 들어간다.

절정: 악어가 원숭이를 등에 태우고 강 가운데로 들어가서 심장을 달라고 한다.

결말: 원숭이가 꾀를 내어 심장이 없으니 다음에 주겠다고 말한다.

② 1분기: 이야기 모티브-갈등

발단: 매일 같은 일상의 학교. 선생님이 없는 사이 괴롭힘이 발생한다. 하지만 나쁜 사람은 자신이 그랬다고 스스로 밝힘으로써 모두에게 착한 사람의 이미지를 부여받는다.

전개: 나쁜 사람은 귀여운 사람에게 조용한 사람을 괴롭히라고 한다. 귀여운 사람은 나쁜 사람의 말을 듣고 조용한 사람을 괴롭힌다.

절정: 나쁜 사람과 귀여운 사람이 조용한 사람을 괴롭히는 사실을 모든 걸 다 아는 사람에게 발견된다. 이 사실은 학교의 모두에게 알려지게 된다.

결말: 나쁜 사람과 귀여운 사람, 그리고 조용한 사람에 대한 모든 사실이 알려졌다. 아이들은 이 문제를 어떻게 해결할지 고민한다.

③ 2분기: 이야기 모티브-로미오와 줄리엣

발단: 로봇 로미오와 인간 줄리엣은 서로 좋아하는 사이이다. 하지만 로봇 로미오의 아버지는 둘 사이를 반대한다. 아버지의 반대에도 둘은 계속 만나다가 들킨다. 로봇 로미오와 인간 줄리엣은 아버지를 피해 도망가던 중 이상한 나라로 가게 된다. 이들을 뒤쫓던 아버지도 이상한 나라로 가게 된다.

전개: 줄리엣은 하얀 여왕에게 발견된다. 로봇 아버지와 기억을 잃게 된 로봇 로미오는 붉은 여왕에게 발견된다. 그들은 각자 자신의 성으로 줄리엣과 로봇 로미오, 로봇 아버지를 데리고 간다. 줄리엣은 하얀 여왕의 신기한 애벌레를 통해 로봇 로미오의 상태를 알게 되고 로미오를 구출하러 가기로 한다.

절정: 로봇 로미오는 회복되었지만 붉은 여왕이 생각했던 것과 다른 상태이다. 붉은 여왕은 인지 능력이 낮아진 로미오를 헌 물건 취급하며 폐기처분하려 한다. 그러나 이러한 로봇 로미오의 모습은 하얀 여왕과 줄리엣의 계획이었다. 이 사실을 알게 된 붉은 여왕이 화를 내며 벌을 주려 한다. 이때 하얀 여왕은 자기 하고 싶은 대로 행동하면 누구도 붉은 여왕 곁에 있고 싶어 하지 않을 것이라고 말한다.

결말: 하얀 여왕의 말에 붉은 여왕은 자신의 잘못을 인정하게 된다. 하얀 여왕과 다른 사람들은 누구나 실수는 할 수 있다고 말하며, 이제부터 함께 지내자고 하며 화해한다.

(2013. 9. 11. 참여관찰 일지)

위의 참여관찰 일지에서 정리한 이야기의 구조를 살펴보면 발단-전개-절정-결말이라는 흐름이 공통적으로 나타나지만 이야기의 구성은 보다 치밀해졌다는 것을 알 수 있다. 특히 2분기에서는 붉은 여왕과 하얀 여왕이 보이는 갈등 외에도 '로봇 로미오와 인간 줄리엣의 만남'에 대한 '로미오 아버지의 반대'라는 애정의 욕구와 관련한 갈등이 나타난다. 또한 붉은 여왕이 자신의 잘못을 뉘우치게 된 결정적인 이유가 '누구도 붉은 여왕 곁에 있고 싶어 하지 않을 것'이라는 점을 고려할 때 붉은 여왕의 과거 행동 역시 애정의 욕구와 관련 있음을 알 수 있다. 이어 3분기에서는 1분기의 '왕따 이야기'와 2분기의 '이상한 나라에 간 로봇 로미오와 줄리엣 이야기'가 결합되었다.

각 분기에 참여자들이 만든 이야기의 주요 3요소와 사건의 인과관계는 아래의 일지와 같다.

아래의 일지에서 이야기의 공간적 배경은 학교, 이상한 나라, 지구의 감추어진 부분인 이상한 나라로 변화되고 있다. 또한 3분기 수업에서 이야기는 1분기와 2

	1분기	2분기	3분기
배경	학교	이상한 나라	이상한 나라, 지구의 감추어진 세계
사건	• 숙제 뺏기, 괴롭히기	• 이상한 나라로 떨어짐 • 붉은 여왕과 함께 있는 로미오를 하얀 여왕과 줄리엣이 구출함	• 언어에 대한 이해 부재로 갈등이 생김 • 이상한 나라로 떨어짐 • 어린 시절의 나쁜 경험 • 나라의 신성물(학)을 잡음
인물	• 만물박사 • 귀여운 아이 • 조용한 아이 • 나쁜 아이 • 수다쟁이 • 운동만 잘하는 아이	• 하얀 여왕- 착한 사람 • 붉은 여왕- 나쁜 사람 • 로미오-로봇 • 로미오 아버지-로봇 • 줄리엣-사람 -로미오는 로봇, 줄리엣은 사람으로 서로 다른 특성을 갖는 존재	• 하얀 여왕-착하지만, 남을 이해하는 데 한계가 있는 사람 • 붉은 여왕- 나쁘지만 고의로 나쁜 일을 한 것인지는 잘 드러나지 않음. 어린 시절 이상한 나라 주민들과 하얀 여왕에게서 상처를 받고 자람 • 신하-중재자 • 하나- 둘을 괴롭혔으나, 잘못을 뉘우침 • 둘-상대방이 이해 못하는 말로 자신의 의견을 말하여 자신의 의도와 반대되게 괴롭힘을 받음 • 셋- 중재자 • 주민 1, 2- 평범한 시민

(2013.10.16. 참여관찰 일지)

	1분기	2분기	3분기
사건의 인과 관계	• 선생님 몰래 괴롭힘 • 어떻게 해야 할지 생각함	• 로봇 로미오의 아버지가 줄리엣과의 교제를 반대함 • 붉은 여왕과 하얀 여왕의 갈등 • 주변 인물들의 질타와 붉은 여왕의 수긍	• 같은 지위에서 사회적 지지기반이 다름에 의한 갈등(여왕들) • 권력관계에 의한 갈등(여왕과 주민들) • 갈등의 이유: 드러나는 모습만 보고 상대를 판단하여 갈등이 생김(소통의 부재) • 이해를 위한 노력: 붉은 여왕의 어린시절 이야기를 듣고 공감함으로써 오해를 풀게 됨

(2013.10.16. 참여관찰 일지)

분기 이야기를 결합한 것이지만, 인물의 성격과 행동이 보다 구체화되어 나타나고 있다.

3분기에서는 둘과 하나라는 인물을 통해서 언어적 다양성에 의한 갈등과 공감을 통한 갈등의 해소가 나타난다. 또한 1분기에서는 결론이 드러나지 않지만 2분기는 주변의 상황에 의해 붉은 여왕의 행동 변화가 나타난다. 그러나 3분기에서는 '어린 시절 이야기'를 통해 붉은 여왕에 대한 이해의 실마리를 제공함으로써 붉은 여왕과 공감할 수 있는 단서를 제공하였다. 각 분기별로 변화된 사건의 인과관계를 살펴보면 위의 일지와 같다.

특히 3분기 수업에서 이야기의 인물들은 1분기나 2분기의 인물과 달리 나쁘다 혹은 착하다는 이분법으로 표현되지 않는 특성을 갖는다. 이와 함께 인물에 대한 판단은 대사를 통하여 상대방의 감추어진 부분 즉, 과거의 아픈 경험을 근거로 이루어지고 있다. 다시 말하자면 3분기에서 이야기의 결합은 단순한 내용의 결합에 머무르는 것이 아니다. 참여자들은 인물이 되어 봄으로써 인물의 경험에 공감하고 행동을 이해할 수 있었다. 즉, 타자와 상호 의사소통을 통하여 타당하면서도 이해할 수 있고 공감할 수 있는 창의적인 해결책을 제시한 것이다.

3) 연극하기 단계

연극하기는 각 분기 수업 과정의 결과이다. 또한 연극하기는 현실을 바탕으로 한 이야기, 혹은 기존의 이야기를 '이야기 살기'를 통해 새롭게 창작하고 이를 대본이라는 형식을 통해 기술하며, 실제 행위로써 표현하는 활동이다. 특히 대본은 일반적으로 한국어 학습자가 어려워하는 표정, 행동, 감정 등의 동사와 형용사까지 지문을 통해 제시하고 이를 몸으로 표현함으로써 체득할 수 있다는 장점이 있다.

초등학교 교실에서 진행한 1분기 연극하기는 자유로운 분위기(2013.6.28 참여관찰 일지) 속에서 이루어졌다. 1분기 수업에서 대본의 작성은 주로 교육연극 교사에 의해 작성되었다. 하지만 교사가 작성한 대본은 수업 중 참여자들과의 이야기 만들기 과정에서 나눈 대화를 바탕으로 한 것이었다. 또한 교사가 대본을 작성한 후에 참여자들은 교사가 작성한 내용을 다시 확인하였다.

교사는 1분기 대본의 글이 너무 길어지지 않도록 해설을 두 종류로 나누어서 기술하여 제시하였다. 모두 함께 하는 일반적인 행동인 경우에는 서술 형태로 제시하였다. 또한 개인별 행동의 경우는 대사처럼 앞에 별도로 해당 참여자의 이름과 행동을 따로 적어 주었다.

> 교사는 왼손으로 옷과 머리를 만지며 "옳지 S-9는 옷 옷하고 머리 다듬으면서 빨리 가! 옳지~ S-1은 S-3 보면서 이야기하면서~"(2013. 6. 28. 수업관찰기록)

연극하기를 위한 별도의 연습이 없었던 1분기에서는 위의 기록과 같이 대본에 제시한 참여자의 행동을 교사가 직접 말과 행동으로써 안내하며 연극이 진행되었다. 연극하기의 바탕이 되는 대본의 예시는 다음 페이지에 제시하였다.

예시자료에 나타난 바와 같이 1분기 연극은 어느 학교에서나 볼 수 있는 학교의 아침 등교시간과 수업 전 모습을 나타낸다. 대본에 제시된 많은 글들은 대부분 인물의 행동을 나타내는 것으로 실제 참여자가 역할 속에서 말해야 하는 대사의 분

장면 1

어느 월요일 아침 학교 가는 길이에요. 지금은 8시 20분, 거리에는 자동차 소리가 들리고, 아이들은 삼삼오오 학교에 가요.

즐거운 표정을 하고 있는 아이, 뭔가 심각한 표정을 짓고 있는 아이… 학교로 향하는 아이들의 모습은 모두 다양하지요.

- 행동 -

S-7: 무표정 그냥 지나감.

S-9: 옷과 머리 모양새를 다듬으며 간다.

S-1: S-3를 보며 무언가 끊임없이 얘기하며 간다.

S-3: 옆에서 계속 이야기하는 S-1의 이야기에 가끔 맞장구를 친다.

S-2: 책을 보며, 중얼거리며 간다.

S-10: 빠른 속도로 뛰어가서 사라진다.

장면 2

학교에 도착한 순서대로 선생님께 인사를 드린다. 그리고 자기 자리로 가서 숙제를 꺼내 선생님께 드린다. 아이들은 1인 1역으로 맡은 청소를 하고 있다. 그중 몇 명은 청소하기 싫다. 선생님이 잠시 회의를 다녀오신다고 한다. 선생님 퇴장.

S-3: 얘들아, 얘들아. 이리와! 이리와! 선생님 지금 가셨어. 잠깐 쉬고 하자.

S-10: (아이들에게 이리 오라는 듯이 손짓을 하며) 맞아, 맞아, 선생님 안 계셔. 우리 놀자.

(1분기 연극하기 사용 대본)

량은 비교적 적다는 특징이 있다.

대사는 전체적으로 현재 시제와 단문으로 구성하였다. 또한 '얘들아', '이리와', '맞아' 등과 같이 짧은 대사를 반복함으로써 상황에 따른 인물의 마음을 간결한 표현으로 나타낼 수 있도록 하였다. 대본 속 '선생님'의 역할은 교사가 직접 역할 내 인물이 되어 참여자들과 함께 활동하였다.

2분기 수업에서 연극하기는 대사 읽기와 동작에 대한 연습 후에 이루어졌다. 하지만 연극하기 당일 로미오 아버지 역할을 맡은 참여자의 부재로 교사가 역할을 대신하였다.

S-3의 대사가 끝나고 로미오 아버지의 대사를 교사가 한다. "아니~ 그게 생각할 일이야? (2013. 8. 2. 수업관찰기록)

그러나 2분기 수업에 사용된 대본을 살펴보면, 아래와 같이 연극의 배경은 일상생활을 벗어나고 있다. 따라서 교육연극활동을 하기 위해서는 '시간적 배경과 공간적 배경'(2013. 7. 26. 수업관찰기록)에 대한 별도의 고려가 필요했다는 것을 생각할 수 있다.

이상한 나라의 로미오와 줄리엣

때: 2200년
곳: 로봇을 아주 잘 만드는 어느 섬나라
등장인물: 로봇 로미오, 로봇 로미오 아버지, 사람 줄리엣, 하얀 여왕, 붉은 여왕

이야기가 시작되면 노래 소리가 난다. (바누와) 노래가 끝날 때에 맞춰 학생들은 무대에 줄을 맞춰 서고 노래가 끝나면 모두 손을 잡고 인사를 한다. 인사가 끝나면 바누와 노래를 한 번 더 부르며 해설만 남고 퇴장. 노래가 모두 끝나면 해설이 연극의 시작을 알린다.

(2분기 연극하기 사용 대본)

연극의 배경은 현재를 중심으로 과거와 미래의 시간과 공간에 대한 개념 학습 후에 참여자들의 의견에 따라 '미래'의 '어느 섬나라'로 설정되었다. 또한 해설에서 나타난 바와 같이 2분기의 연극하기에서는 '노래'가 사용되었다. 2분기 수업을 통해서 만든 대본은 참여자의 한국어 능력이 향상됨에 따라 1분기의 대본에 비해 문장이 길다는 특징이 있다.

장면 1
로미오와 줄리엣이 왼쪽에서 손을 잡고 뛰어온다. 로미오 아버지가 뒤쫓아 오는 소리가 들리지만 아직 모습은 보이지 않는다.

로미오 아버지: *(화난 목소리)* 로미오! **당장 돌아와!**

로미오는 아버지의 목소리가 들리자 잠시 멈칫하다가 줄리엣을 보며 이야기한다.

로미오: (다급한 목소리로) 줄리엣, 큰일났어요. 아버지가 쫓아오고 있어요.

줄리엣: (나무 옆에 있는 큰 구멍을 가리키며) 아! 저기 큰 구멍이 있어요. 우리 저기에 숨어요.

(2분기 연극하기 사용 대본)

위의 내용에서 이태리체의 글씨는 참여자가 직접 작성한 것을 교사가 정리한 것이고, 굵은 글씨는 참여자의 활동 모습을 확인하여 발음을 어려워하거나 이해하기 어려워하는 단어를 표시한 것이다.

3분기 수업은 11월 1일에 예정된 개교기념행사에서 연극공연할 것을 계획하였다. 그러나 개교기념행사에서는 '연극하기'를 할 수 있는 시간이 주어지지 않았다. 하지만 'ㅎ'학교 초등교사들의 도움으로 11월 27일 초등학교 학습자들과 교사들을 관객으로 한 '연극하기'가 진행되었다.

장소: 'ㅎ'학교에서 시작해서 이상한 나라로 장소가 바뀐다.

때: 어느 월요일 오후에 시작한다.

나오는 사람: 하나, 둘, 셋, 붉은 여왕, 하얀 여왕, 신성한 새, 주민1, 주민2, 늙은 신하

필요한 소품: 책가방, 커다란 선인장, 쓰레기, 쓰레기봉투, 쓰레기 수거용 집게, 새장, 나무, 태양 3개

장면 1

학교가 끝나는 종소리가 나고∨∨∨∨∨∨ 아이들이 집에 돌아가는 소리가 들리면 셋이 둘을 위로하며 걸어 나온다.10초

셋: (둘의 등을 토닥이며)걱정 마. 이제 다른 애들도 하나가 자꾸 너 괴롭히는 거 알았으니까. 이제 괴롭히지 않을 거야.

둘: (힘없는 목소리로)그래. 하지만 이제 다들 내가 괴롭힘 당해도 아무 말 못하고 그냥 당하는 애라고 생각하겠지?

셋: (둘의 팔을 잡아 세우며)무슨 얘기야? 그런 게 어디 있어? 오히려 니가 그렇게 힘들어한 걸 우리가 *이제야* 눈치채서 미안하지!

뒤쪽에서 하나가 둘과 셋을 향해 소리치며 쫓아온다.∨∨∨

하나: (큰 소리로) 야! 너희들 거기 서!

둘과 셋은 하나가 쫓아오는 것을 보고는 도망가다가∨∨∨∨(제주 '원천강본풀이'를 배경으로 한 애니메이션 '오늘이' 관련 음악) 구멍으로 비명을 지르며 떨어진다. 하나는 씩씩거리며 구멍 앞까지 쫓아 왔다.

(3분기 연극하기 사용 대본)

위의 대본에서 보이는 밑줄은 참여자가 연습과정에서 잊거나 누락하는 모습이 나타나는 것을 유의할 부분으로 판단하여 표시한 것이다. 이태리체의 글씨는 참여자가 작성한 글을 의미하며 이태리체와 밑줄이 함께 있는 것은 참여자가 말한 표현으로 대사를 바꾼 것이다. 또한 대본에는 1, 2분기에서 사용되지 않았던 V표지를 사용하였는데, 언어적 혹은 행위적 의사소통에서 휴지를 나타낸다.

3분기 '연극하기'에서는 여러 교과와 관련하여 수업이 이루어졌다. 교육연극 수업 참여자의 측면에서 대본 만들기는 이야기가 발생하는 시간적 · 공간적 배경을 고려해야 하므로 과학과와 사회과의 개념 학습이 필요했다. 무대 소품과 노래를 만

활동	내용	교과 관련 사항
대본 작성	교사와 참여자, 참여자 간의 의견교환을 통하여 만든 이야기를 대본으로 작성하여 제시한다.	국어 7단원. 즐거운 문학 사회 2단원. 세계 여러 지역의 자원과 문화 과학 1단원. 날씨의 변화
노래와 대사 및 챈트 녹음	교과서 제시 음악을 화음에 맞게 부르기, 연극의 장면에 어울리는 음악 고르기	음악 3단원. 세계와 함께 음악 5단원. 장구와 함께 춤을: 이야기 음악
무대의상과 메이크업, 소품 준비	역할에 어울리는 의상 준비와 배경 및 소품 제작	미술 9단원. 나도 디자이너
배경 꾸미기	참여자들이 배경을 꾸밀 수 있도록 준비	미술 9단원. 나도 디자이너
대사와 행동의 호응	대사에 어울리는 행동하기	체육 1단원. 느낌 따라 표현이 솔솔
연극하기	용기를 내어 무대에 오르기	도덕 6단원. 용기, 내 안의 위대한 힘

(2013. 11. 27. 참여관찰 일지)

드는 동안 참여자들은 이야기의 내용을 보다 구체적으로 생각하게 되었다. 공연을 위한 연극하기에서 교과교육과 관련한 요소는 앞페이지에 제시한 일지를 통해 확인할 수 있다.

연극공연을 위해서는 관객이 연극의 배경을 이해할 수 있도록 무대소품이 필요했다. 음악과 노래 등의 사용은 참여자들의 마음을 노래와 음악이라는 형식을 빌어 표현한 것이었다. 그러나 음악과 노래의 사용은 참여자의 심정을 표현할 뿐만 아니라 관객의 지루함을 없애고 흥을 북돋는 데도 주요하게 작용하였다. 또한 무대 위에서 하는 연극 활동을 통하여 참여자들은 '용기'라는 도덕적 가치를 실천적으로 학습할 수 있었다.

3. 교육연극 수업의 평가

수업에 대한 평가는 교사 참여자들과 학생 참여자들에 의해 이루어졌으며 그 결과는 교사의 성찰과 함께 다음 수업에 반영되었다. 교육연극 수업에 대한 평가는 이야기의 현실 반영성, 의사소통의 측면, 협동학습의 측면에서 이루어졌다. 수업 활동에 참여자들의 현실 모습이 반영되었는지, 제시된 내용을 참여자들이 잘 이해하고 있는지, 참여자의 태도는 어떠한지를 중심으로 살펴보았다.

참여자들이 맡은 역할은 실제 참여자들의 성격과 유사한 것으로 나타났다. 이와 관련하여 T-3는 다음과 같이 말하였다.

> T-3 교사와 아이들의 역할에 대해서도 이야기를 했는데, "어? 걔 성격이랑 똑같네."라는 말씀을 하셨다.(2013. 5. 24. 수업 후 T-3 교사와의 대화)

위의 대화를 통해 학교를 배경으로 한 연극에서 참여자 개인이 맡은 배역은 일상적인 모습에서 인식되는 참여자들의 성격과 같다는 것을 알 수 있다. 그뿐만 아니라 참여자들이 교육연극활동 내에서 보여준 모습 또한 일상의 모습과 같다는 사실은 아래의 일지를 통해서 알 수 있다.

"그럼 수업시간에도 우리 연극 시간이랑 똑같은 거야?"하고 묻자, "사실 다 똑같아요."(2013. 6. 28. 참여관찰 일지)

"야, 이제 마무리하자~" 저는 교사니까 "세상은 긍정적인 거야~" 그렇게 마무리를 짓고 싶었어요. 솔직히 …(중략)… S-1이 마지막에 "선생님 그런데요, 마지막을 좀 바꾸면 안돼요? 그래요 …(중략)… 이건 좀 영화 같긴 한네요~ 그 왕따 당한 애가요~ 그냥 다른 학교로 전학가면 안 돼요?" 그러더라구요. …(중략)… /// S-1이 현실 같아요. S-1가 생각하는 게 더 현실 같아요.(2013. 7. 29. T-2와의 대화)

위에 제시한 대화는 교육연극 교사가 1분기 수업에서 있었던 상황을 T-2에게 이야기한 내용이다. 교육연극 교사는 '긍정'의 메시지로써 연극을 마무리하고자 하는 의도를 나타냈지만, S-1에 의해 거부당했다. S-1은 교사가 제시한 결말에 대한 대안으로 '영화 같지만'이라는 단서와 함께 '전학'을 제시하였다. 이러한 상황에 대해 T-2는 S-1의 의견이 보다 현실에 가깝다고 말하였다. 즉, 참여자들이 생각하고 만든 이야기는 그들이 보고, 듣고 경험한 모습을 잘 반영하고 있다는 것이다. 1분기 연극의 결말은 S-1의 의견과 이에 수긍하지 않은 다른 참여자들의 의견을 모두 받아들여 열린 결말로 제시하였다.

교육연극활동이 참여자들의 현재 모습을 반영한 것과 별도로 참여자들이 수업과 연극의 내용을 이해하고 있는지에 대한 고려가 필요했다. 참여자의 언어 능력을 고려하여 수업을 진행하고자 했던 교사의 의도에 맞게 제한된 한국어 능력을 갖는 참여자도 교육연극 수업의 과정을 이해하고 있을까? 이러한 교사의 고민은 아래 제시된 참여관찰 일지의 성찰 부분에 나타난다.

하지만 한국어를 잘 못하는 S-6이 그것을 잘 이해하고 있는지 모르겠다.(2013. 7. 26. 참여관찰 일지)

위의 일지에서 교사는 참여자의 수업 이해와 관련하여 특히 S-6에 대해 고민하고 있다. 또한 아래 T-2와의 대화에서는 참여자들이 이야기한 연극의 내용을 대본이라는 텍스트를 통해 제시한 것에 대한 교사의 고민이 나타난다.

> 교사: 선생님, 오늘 아이들이 그린 그림인데 한번 봐 주시겠어요? 대본을 만들 때, 어떤 이야기를 만들까? 아이들이랑 금요일부터 화요일까지? 쭉~ 이야기를 하고 나서, 그걸 제가 대본으로 만들거든요. 원래는 아이들이 대본도 만들고 그래야 하는데, 시간이 없어 가지구~ 그래서 제가 어제까지 대본을 만들었거든요.
>
> T-2: 네… (대본을 보며)근데 이렇게 글이 많아서 애들이 이해를 잘 했을까? …(중략)… 거의 잘 이해를 하지 못했을 거 같다는 생각이 들어요.
>
> 교사: 그래서, 그런(한국어 능력이 제한된) 점들 때문에 제가 아이들한테 이걸(그리기) 제시한 거예요.
>
> T-2: 그림 그리기를?
>
> 교사: 그렇죠. 우리가 이야기를 만들 때, 그냥 말로만 한 게 아니라 이야기 상황에 맞는 동작을 함께 해 보면서 이야기를 만들었거든요. 그래서 아이들이 이야기가 어떻게 어떻게 이어진다 하는 걸 인지하고 있다고 생각해요. 하지만, 제 3자의 눈으로는 아닐 수가 있잖아요. 그래서 그 점에 대해서 선생님의 검증을 받고, 아이들이 이해를 한 것인지에 대해서 말씀 듣고 싶거든요.(2013. 7. 29. T-2와의 대화)

위의 대화에서는 S-6의 수업 이해도에 대한 교사의 걱정에 대해 T-2 역시 우려하고 있음이 나타난다. 특히 T-2가 대본에 '글이 많음'을 지적하며 참여자의 이해 가능성에 대해 부정적으로 평가하고 있다는 것을 확인할 수 있다. '글이 많은 대본'에 대한 걱정은 T-3에게서도 나타났다.

수업이 끝난 후 비디오를 정리할 때, T-3이 오셨다. 나는 T-3에게 대본을 보여 드렸다. 하지만 T-3은 "너무 어려워요"라고 말씀하셨다. …(중략)… "2일 날, 마지막 날에 연극 마지막으로 하는데, 보러 와 주세요." 하고 말씀드렸다. …(중략)… 오히려 아이들이 열심히 한 것을 선생님들이 보시고 격려해 주신다면 S-1이나 다른 아이들이 더 자랑스럽게 생각하지 않을까?(2013. 7. 30. 참여관찰 일지)

위의 일지를 통해 대본에 대한 T-2의 우려는 일반적인 것으로 판단된다. 그러나 T-2는 참여자들과 교사가 함께 작성한 자료들을 살펴보고, 교사를 통해 몇 가지 사실을 확인하고는 생각이 바뀌게 되었다. 교사가 제시한 자료는 활동을 통해 작성된 대본과 S-6가 그린 그림이었다.

〈S-6가 그림으로 표현한 이상한 나라의 로봇 로미오와 줄리엣 이야기〉

S-6는 교육연극 수업을 통해 함께 만든 이야기의 내용을 위의 그림과 같이 표현함으로써 내용에 대한 이해 여부를 나타내었다. 상단 좌측의 작은 컷 3개는 지상의 모습을 나타낸 것이다.

상단 좌측 첫 번째 컷은 연극의 도입부로 로봇 로미오와 줄리엣과 멀리서 이들을 발견한 로봇 로미오 아버지의 모습이다. 상단 좌측 두 번째 컷은 로봇 로미오와 줄리엣이 앨리스가 나무 구멍 속으로 떨어진 것과 같이 아버지를 피해 달려가다가 나무 구멍 속으로 떨어지는 내용을 나타낸다. 다음 상단 좌측 세 번째 컷은 로미오의 아버지가 로미오와 줄리엣을 따라 가다가 역시 나무 구멍 속으로 떨어지는 내용을 표현하였다.

그림의 하단부는 이상한 나라를 나타낸 것으로 나무 구멍과 연결되어 있는 세계이다. 이곳은 땅 속이지만 지상의 세계와 마찬가지로 해와 나무와 동물 등이 존재한다. 그러나 안경 쓴 나무나 두 발로 서 있는 동물 등은 모두 이곳이 지상의 세계와 다르다는 것을 나타내고 있다. 나무 구멍과 연결된 부분의 좌측에는 로미오가 누워 있고 우측에는 줄리엣이 하얀 여왕에게 구조되고 있는 모습을 나타내었다.

T-2: 음… 애들이 이해할 수 있겠다는 생각이 드는데요? 생각보다 어렵지 않을 것 같아요. 쏙쏙 들어오는 대본인데요? …(중략)… 딱 이 아이들 수준에 맞는 것 같아요. 우리가 알고 있던 로미오와 줄리엣이 아니라 여기 뭐, 붉은 여왕도 나오고, 하얀 여왕이 나오는… 선과 악이잖아요~ 그래서 애들이 이해가 쉬울 것 같아요. 그리고 이상한 나라가 나오니까 애들이 더 흥미 있게 할 것 같아요. 뭐, 어려운 옛날 로미오와 줄리엣이 아니라… 재미… 유머? 유머가 아니라 선과 악이라는 가장 기본적인, 누구에게나 있는 선과 악이라는 것을 갖고 와서 하는 거기 때문에 아이들이 받아들이기가 좀 쉬운 것 같다는 생각이 들어요. 저는 딱 처음 봤을 때 어려울 것 같았는데, 여기(대본)에 행동도 이렇게 들어가 있고, 이미 애들이 행동으로 해봐서 몸이 기억하니까~ 대본, 이야기가 괜찮은 것 같아요. 어렵지 않을 것 같아요. (2013. 7. 29. T-2와의 대화)

T-2의 변화된 평가는 참여자 중에서도 특히 제한된 한국어 능력을 갖는 S-6의 그림을 확인한 후 이루어진 것이라는 점에서 의의가 있다. 이렇게 참여자의 특성을 반영한 교육연극활동에 대해 참여자들의 수업 태도는 평소와 다른 모습을 보이는 것으로 확인되었다. T-2는 1분기 마지막 수업에 대한 동영상 자료를 시청한 후 참여자들의 활동에서 평소보다 좋은 모습이 보인다는 평을 하였다. 1분기 마지막 수업에서 연극활동에 참여를 거부한 S-10은 S-2를 비롯한 동료 참여자들에 의해 교실로 돌아오게 되었다. 연극하기에 참여하게 된 S-10은 아무것도 하지 않은 채 자리에 앉아 있었다. 그러나 이에 대한 T-2의 평가는 다음과 같다.

S-10은 수업할 때 보다 조금 활기가 더 있는 것 같았어요. 수업할 때 모습이 그런 모습은 아닌 것 같아요. 엎드려 있지도 않고, 손을 물어뜯지도 않고… (네, 그런 모습은 못 봤어요). 네, 손을 막 뜯는다거나 그런 행동이 자주, 자주 뭐라고 해야 하나… 그래도 저렇게 바르게 앉아 있고, 몰입해 있는 모습… 저는 잘 참여하고 있다고 느껴져요. 나름대로 자기는 집중해서 (연극) 흐름을 잘 파악하면서 참여하고 있는 것 같아요. 그런데 S-2 같은 경우에도 그 동안의 모습하고 되게 다른 것 같아요. 굉장히 활기차고 즐거워하는 모습이에요. … 자기가 다른 데서는 말하지 못했던 거 그런 거를 말하고 하니까 자존감이 조금 올라가 있는 것 같아요. S-1은 조금 비슷한 것 같기도 하고, S-3도 비슷한 것 같고, 특히 S-10은 평소 태도에 비해서 참 좋아요.(2013.7.22. T-2 교사 평가)

위에서 나타난 바와 같이 T-2는 S-10의 이러한 모습이 평소와 달리 '몰입해 있는 모습'이라고 평가하였다. 또한 S-2의 '활기찬 모습' 역시 평소와 다른 모습임을 말한다.

S-10의 '몰입해 있는 모습', S-2의 '활기찬 모습'은 교육연극 수업에 대한 참여자들의 흥미가 행위로 나타난 것이다. 즉, 이들의 모습은 자신의 관심사와 합치하는 활동에 대해 평소의 모습과 다르게 자기주도적인 참여를 하고 있다고 말할 수 있다. 이와 같이 교육연극 수업에 참여한 참여자들의 변화가 긍정적인 것이었다는 것은 아래의 대화를 통해서도 알 수 있다.

"저, 선생님 하시는 거요~ 혹시 그걸루 여기에서 강의해 주실 수 있나요? …(중략)… 애들이 연극하는 거 굉장히 좋아하구…"(2013. 10. 22. T-4와의 대화)

참여자들에게서 나타난 긍정적인 모습은 교사에게 예기치 않은 제안으로 이어졌다. 위의 T-4는 S-7의 담임교사이다. T-4는 교육연극 수업에 대한 강의제안의 이유에 대해 평소 자신의 감정이나 생각에 대한 표현이 거의 없는 S-7이 교육연극 수업을 좋아하는 모습을 나타냈기 때문이라고 하였다.

참여자들의 적극적인 모습은 3분기 수업에서 연극공연이 끝나고 더욱 커진 것으로 확인되었다. 3분기 수업에서는 연극하기를 모두 마친 후에 참여자들과 간단한 과자파티를 하며 참여자들의 의견을 묻는 형식의 일종의 자기 평가를 하였다. 이는 3분기 수업의 경우 연극하기의 형식성과 규칙성이 가장 높았기에 참여자들의 직접 평가가 중요하다고 판단되었기 때문이다. 3분기 수업에 대한 참여자들의 의견은 아래와 같다.

> 교사: …(중략)… 다음에 할 땐 이렇게 이렇게 했으면 좋겠어요~하는 점은 뭐가 있을까?
>
> S-5: 원래는 원래는 이렇게, 이렇게 어… 그… 대본을 보고 읽으면서 행동을 했으면 좋겠어요.
>
> …(중략)…
>
> S-4: 음… 고칠 거 없는데?
>
> 교사: 음… 그럼 고친다기보다는 좀 더 많이 했으면 좋겠어요… 하는 거… 좀 안 했으면 좋겠어요…하는 거.
>
> S-4: 음… 그냥 다 좋아요.
>
> 교사: 음… 그런데 S-4야, S-4가 그냥 다 좋아요 하는 건 선생님을 도와주는 게 아니에요.
>
> S-4: 어… 근데 진짜 그냥 다 좋은 거 같은데.
>
> …(중략)…
>
> S-2: 선생님, 선생님 S-6 다 그렸어요. S-6은 천에다 그림을 아니 종이에다 그림을 그렸으면 좋겠대요. 그 천(스카프) 말고. 그리고 배경도 종이에다 더 많이 그리고 그랬으면 좋겠대요.
>
> …(중략)…
>
> 교사: 우리 연극하면서 여러 작업을 했는데, 어떤 친구가 도움이 많이 되었나?

…(중략)…

교사: 그림 그릴 때는?

S-2: S-3, S-6, S-1, S-4요. (2013. 12. 4. 그룹 면담)

위의 면담에서 S-5는 동작에 대한 연습과 관련하여, S-6은 그림 활동 시간과 관련하여 더 많은 시간을 할애해 줄 것을 개선점으로 말하고 있다. 특히 S-5는 '대본을 보고 읽으면서 행동'하는 것에 대해 요구함으로써 연극적 행위에 대한 형식성 혹은 규칙성에 대한 필요성을 제기하였다. 즉, S-5는 연극공연이라는 경험을 통해 보다 잘 하고 싶은 마음이 생겼고, 이는 형식이라는 규칙을 알고 따르려는 자율성이 증가하였다고 할 수 있다.

한편, 그리기 활동 중 S-4에게 일방적으로 화를 낸 S-2는 연극 활동에 '도움이 많이 된' 친구로 S-4를 포함하여 말함으로써 연극 활동을 통해 긍정적인 인간관계가 형성된 것으로 볼 수 있다. 이와 함께 연극공연에 대한 T-3의 평가는 다음과 같다.

학생들의 실생활 속에서 있기도 한 서로 간의 오해, 또는 왕따 문제를 잘 녹였습니다. …(중략)… 주제 자체는 학생들이 많은 부분 공감하는 부분이며, 많은 생각을 할 수 있게 해 주었습니다. 하지만 시간의(주 1회) 부족이 아쉽습니다. …(중략)… 무대 환경(음향, 조명 등)의 문제로 관람자들이 연극 대사를 듣는 것이 어려웠습니다. 또한 학생들의 발음이 부정확한 것까지 더해져 어려웠던 것 같습니다. 그래도 학생들이 순박하게 끝까지 연극을 공연하는 모습이 참 의미가 있었습니다. 또, 연극을 통해 자신을 표현하고 무언가 할 수 있다는 자신감도 심어줄 수 있었습니다. (2013. 12. 11. 공연 2주 후 T-3의 공연 평가)

위의 평가에서 T-3은 특히 주 1회 수업 시간에 대해 많은 아쉬움을 나타내고 있다. 또한 참여자들의 목소리가 관람자들에게 잘 들리지 않았다고 말한다. 이는 연극에 참여한 학습자들의 목소리가 관객으로 참여한 학습자나 교사에게 전달되지 않음으로써 이해하기 어려웠고 따라서 연극에 대한 공감이 적절하게 이루어지지 않았다는 것을 나타낸다. 그러나 주제의 선택과 참여자들에게 자신감을 준 점에 대해서는 긍정적인 평가를 하였다.

이와 같은 평가를 종합해 보면 'ㅎ'학교에서 이루어진 교육연극 수업은 참여자들의 현재 모습을 잘 반영하였고, 참여자들은 이 수업에 대해 집중하고 있다. 한국어 교육의 측면에서는 글의 양이 많고 어려울 것이라는 예상과 달리 제한된 언어 능력을 갖는 학습자도 '잘 이해하는' 수업이었다. 더욱이 무대 공연이라는 경험을 통해 학습자들은 연극활동에 자신감을 갖게 되었을 뿐만 아니라 적극적으로 하고 싶은 내용을 말할 수 있게 되었다. 연극의 내용적 측면에서는 주변에서 쉽게 접할 수 있는 주제를 잘 녹여내었다는 평을 받았다.

즉, 교육연극 참여자들은 자발성과 적극성이 증가하고, 갈등에 대한 협력적 의사소통을 통해 문제를 해결해 나감으로써 긍정적 인간관계가 형성되었다. 이와 함께 연극공연을 준비하면서 일정부분 자율적으로 활동하는 변화가 나타났다. 하지만 연극공연 후에 참여자들은 보다 만족스러운 결과를 위하여 새로운 규칙에 대한 필요성을 제기하기도 하였다.

그러나 관객과의 소통에 있어서 녹음과 편집 및 참여자들의 발음 등은 개선해야 될 점으로 지적되었다. 또한 각 분기별 참여자 혹은 학습자 중에서 다음 분기에 참여하지 않았거나, 중간에 그만 둔 학습자들은 'ㅎ'학교의 교육연극 수업을 흥미롭게 생각하지 않고 있다는 것을 나타낸다고 볼 수 있다.

4. 장의 정리

본 장에서는 'ㅎ'학교에서 방과 후 수업 프로그램의 하나로 시행한 교육연극이라는 교육활동에 따른 참여자들의 변화에 대해 살펴보았다. 교육활동은 계획-실행-반영-관찰이라는 일련의 순환적 과정 속에 이루어진다. 교육연극 또한 이러한 과정을 통해서 진행하였다.

교육연극활동을 하기 위해서는 수업의 계획이 이루어지는 준비 단계와 교육연극 프로그램에 대한 전체 구상이 필요하다. 수업을 위한 계획단계에서는 현장방문과 한국어 교육과정 및 한국어 교과서에 해당하는 〈표준한국어〉를 살펴봄으로써 학습자의 특성을 알고자 하였다. 이와 함께 교육연극 수업은 크게 오리엔테이션 단계, 이야기 단계, 연극하기 단계로 구상하여 제시하였다.

교육연극 수업을 수강한 참여자의 변화를 단계별로 정리하면 다음과 같다. 오리엔테이션 단계에서는 교사가 제시하는 수업에서 참여자가 원하는 수업을 제시하는 방향으로 변화하였다. 또한 참여자의 모습에 대한 관찰과 교사의 성찰에 의해 참여자의 요구를 반영한 안내가 이루어졌다. 이 과정에서는 자발적 참여자의 수가 증가하였다는 특징이 나타났다.

이야기 단계에서는 참여자들이 만들고 싶은 연극을 만들기 위해 이야기의 내용과 방향을 설정하는 이야기 알기와 기존의 이야기를 바탕으로 새롭게 이야기를 끌어가는 이야기 만들기 활동이 이루어졌다. 각 단계의 수업이 진행됨에 따라 참여자들이 생각하는 이야기는 실제의 경험과 관련하여 변형되고 조정되었다. 특히 이야기 단계에서 참여자들은 활동이 지속됨에 따라서 이야기 속 인물이 겪는 다양한 수준의 갈등에 대해 협력적 의사소통을 통하여 이해하고 공감함으로써 창의적으로 문제를 해결하게 되었다.

연극하기 단계는 교실 내 연극으로부터 'ㅎ'학교 초등학년 구성원들이 모두 참여하는 형식성을 갖춘 연극공연으로 발전하였다. 이 과정에서 참여자들은 한국어뿐만이 아니라 음악, 미술, 과학, 사회 등의 교과교육 요소를 함께 공부하고 적용하였다.

교육연극 수업에 대한 평가 결과, 참여자들과 참여 교사의 평가는 대체로 긍정적인 것으로 나타났다. 참여자들은 교육연극 수업을 통해 자기주도성, 긍정적 인간관계, 자율성이라는 협동학습의 목표요소가 발현되었다. 그러나 연극공연을 위해서는 더욱 많은 연습과 녹음의 질이 보장되어야 한다는 형식적 측면에 대한 개선 요구가 함께 나타났다.

참여자들은 교육연극 수업을 통해서 왕따와 관련한 생리 · 안전의 욕구, 로봇 로미오와 줄리엣의 애정의 욕구, 붉은 여왕의 행위에 대한 공감의 욕구가 충족되지

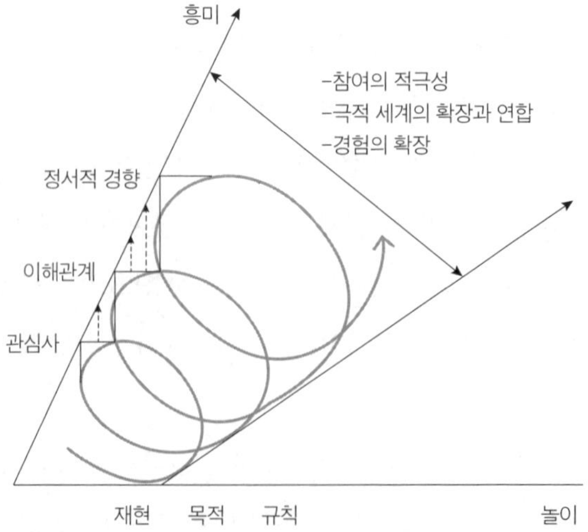

[그림 5-1] 교육연극 수업에 따른 참여자들의 갈등해결 학습과정

않음에 갈등의 원인이 있음을 생각하였다. 이와 함께 다양한 갈등에 대해 '어떻게 할까'하는 고민으로부터 주변의 '분위기에 따른' 화해로, 이어 상대의 입장에 공감함으로써 해결하는 경험을 하였다. 즉, 참여자들은 교육연극 수업을 통해 갈등의 원인을 알고 이에 대한 해결 방법을 모색하는 과정을 통해 경험이 확대되었다. 교육연극 활동에서 특히 연극공연은 참여자들뿐만 아니라 'ㅎ'학교 초등학교 구성원 모두가 연극하기를 공유하게 된 계기가 되었다. 교육연극 수업에 따른 참여자들의 변화를 나타내면 [그림 5-1]과 같다.

[그림 5-1]에서 참여자들의 흥미가 놀이로 발현된 모습은 참여관찰을 통해 나타났다. 가로 방향의 선은 이야기 속 갈등을 의미함과 동시에 개인의 욕구와 관련된다. 세로 방향의 점선은 갈등의 조정과 욕구의 충족 및 발전을 나타낸다. 또한 나선형은 각 단계 이전의 경험으로부터 이어지는 공통된 경험이 현재의 경험과 결합하여 작용하였다는 것을 나타낸다. 참여자들은 연극 활동에서 적극적으로 참여하게 되었고, 현재의 모습에서 극적 이야기로 사고를 확장하였다. 이를 통하여 참여자들은 교육연극활동에서 참여의 적극성이 높아졌으며, 이후의 활동이 보다 발전적으로 이루어지기를 기대하였다.

특히 세로 방향의 점선이 나타내는 갈등의 조정은 극중 인물이 겪는 사건에 대해 문제를 제기하고, 인물이 처한 상황을 이해하며, 인물의 말과 행동에 공감함으로써 발전적으로 이루어졌다. 또한 참여자의 교육연극활동에 대한 욕구는 교사의 인식과 반성적 성찰 및 교육연극활동에 대한 지원 등을 통해서 충족될 수 있었다.

교육연극 수업에서 나타난 학습자들의 모습은 갈등해결을 위한 수습이라는 의미를 나타낸다. 참여자들은 교육연극 수업이라는 장면에서 개인의 역할을 부여받고, 연극의 내용과 방향을 조정하기 위해 함께 이야기를 함으로써 연극하기라는 공동목표를 달성하였다. 즉, 교육연극활동에서 참여자들은 존슨과 존슨(Johnson & Johnson, 2002)이 제시한 공동의 과제, 상호대면활동, 사회적 기술, 개별과제, 모둠화 과정을 수행하였다. 이상의 결과를 통해 보았을 때, 교육연극을 활동은 다문화학교에서 교육적 방법으로서 다음과 같은 의의를 갖는다.

첫째, 교육연극은 'ㅎ'학교 학습자들에게 유인성이 높은 활동이다. 참여자들은 교육연극이 무엇인지에 대한 인식이 부재한 상태에서 참여를 시작하였지만, 분기가 지남에 따라 자발적 참여자의 수가 증가하였다. 자발적 참여자의 수가 증가한 것은 교육연극이 참여자들이 요구하는 연극의 내용과 그것을 표현하고자 하는 방법상의 요구를 수용할 수 있다는 장점 때문으로 파악되었다.

둘째, 교육연극은 'ㅎ'학교 학습자들에게 교과 통합을 통하여 교과교육시간을 심화 · 보충할 수 있는 창의적 체험활동으로서의 의의가 있다. 'ㅎ'학교에서 시행한 교육연극활동은 연극의 종합성으로 인하여 사회, 과학, 국어, 미술, 음악, 도덕과 같은 교과학습을 포함하였다. 참여자들은 수업시간을 통하여 배운 교과 지식을 연극적 상상력과 결합하여 이야기 속 상황을 보다 구체화하여 생각하고 표현할 수 있었다. 특히 역할극이 단시간에 하나의 교육목적을 달성하는 것을 목표로 하는 반면, 교육연극은 S-1, S-3, S-6에서와 같이 통합적인 교육목표를 지속적인 활동을 통해 수행함으로써 개인의 자율성을 보장하고 연속적인 성장을 추구할 수 있다. 더욱이 배역이라는 개별 역할의 부여를 통해 참여자들은 자신의 역할에 자부심과 책임의식을 갖는다. 학습자들은 연극하기 과정을 함께함으로써 공동체 의식을 함양할 수 있었다.

셋째, 교육연극은 'ㅎ'학교 학습자들에게 특성화 과목 시간을 심화 · 보충할 수 있는 활동이다. 교육연극의 이야기하기 과정은 이야기살기 과정을 포함하며, 이때 인물과 인물이 생활하는 주요 배경에 따른 새로운 문화에 대한 이해가 요구된다. 따라서 이야기하기 단계에서 나타나듯이 타문화와 그 지역의 환경에 대한 학습이 함께 이루어졌다. 이러한 측면에서 교육연극은 다문화학교에서 요구하는 다문화교육과 한국어 교육이라는 특성화 과목 시간을 심화 · 보충할 수 있는 활동이다. 또한 학습자들은 활동을 꾸준히 진행함으로써 여러 인물에 대한 공감과 낯선 문화에 대한 이해를 통하여 자신의 정체성을 드러내고, 동료가 말하는 가치관을 통해 사회적 정체성을 확인하는 과정을 경험하였고 이를 통하여 타자와 타문화에 대해 개방적 태도를 가질 수 있었다.

넷째, 교육연극은 'ㅎ'학교 학습자들에게 교육적 평등을 실현할 수 있는 교육방법이다. 교육연극은 개인의 특성에 따라 역할을 선택하고 그에 맞는 행위를 탐구한다. 또한 각 역할이 하는 행위의 당위성을 탐색하는 과정에서 끊임없이 교사와 참여자, 참여자 간의 대화와 이를 통한 반성적 사고가 요구된다. 이 과정에서 교사는 참여자의 특성과 요구를 인식할 수 있으며 이를 교육적 차원에서 지원함으로써 교육적 평등을 이룰 수 있다.

그러나 교육연극이 갖는 긍정성과 이에 따른 참여자들의 변화가 모든 참여자에게서 같은 수준으로 발현된 것은 아니다. 참여자들의 긍정적인 모습은 교육연극 수업 참여의 자발성 여부, 참여 기간, 참여의 직접성 여부에 따라 다르게 나타났다.

다음 장에서는 교육연극 수업에서 나타난 참여자의 다양한 모습을 살펴보고, 이를 각 분기별 특징에 따라 재구성하도록 하겠다. 또한 이때 확인할 수 있는 참여자들의 모습을 교육적 평등의 측면에서 해석하도록 할 것이다.

이와 별도로 방과 후 수업은 학습자의 신청에 의해 이루어지고, 학습자가 수업에 참여하기 전까지는 참여 여부를 확정할 수 없다는 이유로 인하여 'ㅎ'학교 교육연극 수업은 학습 대상을 미리 예상할 수 없다는 특징이 있었다. 이러한 모습은 매년 새로운 신입생을 모집하기 때문에 학습자의 특성을 예상하기 힘들다는 'ㅎ'학교의 모습과도 유사하다. 또한 매년 새로운 특징을 갖는 초국적 이주 배경의 다문화가정 자녀의 유입에 대한 우리 교육의 특징과도 관련될 것으로 판단된다.

VI

협동학습에 참여한 학습자 경험의 의미

교육연극 수업은 총 3단계로 구성하였다. 또한 교육연극 수업의 최종 결과물이자 목표라 할 수 있는 연극하기의 모습은 각각의 분기에 따라서 변형되었다. 그러나 참여자들은 교육연극반이라는 수업을 통해 함께 모여 활동했으며, 이 과정을 통해 갈등을 인식하고, 조정하며 연극하기라는 공동의 목표를 달성할 수 있었다. 또한 연극하기 단계를 통해서 참여자들과 'ㅎ'학교 초등학년 구성원들은 연극이라는 공통된 경험을 갖게 되었다.

이러한 측면에서 협동학습은 갈등해결을 위한 수습(修習)으로서의 의미를 갖는다. 특히 참여자들은 교육연극활동을 통해서 자기주도성, 긍정적 인간관계, 자율성이라는 협동학습의 목표요소와 관련하여 유의한 변화를 경험하였다.

그러나 앞서 기술한 바와 같이 모든 학습자가 긍정적인 변화를 한 것은 아니었다. 이러한 모습은 다양성에 대한 평등성의 부여라는 다원주의적 가치와 학습자의 잠재력 발달을 통한 자율성 증진이라는 다문화교육의 주요 목표가 온전히 실현되었다고 볼 수 없다는 것을 의미한다. 따라서 교육연극활동을 통한 협동학습은 교육적 평등의 측면에서 어떠한 의미가 있으며 이것이 다문화교육에 주는 시사점은 무엇인지를 살펴볼 필요가 있다.

본 장에서는 각 분기에서 나타나는 참여자들의 특징적인 모습을 살펴보고 이를 교육적 평등의 측면에서 논의하여 시사점을 도출하고자 한다. 이렇게 분기별로 사례화하여 참여자들의 모습을 살펴보는 것은 교육연극 수업이 모두 오리엔테이션 단계, 이야기 단계, 연극하기 단계라는 공통된 단계를 통해 진행되었지만, 각 분기에 따라 참여자들은 각기 다른 맥락 속에서 활동을 경험하였기 때문이다.

각 분기별 참여자들에게서 특징적으로 나타나는 경험 유형은 1분기의 경우 자기인식적 경험, 2분기의 경우 인간관계적 경험, 3분기의 경우 공동체적 경험으로 분류하였다. 각 분기가 진행됨에 따라 참여자의 관심은 개인적인 것으로부터 상호관계적인 것으로 그리고 연극을 함께 한다는 공동의 것으로 확장되고 있다는 특징을 확인할 수 있었다.

〈표 6-1〉 참여자들의 협동학습 경험 유형

경험유형	특성	주제의미
자기인식적 경험	개인의 특성으로부터 나타나는 흥미의 발현	현재의 나를 인식함
		다양한 방법을 통해 나를 드러냄
		나의 행동을 생각함
인간관계적 경험	타인의 입장에서 소통 수습(修習)하기	타인을 생각함
		상대의 요구를 고려하고 응답함
		공감이 아닌 받아들임
공동체적 경험	개방적 규칙에 대해 자발적으로 맞추기	기존의 학습자로부터 규칙을 만듦
		경험에 의해 조정함
		공동체 의식이 나타남

위와 같은 경험유형은 모든 분기에 나타나지만 특히 해당 분기의 참여자들의 모습에서 두드러지게 나타난다는 특징이 있다.

1. 자기인식적 경험: 개인의 특성으로부터 나타나는 흥미의 발현

다문화교육은 다양성을 인정하고 그것에 대해 평등성을 부여하는 것이다. 그러나 학습자의 다양성은 인정되기에 앞서 인식되어야 한다. 교사의 측면에서 학습자의 다양성에 대한 인식은 학습자의 경험으로부터 출발한 흥미와 요구가 어떠한 것인지를 파악함으로써 그들의 활동을 지지할 수 있는 기반이 된다. 또한 학습자의 측면에서, 자신의 관심과 특성이 무엇인지를 알고 표현하는 것은 자신의 활동에 의미를 부여하고, 자기주도적 활동을 증가시켜 자신의 잠재력을 실현할 수 있는 발판이 된다.

1) 현재의 나를 인식함

교사는 흥미로운 한국어 수업에 대한 교육연극의 가능성을 기대하고 수업에 참여하였다. 그러나 1분기 수업에 참여한 5명의 학생들은 대부분 타의에 의해 참여한 것이며, 각자의 관심 또한 달랐다. 참여자 중에서 S-2는 엄마의 권유로(2013. 6. 21. 참여관찰 일지) 참여를 시작하였다고 한다. 그러나 S-2 자신 역시 연극하고 싶다는 마음이 있었다. 그래서 S-2는 좋아하는 과학도 바꾸고(2013. 4. 19. 수업관찰기록) 교육연극 수업에 참여하게 되었다. 또 다른 참여자 S-3은 S-2를 따라서(2013. 6. 21. 수업관찰기록) 7차 수업부터 참여하였다. 즉, 이들이 교육연극에 참여한 동기는 개별적으로 달랐다. 이외에도 참여자들은 출신국이나 나이 등에 있어서도 차이를 보였다.

S-9는 9살이고, 아버지가 중국인이라고 한다. S-9는 'ㅎ'학교에 오게 된 것이 한국어를 배우기 위해서라고 말한다. …(중략)… 장래 희망은 운동선수였으나, …(중략)… 한국에서 베트남어를 가르쳐 주는 사람이 없어서 베트남어 선생님이 되고 싶다고 생각한다. …16살인 S-1은 엄마의 나라 베트남에서 태어났고, 2010년 5월에 한국에 왔다. …(중략)… 체육, 실과, 과학을 좋아하고, 운동이 가장 자신 있다. 자신 없는 과목은 영어지만 싫어하는 과목은 없다. …(중략)… 스스로의 장점에 대해 물어 보았을 때, S-7은 아무것도 없다고 한다. S-7에게 "But, You can speak English very well/ and you know Philippines."라고 말하자, S-7은 웃으며 고개를 끄덕인다.(2013. 4. 26. 참여관찰 일지)

S-2는 "그때도… 어차피… 그때도 쉽고, 365점 받았으니까…"한다. 교사가 "365점?"하고 묻자 S-2는"그때는 100점 두 개, 90점 두 개… 그래서…"(2013. 6. 5. 수업관찰기록)

S-3에게 어느 나라 말을 할 수 있냐고 묻자, 영어를 할 수 있고, 한국어, 방글라데시어, 방글라데시 소수민족어, 중국어를 할 수 있다고 한다. …(중략)… 나는 S-2에게 "대부분의 한국 사람은 영어를 잘 못해요."라고 말하자 모두 고개를 끄덕이며 웃는다. …(중략)… S-9는 자기가 한국말과 중국말을 잘한다고 한다.(2013. 6. 21. 참여관찰 일지)

S-9와 S-1은 9살과 16살로 7살의 나이 차이가 있다. 또한 교육연극활동은 S-3의 추가 참여로 남자 3명, 여자 3명의 혼성그룹으로 구성되었다. 이들은 중국, 베트남, 태국이라는 출신국에 의해 언어 · 문화적 배경에 있어서도 차이가 있다. 또한 이들은 좋아하는 과목이나 싫어하는 과목, 성격 등과 같이 개인적 취향이 모두 달랐다. 그뿐만 아니라 S-1의 진술에서 나타나듯이 개인 내적 측면에서도 좋아하는 과목과 자신 있는 과목이 달랐다. 특히 '한국어를 배우기 위해' 학교에 오는 S-9와 달리 S-1은 '베트남어 선생님'이 되고 싶다고 하였다. 베트남어 선생님이라는 S-1의 장래 희망은 '베트남어를 가르쳐 주는 사람이 없어서'라는 개인적 경험에 근거한다.

S-2는 다른 참여자들과 달리 초등학교 2학년까지 한국 학교에서 좋은 성적을 받으며 다녔고, 방학 때마다 한국에 온 경험도 있다. 한국 학교와 방학을 이용한 한국 생활에 대한 선경험이 있는 S-2는 교육연극 수업에서 누구보다 자신 있게 활동을 하였다. 또한 S-2는 출신국이 같은 S-10이 활동에 잘 참여하지 않을 때면 S-10에게 해야 할 것을 말해 주거나 교사의 질문을 대신 물어 보기도 했다. S-1과 S-2는 자신의 장점이나 특징에 대해서 수업에 참여한 초기부터 뚜렷하게 인식하고 있었다. 그러나 S-7은 교사의 질문에 의해 자신의 장점을 새롭게 인식하게 되었다.

필리핀 출신인 S-7은 자신의 장점을 묻는 교사의 질문을 처음 받았을 때, 그는 부끄러운 듯 웃으며 아무것도 없다고 하였다. 이처럼 S-7이 자신의 장점에 대해 인식하지 못하는 이유에 대해서는 위의 6월 21일 참여관찰 일지를 통해 짐작할 수 있다. 일지에서 교사는 대부분의 한국 사람들이 영어로 의사소통하기를 어려워한다고 말하고, 참여자들은 웃으며 이를 긍정하였다. 참여자들은 출신국의 언어에 있어서는 원어민이라는 장점을 갖고 있지만, 한국사회의 구성원들은 대부분 오직 한국어로만 의사소통이 가능하기 때문에 그것을 개인의 장점으로 인식하고 있지 못한 것이다. 하지만 영어와 필리핀어에 대한 교사의 질문에 S-7은 소리 없이 웃으며 고개를 끄덕임으로써 자신의 장점을 인식하였다는 것을 알 수 있다. 또한 S-9의 경우에도 중국어와 한국어에 대한 자신감을 표현하였다.

특히 S-3은 두 번의 초국적 이주 경험을 통해서 다섯 개의 언어를 구사할 수 있다고 말하였다. 아버지가 방글라데시 출신인 S-3은 기본적으로 방글라데시어와 방글라데시 소수민족어를 할 수 있다. 또한 영어를 공용어로 사용하는 인도에서의 생활 경험으로 영어를 통한 의사소통도 가능하다. 그뿐만 아니라 중국어와 한국어의 경우에는 단어를 중심으로 자신의 의견을 이야기할 수 있다.

이처럼 교육연극 수업의 참여자들은 그들이 갖는 개별성과 별도로 대부분 이중언어를 사용한다는 공통점이 확인되었다. 참여자들이 사용할 수 있는 언어는 출신국의 언어와 초국적 이주 배경에 따른 해당 지역의 언어이다. 따라서 참여자들이 갖는 개별적 특징과 함께 참여자들의 초국적 이주에 의한 다중언어 사용은 이들이 스스로를 인식하고 규정하는 특징이라 할 수 있을 것이다.

2) 다양한 방법을 통해 나를 드러냄

이질성이 높은 참여자들과 교육연극활동을 함께 하기 위해서는 참여자들이 관심 있게 생각하는 것이 무엇인지를 아는 것이 필요하다. 또한 연극의 내용과 방향 설정을 위해서 참여자들은 서로의 생각과 관심을 공유하여야 한다. 하지만 실제 현장 속에서 확인한 것은 참여자들의 언어 수준이 모두 다르며, 하고 싶은 활동도 다르다는 것이었다. 이에 대해 교사는 마임과 가면 만들기와같은 비언어적 소통방법을 제시함으로써 참여자들이 서로의 관심을 공유할 수 있기를 기대하였다.

> 아이들에게 "하고 싶은 활동(S-10, S-7, S-9-축구, S-1-줄넘기, S-2-그리기)을 먼저 하고, 그 후에는 공, 줄넘기, 연필과 종이 없이 너희가 했던 활동을 계속할 거야."라고 이야기했다. "이렇게 하는 게 연극할 때 '마임'이라고 하는 활동인데, 연극할 때 상대방이 안보이거나, 없는 물건이 있는 것처럼 생각하면서 활동하는 거야~"하고 말했다. 이 말을 할 때 S-1은 "아~" 하며, 밝은 표정을 보인다.(2013. 4. 29. 참여관찰 일지)

위의 일지에서 참여자들은 자신이 원하는 활동을 개별적으로 혹은 다른 참여자와 함께 하였다. 교사는 참여자들이 선택한 활동을 한 후에 이를 마임(mime)으로 표현하도록 안내하였다.

마임은 도구나 대사가 거의 없이 신체의 행위만을 이용해서 상대에게 어떠한 상황이나 이야기를 전달해야 하기 때문에 신체표현을 실제와 같은 형태로 나타내는 것이 필요하다.

예를 들어 줄넘기 줄을 잘 돌리기 위해서는 줄을 잡은 팔을 크게 원을 그리며 돌린다. 마임에서는 이러한 모습을 상상하며 몸의 동작을 한다. 특히 줄넘기와 같이 서로 마주보고 마임을 하는 것은 상대방의 행위를 확인하기 용이하다. 그뿐만 아니라 두 사람이 호흡을 맞춘 행위는 투명 줄을 넘기 위해 들어오는 역할을 하는 사람이 보이지 않는 줄 안으로 들어갈 때를 알기 쉽게 한다. 이를 위해서는 관찰이 선행되어야 한다.

〈실물 활동과 마임활동〉

마임 활동은 실제 축구-마임 축구-실제 줄넘기-마임 줄넘기-실제 배드민턴-마임 배드민턴 순으로 진행하였다. 마임 활동에는 다른 참여자들도 활발히 참여했지만, 특히 S-9에게 유의한 활동인 것으로 확인되었다. S-10과 S-1이 축구를 하는 동안, 교사는 S-9와 마임을 통해 공놀이를 하고 있다. 사진 중

앙의 오른쪽 모습은 실제 공을 사용하여 활동하는 모습이다. 그 뒤에 있는 모습은 교사와 다른 참여자가 투명 공을 이용하여 축구 활동을 하는 모습이다.

패스 연습 전에 형들과 누나가 패스하는 모습을 잘 보도록 했다. 공을 찬 후 어디를 보고 있는지, 공 받는 사람은 어떻게 준비하고, 공을 차기 위해서는 어떻게 움직이는지를 "잘 살펴보라"고 했다. 처음에는 발로 공을 차는 흉내만 냈다. S-9가 투명 공을 차는 흉내를 익숙하게 했을 때, "세게 차봐"라고 했다. (2013. 4. 29. 참여관찰 일지)

위의 일지를 살펴보면 참여자는 마임활동을 하기 위해서 먼저 관찰을 통하여 행위의 연관성을 이해하고, 그 다음은 어떻게 될지를 상상하며 행위에 참여한다. 참여자들은 이 활동을 통해 타인과 함께 활동하기 위해서 나의 행동을 조절해야 할 필요성이 있다는 것과 어떻게 조절해야 활동을 이어갈 수 있는지를 탐색한다.

1학년인 S-9는 축구공이라는 실물을 이용한 활동에서는 고학년들과 함께 할 수 없었다. 고학년 참여자들의 공의 속도와 몸짓이 S-9에게는 너무 빠르고 위협적이었기 때문이다. 하지만 S-9도 마임을 통해서는 공차기와 줄넘기를 함께 할 수 있었다. 하지만 마임은 참여자들에게는 즐거운 활동이었지만 낯선 사람에게는 이해하기 힘든 행위가 될 수도 있다.

…(중략)… "연극이 아니라 놀이네, 놀이…"하시며 S-10에게 중국어로 무언가를 말씀하고 가신다.(2014. 4. 26. 참여관찰 일지)

교육연극활동을 지속하기 위해서 참여자들은 서로의 행위를 공유하는 것이 필요하다. 이와 함께 무엇을 함께 할 것인지에 해당하는 연극의 내용 역시 공유하여야 한다.

참여자들은 가면 만들기 활동을 통해 자신이 맡은 배역을 확인하고, 색의 느낌을 통해 역할의 특징을 다른 참여자와 공유하였다. 참여자들은 자신의 다양한 개성을 연극 속 인물에 반영하였다. 또한 참여자들은 자신의 개성을 투영한 등장인물을 다시 '가면' 속에 넣고 그 성격을 색으로 표현하였다.

> 교사는 "자기가 맡은 인물에 맞는 색으로 색칠을 해 봐"하고 말한다. 이어서 "예를 들어서 나쁜 사람은 어떤 색으로 칠하면 좋을까?" 하고 물어본다. S-2는 "검정색" …(중략)… "자, 수다쟁이 누구지?" 하자 S-1이 붓을 만지며 "저요"한다. "S-2는?", "공부만 잘하는 사람", "S-10은?" 교사의 물음에 S-10은 대답하지 않는다. S-2가 "운동 잘 하는 사람"하고 대답한다. "S-10은 운동 잘 하는 사람~?…."(2013. 5. 24. 수업 관찰 기록)

위의 기록에서와 같이 참여자들은 자신을 나쁜 사람, 수다쟁이, 공부만 잘하는 사람, 운동 잘 하는 사람 등으로 인식하였다. 또한 참여자들의 보다 자연스러운 모습을 확인하기 위하여 시행한 동네 걷기 활동(2013. 6. 5. 참여관찰 일지)에서 S-10은 출신국에서의 경험을, 그리고 S-1은 인터넷을 통해 새로 사귀게 된 한국 친구에 대한 이야기를 자연스럽게 말했다.

〈가면 만들기〉

가면은 극중 인물의 정체성을 표현한다(McCaslin, 2006:136). 사진 속 S-7은 자신이 맡은 '모든 걸 다 알지만 말이 없는 사람'의 역할을 가면으로 표현했다. 가면의 왼쪽과 오른쪽을 상반된 색으로 칠하여 인물의 이중적인 특성이 잘 드러난다. S-7은 평소에 말을 잘 안하는 편이지만 자신의 가면을 통해 인물의 특성을 잘 알고 있다는 것을 나타내고 있다.

3) 나의 행동을 생각함

참여자들은 개별적인 성격이나 한국어 수준 또는 장래 희망에 대한 차이뿐만 아니라 생각과 앎에 있어서도 다양한 차이가 나타났다. 교육활동에서 학습자가 관심 있게 생각하고, 알고 있는 것을 파악하는 것은 무엇을 어떻게 공부할 것인가를 결정하는 데 중요하다. 하지만 이러한 특성 파악은 학습자 스스로가 자신의 행위가 무엇이고 왜 하는지에 대한 의미 부여로 이어져야 한다.

교사는 다른 참여자들에 비해 한국말을 잘 하는 S-2에게 한국어 공부 방법에 대해 질문을 하였다. S-2는 망설임 없이 책읽기가 도움이 되었다고 말하였다. 교사는 책읽기에 대한 긍정성을 고려하여 다음 수업을 도서실에서 하고자 했다. 그러나 참여자들은 이들을 위한 도서실이 학교에 있지만 읽을 책이 없다고 말하였다. 따라서 교사는 아래의 기록과 같이 다음 시간에 활용할 책을 가져오고자 참여자들이 알고 있거나 관심 있는 이야기가 무엇인지를 물어보았다.

S-1은 "곰 이야기요." 하고 말한다. "곰 이야기?"하고 교사가 묻자 S-1은 손 바닥을 펴서 앞으로 내밀며 "곰이~ 사람 된 거, 이야기. 여자 된 거, 이야기"라고 한다. 교사는 "단군신화를 말하는구나? 웅녀 이야기?" 하고 물으니 "네."하고 대답한다. "또~ 토끼… 거북이 이야기 알아요."하고 말한다. …(중략)… "악어와 원숭이" …(중략)… S-10에게 알고 있는 이야기가 있는지 묻자 "개구리 이야기, 다람쥐 이야기"

를 말한다. …(중략)… S-9는 알고 있는 이야기가 별로 없다고 했다.(2013. 4. 19. 수업 관찰기록)

위의 일지에서 나타나듯이 S-1은 단군신화를 이야기하였다. 그러나 S-10은 개구리 이야기와 다람쥐 이야기를 말하였다. 하지만 S-10이 제시한 이야기는 교사의 질문과 상관없는 것이었다.

…(중략)… S-10의 말을 듣던 S-2는 S-10의 말이 채 끝나기 전에 "아니에요. 중국에 그런 이야기 없어요. 그냥 자기가 좋아하는 동물 말한 거예요."란다. (2013. 4. 19. 수업 관찰 기록)

위의 기록에서 나타나듯이 S-10의 답변은 교사의 질문이나 수업활동과 관련성이 없는 것이었다. 이러한 모습은 같은 나이이며, 비슷한 시기에 입국한 S-1의 답변과 비교할 때 매우 다르다는 것을 알 수 있다. S-1이나 S-2와 달리 S-10은 자신이 하고 있는 행위가 무엇인지를 인식하지 못한 것이다. 이와 함께 S-1과 S-10의 한국어 사용 능력의 차이는 그들이 입국 이후 다른 경험을 하였다는 것을 나타낸다.

S-1은 "그냥 어어 어어 아 뭐지 무지개 청소… 차원에서 거기…" 하고 말한다.(2013. 4. 26. 수업관찰기록)

"S-10은 아무것도 안하고 …(중략)… 아무것도 안 하고 게임만 하고"(2013. 6. 5. T-2와의 대화)

위의 기록과 대화에서 나타나듯이 S-1은 비록 5개월이지만 무지개 청소년 학교에 다닌 경험이 있다. 또한 앞서 언급했듯이 S-2는 주말과 방학을 이용해서 한국어 공부와 한국생활을 경험하였다. 하지만 S-10은 한국어를 따로 공부한 적도 없이 단지 집에서 '아무것도 안하고' 게임만 하였다. 즉, 참여자들이 나타내는 현재의 관심이나 행동은 그들의 경험에 많은 영향을 받고 있다. 그러나 T-4는 S-10이 수업에 흥미를 두지 않는 것과 관련하여 다음과 같이 말하였다.

한 가지 더 고민해 봐야 할 문제는 …(중략)… 한국어를 얘네가 잘 했더라 하더라도 이해 못하는 내용이 많아요. …(중략)… 00 같은 애는, …(중략)… 부모님들이, 아이들 부모님이 한국에 미리 나와 있었던 부모님이 많았고. …(중략)… 집에서나 어디에서 케어를 해 줄 수 있었던 가정이 드물었다는 거지요. 그러니까 점점 갈수록 …(중략)… (2014. 1. 3. 교사 그룹면담)

T-4는 참여자들에게서 나타나는 학습력의 차이는 두 가지 원인에 의한 것으로 파악하였다. 먼저 교육과정 체계가 참여자의 출신국과 다르다는 점이다. 다음으로는 가정에서 그들을 돌보아 줄 어른의 부재이다. 먼저의 것이 교육적 차원에서의 차이에 의한 것이라면, 다음의 것은 초국적 이주 배경이 있는 참여자들에 대한 사회체제 차원의 지원 문제와 관련된 것으로 생각할 수 있다. 즉, 초국적 이주 배경의 자녀 교육을 위해서는 교육적 차원의 노력과 사회체제적 차원의 노력이 함께 이루어져야 한다는 것이다. 그러나 한국어에 대한 능력 차이 또는 학습에 대한 관심의 차이와 별도로 S-10은 교육연극 수업을 빨리 끝내고 싶은 것으로 인식하였다.

S-1과 S-10은 요정 이야기가 "어린애" 같아서 싫다고 한다. …(중략)… (2013. 5. 3. 참여관찰 일지)

위의 일지에서 나타난 바와 같이 16세인 S-1과 S-10은 13세인 S-2가 하고 싶다는 요정 이야기에 대해 '어린애' 같다는 표현을 함으로써, 발달단계에 따른 차이가 거부의 주요 이유가 될 수 있다는 것을 나타내고 있다. 이와 함께 S-1과 S-10이 S-2의 제안을 받아들이지 않은 가운데 S-1은 새로운 제안을 하였다.

…(중략)… S-1은 '선생님과 아이들'로 바꾸면 어떻겠냐고 한다. 선생님의 사랑을 받는 아이가 있는데, '선생님의 사랑을 뺏기 위해서' 다른 아이들이 그 사랑받는 아이에게 선생님이 싫어하는 일을 시키는 내용으로 하자고 한다. S-2이는 "선생님, 저기 왕따 이야기 어때요?" 하며 '왕따'와 관련지어 이야기를 만들자고 한다.(2013. 5. 3 참여관찰 일지)

이와 관련하여 참여자들은 자신이 경험하는 일상적인 갈등에 대해 다음과 같이 말한다.

S-1은 "S-2하고 @@이, 사이 제~~일 안 좋아요"라고 한다. 교사가 "왜 사이가 안 좋아?"라고 묻자 S-2는 "걔가 다른 반으로 가주면… 내가 잔소리 안 하면, 걔가 욕 안 하면 괜찮아요." 한다. …(중략)… S-1은 "욕 나쁜 말인데 때리는 거보다는 나아요." 하며 조금 흥분된 목소리로 말한다. "만약 … 얘(어떤 애)가 나한테 욕하면 따질 수 있어요. 하지만~ 얘가 누구한테 욕하면 따질 수 없어요. … 여~러 아이, 응, 한 사람(한테) 욕하면 누구(가) 했는지 몰라요."(2013. 5. 10. 수업관찰기록)

위의 기록은 참여자들이 관심을 갖는 갈등이 일상적인 것이며, 갈등의 대상이 분명한 경우도 있지만 누구인지 모르는 불특정 다수의 일방적인 행위에 의한 것도 있다는 것을 나타낸다. 또한 갈등이 발생하는 맥락적 조건에 의해 참여자들의 대응이 다르다는 것을 알 수 있다.

S-2와 @@처럼 갈등의 대상이 분명한 경우에는 S-2가 말한 것처럼 다른 반으로 가거나 잔소리를 안 하는 것과 같이 회피 혹은 행위의 조절이라는 방식으로 대응할 수 있다. 그러나 S-1의 경우에는 누가 했는지 몰라서라는 책임 소재의 불분명함으로 인하여 언어적 폭력이라는 부정적인 대응을 하고 있다는 것이다. 이러한 사실은 다문화가정 자녀들의 학교생활에서 겪는 어려움이 언어적 문제에 한정되지 않는다는 사실을 나타낸다. 이들이 경험하는 갈등은 교육연극 수업 내에서도 나타났다.

S-2는 S-10의 의자 바퀴가 자기에게 다가오자 손으로 밀려고 준비를 하고 있다. S-10에게 그 의자 바퀴가 S-2의 다리를 아프게 할까 봐 S-2가 그런 것이라 하고 의자를 S-2에게서 조금 떨어뜨려 줄 것을 말했다.(2014. 5. 10. 참여관찰 일지)

위의 일지에서 나타난 S-2와 S-10의 갈등에 대해 S-2는 정규 수업 내에서도 자주 볼 수 있는 장면으로 말하였다. 교사는 참여자들의 이러한 모습에 주목하여 선생님과 아이들이 관련된 왕따 이야기를 생활 속에서 찾기라는 과제를 제시하였다.

하지만 교사는 연극의 주제를 왕따라는 부정적인 것으로 제시한 것에 대해 부담을 갖고 있었다. 교사의 고민은 이 학교의 설립과 관련하여 나타났던 좋지 않은 시선에 근거한다.

왕따 문제는 일반학교에서도 많이 발생한다. 하지만 이것을 이곳에서 주제로 삼는 것은 혹시 문제가 되지 않을까? 혹시 나의 의도하지 않은 '유도된 답변'은 아닌가? 안 그래도 이 학교를 바라보는 좋지 않은 시선들이 이것을 이 아이들의 특성으로 규정하는 것은 아닌가? (2013. 5. 3. 참여관찰 일지)

우리 사회에서 왕따 혹은 집단 따돌림 사례는 1998년을 기준으로 이미 4천여 건으로 집계될 정도로 빈번하게 일어나는 문제현상 중 하나였다(정용교, 1999). 또한 왕따 문제는 아직도 학교폭력의 많은 부분을 차지하고 있는 것이 사실이며(곽금주, 2008; 문용린 외, 2007; 박종효, 2007), 끝나지 않은 현실이다(윤초희 외, 2014). 즉, 학교폭력이나 왕따 문제는 다문화가정 자녀라는 대상의 특수성에 의한 것이 아니라 우리의 학교에서 이미 만연하여 나타나고 있는 하나의 현상이라는 것이다. 그렇지만 교사는 연극의 주제를 왕따로 하는 것이 이 학교 아이들을 또 다른 편견으로 바라보고 있는 것은 아닌지에 대해 고민을 하였다. 이러한 교사의 고민은 의외로 S-10의 행위를 통해 해결되었다.

…(중략)… 그때 S-10이 "선생님, 지금, 저기서 그래요."라고 말한다. 나는 무슨 말인지 잘 알아듣지를 못하고, "응? 저기에 뭐?"라고 대꾸했다. "저기 싸워요." 누가 싸우냐고 묻자 아델이 싸운다고 한다(하지만 S-10은 초등 1학년 아델을 말한 것이 아니라 '애들'을 말한 것이었다). "재네 맨날 싸워" 하고 말한다.(2013. 5. 10. 참여관찰 일지)

위의 일지는 도서실로 수업 장소를 옮긴 3차시 수업 후의 기록이다. S-10은 도서실의 창문을 통해 바깥을 보다가 교사에게 말을 걸었다. S-10은 외부에서 벌어지는 행위를 하나의 관심 요소로 인지하고 이를 교사에게 나타내었다.

갈등의 해결은 우리 앞에 놓인 갈등을 직시하는 것으로 시작된다. 넬슨-존스(Nelson-Jones, 1990)는 갈등을 조정하기 위해서는 먼저 갈등이 일어난 상황을 객관적으로 살펴보고, 상대의 입장을 이해하며, 갈등의 원인이 무엇인지를 파악해야 한다고 말한다. 문제를 파악하는 것은 해결을 위한 다양한 방안을 모색하고 특정한 해결책에 대한 합의와 행동을 위한 필수 요건이다(Nelson-Jones, 1990:30).

S-10은 싸움이라는 객관적으로 인지된 행위가 부정적인 것이라는 것을 깨닫고 이를 교사에게 말 하였다. 또한 그 아이들이 자주 다툰다는 말을 통해 교사의 적절한 개입을 요구하고 있다는 것을 알 수 있다. S-10의 이러한 행동은 듀이(Dewey, 2008)가 말한 '변화할 수 있도록 개입하고 싶어 하는' 마음이라 할 수 있다. 즉, 교사의 우려와 달리 'ㅎ'학교 학습자의 갈등에 대한 관심은 단지 흥밋거리가 아니라 긍정적인 변화에 대한 요구로 해석할 수 있다.

1분기 수업에서 연극의 주제는 참여자들의 요청과 교사의 성찰에 의해 왕따로 결정 하였다. 수업 중 S-2와 S-10은 꾸준하고 지속적으로 상대방의 행위에 대해 불만을 나타내었다. 그러나 마지막 수업인 연극하기 활동에서 S-2는 S-10을 꼭 필요한 존재로 인식하게 되었다.

담임선생님께 핸드폰을 빼앗긴 S-10은 수업의 마지막 날 다른 참여자들에게 이제 연극 수업에 오지 않겠노라고 말하고는 수업에 오지 않았다. S-2는 S-10이 안 오는 것에 대해 잘됐다며 박수를 쳤다. 그러나 곧이어 연극을 할 상황이 되었을 때

S-2는 S-10이 맡은 역할을 할 사람이 없다는 것을 알고 매우 곤란해했다. S-2뿐만 아니라 나머지 아이들도 자신들이 연극 활동을 계속하기 위해서 S-10이 없어서는 안 될 존재라는 것을 생각하였다. S-2는 자발적으로 S-10을 데려왔다.

S-2의 이러한 모습은 협동학습의 측면에서 연극이라는 공동의 목적을 달성하기 위해 각자가 맡은 역할을 함께 하고, 서로를 필요한 존재로 인식한다는 데서 협동학습의 요소를 반영하고 있다는 것을 나타낸다. 하지만 모든 활동을 마치고 함께 아이스크림을 먹는 자리에서 S-2는 S-10에게 그동안의 활동에서 도움이 되지 않았을 뿐만 아니라 오히려 방해가 되었으니 아이스크림을 먹을 자격이 없다고 말하였다(2013. 7. 22. T-2와의 대화). 즉, 협동학습의 기본 요소의 만족 자체가 갈등의 해결이나 인간관계의 개선을 의미하는 것은 아니다.

이처럼 1분기 교육연극 수업에서 참여자들은 높은 수준의 다양성을 갖고 있음이 나타났다. 특히 한국어를 배우기 위해서라는 S-9의 생각과 달리, S-1의 경우에는 현실적 경험에 의해 베트남어 선생님이 되고 싶다는 꿈을 말하였다.

참여자들은 수업을 통하여 자신과 타인의 언어적, 행동적 특성을 알게 되었다. 교사는 참여자들이 갖는 다양성을 표현하는 방식으로 마임, 가면 만들기라는 활동을 제시하였다. 이에 따라 참여자들은 스스로를 수다쟁이, 공부만 잘 하는 사람, 나쁜 사람, 귀여운 사람, 모든 걸 다 알지만 조용한 사람, 운동만 잘 하는 사람으로 규정하였다. 교육연극활동의 중심 과정인 이야기 만들기에서는 그들이 공통적으로 일상적인 생활 속에서 갈등을 경험하고 그것에 관심을 갖는 것으로 나타났지만, 이러한 관심은 갈등에 대한 긍정적인 변화를 기대하는 마음에 의한 것으로 해석하였다.

이와 함께 평소 깊은 갈등관계에 있던 S-2와 S-10의 모습에 주목할 필요가 있다. S-2는 연극하기 활동을 위해서는 그동안 사이가 좋지 않았던 S-10이 꼭 필요한 존재라는 사실을 인식하고, 자발적으로 S-10을 데려왔다. 그러나 S-2의 S-10에 대한 태도는 연극하기 활동이 끝남과 동시에 원래의 상태로 돌아왔다. 이러한 모습은 S-2가 S-10을 자신의 목적을 달성하기 위해 필요한 존재로 인식함으로써 나타난 것이라는 점을 의미한다. 즉, S-2는 자신의 이해관계에 따라 S-10에 대해 필요성을 느낌으로써 일시적인 변화를 보였지만 긍정적 인간관계 형성으로 발전되지는 않았다는 것이다.

듀이(Dewey, 2008:66)는 교육의 질이 '연속적 성장에의 욕망을 어느 정도 만들어내고 그 욕구를 실현하는 수단을 얼마나 제공하느냐'와 관련된다고 하였다. 그러나 교사는 참여자들과의 활동에 대해 그들이 갖는 언어적 다양성이나 한국어에 대한 이전 학습 경험을 인식하였으면서도 이에 대한 별도의 고려를 하지 않음으로써 본질적인 한계를 갖는다고 할 수 있다.

2. 인간관계적 경험: 타인의 입장에서 소통을 수습(修習)하기

다문화교육은 타자의 입장에서 생각하고, 이해를 바탕으로 하는 의사소통능력을 중시한다. 즉, 다문화교육은 합리성을 넘어선 협력적 의사소통능력의 함양을 요구한다. 그런데 협력적 의사소통은 개별 특성을 갖는 주체의 동등한 관계를 전제로 한다. 타인과의 동등한 관계라는 관점을 유지하기 위해서는 타인의 행위에 대한 근본적인 원인에 대한 탐구뿐만 아니라, 타인이 처한 입장에 대한 이해와 공감이 먼저 필요하다.

1) 타인을 생각함

방학 중 이루어진 2분기 수업에서는 자발적으로 참여한 참여자의 수가 많아졌다. 이와 함께 참여자들이 경험한 원적교 체험은 나름의 의미를 갖는 것으로 나타났다. 'ㅎ'학교 학생들은 이곳에서의 교육이 끝난 후 자신이 돌아가야 할 일반학교의 모습을 체험하기 위해 그들의 학적이 있는 원적교에서 3일 동안의 시간을 보냈다.

원적교 체험은 방학이 되기 전 7월 19일부터 이루어졌다.

> 여기 처음 왔을 때는 아무 생각이 없었어요. 그리고 그냥 '한국 사람들 다 이 런가 보다' 하고 생활하다가, 방학 전에 교장선생님이 "(일반)학교 갔다 와라." "3일 동안 갔다 와라." 하니까 이제 애네들이 갔다 오구서는 뭔가 느낀 것 같아요.(2013. 7. 29. T-2교사와의 대화)

T-2는 원적교 체험이 참여자들에게 '뭔가'를 느끼게 하는 계기가 된 것으로 말하였다. 그리고 위의 일지를 보면, T-2가 말한 '뭔가'는 친구관계, 한국어, 수업진도에 대한 걱정임을 알 수 있다. 참여자들은 2분기 수업의 첫날 이루어진 설문에서 자신이 배우고 싶은 것을 명확하게 이야기했다.

초등학교의 방학 기간은 학습자의 성장과 발달 측면에서 중요하다. 많은 교사들은 학습자가 방학 중에 뒤떨어진 학습을 보충하거나, 평소에 접하지 못했던 체험활동을 하도록 독려한다. 하지만 방학이라는 상황 · 맥락적 특성은 참여자들의 모습을 보다 자유롭게 한다.

> "아, 맨날 맨날 늦게 와요?"하고 다시 물으니 또 "네"하고 대답한다. "그럼 S-3은요?"하고 물어보니 S-6은 "같이~ 여씨 되면…" "아, 같이 늦게 와요?" "네" (웃음) 아이들이 올 동안 음악을 틀어주었다.(2013. 7. 23 참여관찰 일지)

> 아이들은 아침도 먹지 못하고 왔다며 간식을 매우 맛있게 먹었다. …(중략)… 아이들은 샌드위치를 다 먹고, 수업이 시작되기 전까지 자유롭게 쉬는 시간을 즐기고 있었다. 여자 아이들은 음악을 틀고, 춤을 추었는데 특히 지난 회차 기간에는 헤드셋을 끼고 음악을 듣기만 하던 S-1이 음악에 맞춰 춤추는 모습은 처음이었다. 뭔가 변화가 있는 걸까? 하긴 사춘기니까…(2013. 7. 22. 참여관찰 일지)

학기 중에는 기숙사 생활을 하지만 방학 중에는 기숙사가 운영되지 않는다. 또한 방학 중에는 급식실도 운영되지 않는다. 23일 일지는 이러한 상황에서 다소 먼 거리에 위치한 집에서 오는 S-1과 S-3이 항상 늦게 올 수밖에 없다는 것을 나타내고 있다. 집이 먼 참여자들이 학교에 도착하기 전까지 교사는 먼저 온 참여자들과 별도의 활동을 하였다.

S-6에게는 내가 이야기하는 순서대로 행동할 것을 이야기했다. '뜯어요'를 제외한 다른 행동어가 사용되었고, S-6은 그릇에 시리얼을 붓고, 우유를 따르고, 숟가락을 꺼내는 동안 내가 이야기하는 것을 '흐흥'하고 웃으며 따라서 말한다. S-6이 시리얼을 준비하며 행동하는 동안, ##는 교사와 가장 가까이 위치한 책상에서 시리얼을 먹으며 S-6과 교사를 본다.(2013. 7. 26. 참여관찰 일지)

비디오 관찰이 끝난 후 아이들은 서로 이야기하느라 바쁘다. 그런데 같은 나라 출신인 ##와 S-1은 조금 큰 소리를 내며 이야기를 하다가, 이제는 일어서서 밀거니 당기거니 한다. 마침 잘 됐다 싶어서 실과 바늘 활동으로 들어갔다. 동작 알아맞히기 활동과 실과 바늘을 접목해서 바늘에 실을 꿰는 모습을 보여주었다. 주의 집중을 위해서는 일부러 몸동작을 크게 할 필요가 있다. (2013. 7. 22. 참여관찰 일지)

26일 일지는 먼저 온 학습자들을 위해 TPR(total physical response: 전신반응 교수법)을 활용하여 한국어 교육을 진행하는 모습을 확인할 수 있다. TPR은 한국어 능력이 매우 제한된 S-6과 ##에게만 적용되었다.

이와 함께 교사는 수업 중 마임 활동, 설문지, 학습지와 같은 주요 활동 이외에도 휴식시간을 활용하여 음악듣기, 출신국과 관련한 영상자료 찾기, 그림을 통한 의사소통 안내하기 등과 같은 활동을 하였다. 이러한 활동은 참여자들이 교육연극 수업에 갖는 기대가 증가하였음에 비해 수업시간이 줄었다는 외부의 조건을 극복하기 위한 방안이라고 할 수 있다. 아래의 일지에서는 부족한 수업 시간 속에서 한국어로 의사소통하는 것을 매우 어려워하는 참여자들에게 그림을 통해 의사표현을 하도록 안내하는 모습이 나타난다.

"글로 쓰고 싶다면 그렇게 해도 되지만 그렇지 않다면 그냥 간단한 그림으로 표현해도 돼."하고 말해 주었다. 그리고는 "그림도, 어렵게 생각하지 않아도 돼~. 그냥 이렇게 간단하게 그리면 되지?"하며 시범으로 칠판에 어린아이 낙서 같은 졸라맨을 그렸다. S-1은 졸라맨을 보더니 시큰둥한 반응이다. 그래서 양 팔을 위로 뻗은 졸라맨의 손에 가로로 줄을 그려 주었다. 아이들은 졸라맨이 어디에 "매달린 것 같다"며 웃었다. 다음은 졸라맨의 나무 양 끝에 동그라미 두 개씩을 그려 주었다. 매달렸던 졸라맨은 졸지에 무거운 역기를 들고 있는 모습으로 바뀌었다.(2013. 7. 22. 참여관찰 일지)

##는 과거 이야기로 할 거예요, 미래 이야기로 할 거예요?" S-1이 ##에게 베트남어로 말한다. ##도 S-1에게 베트남어로 대답한다. S-1은"미래래요." 한다.(2013. 7. 26. 수업관찰기록)

위 기록의 내용은 연극의 배경을 설정하기 위해 '과거'와 '미래'에 대해 간단한 개념 학습을 하고 난 후 참여자의 의견을 묻는 모습이다. 위 기록에서도 나타나듯이 '베트남어 선생님이 되고 싶은' S-1은 교사와의 의사소통에 있어서 ##와 교사를 이어주는 역할을 하였다.

S-1이 ##를 언어적으로 돕는 모습은 1분기 수업에서 S-2가 S-10을 도운 것과 유사하다. 그러나 앞서 1분기 수업에서 S-10의 답변이 채 끝나기도 전에 S-2가 S-10의 말을 교사에게 전달하였다는 점을 떠올려 보면(2013. 4. 19. 수업관찰기록), S-1과 ##의 관계는 S-2와 S-10의 관계와 다르다는 것을 알 수 있다.

2) 상대의 요구를 고려하고 응답함

2분기 수업 참여자들은 연극활동에서 보내는 시간을 의미 깊게 생각하였다. 1학년인 S-9는 2차시 수업에서 40분 동안의 활동을 마치고 피아노 학원에 가야 했다. 하지만 S-9는 40분 수업 후에 다른 참여자들이 아직 활동을 계속하는 모습을 보며 집에 가기를 주저하였다. 교사는 다른 참여자들에게도 그만 마치고 집에 갈 것을 권유하지만 참여자들은 7월 23일 참여관찰 일지에서 나타나듯이 활동을 좀 더 이어가고 싶다고 하였다. 이러한 모습은 수업시간을 80분으로 늘린 후인 7월 26일의 일지에서도 확인되었다.

> S-9는 학원에는 늦게 가도 된다며 함께 활동하기를 말함. 아이들에게 오늘은 일찍 끝내야 하니 서두르자고 말함. S-1과 S-3은 "더 있어도 되는데", "좀 더 하다가 가면 안 돼요?"라고 아쉬움을 말했다. 일단 하던 활동만 끝내는 것으로 얘기했다.(2013. 7. 23. 참여관찰 일지)

> 교사는 "아, 근데 이제 25분밖에 안 남았다." 하고 말한다. S-3은 "헐~" 하고, S-1은 "늦게 가도 돼요." 하고 말한다. 교사는 S-1에게 "늦게 가면 안되지~" 하고 말했는데, …(중략)… (2013. 7. 26. 참여관찰 일지)

참여자들은 자신이 하는 활동을 즐김으로써 교육연극 수업을 더 하고 싶은 활동으로 인식하였다. 이는 참여자들이 지금 현재 그들이 함께 활동하는 것이 다른 것보다 의미가 있다는 것을 나타낸 것이다. 교사는 참여자들의 함께 하고 싶어 하는 마음과 그들이 흥미를 보이는 노래에 주목하였다. 또한 교사는 참여자들이 부담 없이 한국어를 공부하기를 바라였다. 따라서 참여자들이 특히 좋아하는 노래의 가사를 바꾸어 '발음하기 쉽고', '외우기 쉽고', '노래하기 쉬운' 노래를 만들어 제시하였다.

한편, 교사는 T-2와의 대화를 통하여 'ㅎ'학교 참여자들에 대한 교사의 이해여

부를 확인하였다. 교사와 T-2는 공통적으로 'ㅎ'학교 참여자들의 당시 특성을 '소속감'과 '사랑에 목말라 하는'으로 해석하였다. 교사의 참여자에 대한 해석에 근거하여 만들어진 노래는 다시 참여자들의 수정을 거쳐 완성되었고 아래와 같이 대본에 반영되었다.

> 바누와 ('ㅎ' 학교 아이들의 노래)
>
> 우리들 모두가 친구예요. 생김새 고향은 달라도요.
>
> 모두들 여기에 모였어요. 서로가 원한 것 달라도요.
>
> 우리는 여기서 공부해요. 서로가 서로를 ①**사랑하며**
>
> ②**한국 친구 사귀기** 어려워요. 생각도 많이들 다르지요.
>
> 우리들 모두가 친구예요. 서로가 원한 것 달라도요.
>
> 우리는 여기서 공부해요. 서로가 서로를 사랑하며
>
> 연극을 하면서 공부해요. 다른 점 같은 점 생각해요.(2분기 대본)

위의 노래에서 굵은 글씨는 참여자들에 의해 수정된 부분이다. 수정 전 교사가 제시한 가사는 '①생각하며, ②한국말 배우기 어려워요.'이다. 이를 통해 참여자들의 욕구는 한국어 학습보다는 '친구'관계나 '사랑'과 같은 애정에 대한 욕구와 관련성이 높다는 것을 알 수 있다.

참여자들은 자신이 하고 싶은 이야기나 자신이 알고 있는 이야기를 표현할 때 보다 활발하게 대화를 이어갔다. 또한 참여자들의 대화를 통해서 그들의 욕구가 무엇인지를 파악할 수 있었다. 2분기 수업에서 참여자들은 컴퓨터를 활용하여 자신이 연극으로 하고 싶은 이야기를 쉽게 제시할 수 있었다. 또한 이미지를 교사에게 보여주며 그것에 대해 자신이 아는 것을 설명하기도 하였다.

> 인어공주 관련 이미지 검색 중 S-3은 평소 알고 있던 외국 여자 가수가 인어공주 분장을 하고 있는 것을 발견하고는 매우 기뻐했다. ##도 "아, 나 알아요."라고

말한다. 내가 아이들이 불러주는 이야기의 제목을 컴퓨터로 쓰는 것을 보며 ##은 한 자씩 읽었다. …(중략)… S-3은 여러 가지 이야기를 말하다가 이상한 나라의 앨리스로 결정했다. S-6은 처음부터 이상한 나라의 앨리스를 그렸다(한글이 서툴러서 아직은 그림으로만 표현하지만 이야기를 알아듣고 표현하는 것 자체로도 좋은 출발이라는 생각이 든다). …(중략)… S-2는 로미오와 줄리엣 이야기를 대사가 있는 10컷 만화 형식으로 나타냈다…(중략)…S-9가 로봇이야기를 하고 싶다는 말에 S-3은 "로봇? 그거 인도영화 있어요."하며 반긴다.(2013. 7. 23. 참여관찰 일지)

위의 일지에서 S-6은 태국 출신으로 1분기 수업에서 S-2가 '화가'라고 소개했던 여학생이다. 참여자들은 1분기와 달리 연극을 하고 싶다는 같은 목적을 갖고 수업에 참가하였다. 하지만 그들이 연극으로 만들고자 하는 내용은 1분기에서와 같이 차이가 뚜렷했다. 16세의 S-1은 로미오와 줄리엣을, 13세의 S-6과 12세의 S-3은 동화를 8세의 S-9는 로봇이야기를 연극으로 만들고 싶다고 하였다. 또한 S-9가 로봇이야기를 연극으로 하고 싶다는 말에, S-3은 자신의 이전 거주국인 인도에서 같은 제목의 영화가 있다고 말하며 관심을 보였다.

〈연극으로 만들고 싶은 이야기를 그림으로 표현하기〉

문자를 사용하기 이전, 인간은 그림을 통해 자기의 생각을 전달했다. 문자언어의 사용이 제한적인 참여자에게 그림은 자신의 의사를 표현할 수 있는 좋은 수단이다. 위의 그림은 태국 출신 참여자 S-6이 그린 것이다. S-6은 '자신이 하고 싶은 이야기를 쓰거나 그리기 활동'에서 '이상한 나라의 앨리스'라는 내용을 파악할 수 있도록 그림을 그렸다. S-6은 이야기의 주요인물과 함께 카드 병정, 고양이 등의 모습을 배경에 그려 넣음으로써 자신이 하고 싶은 것을 보다 명확하게 표현하였다.

한편, 참여자들이 하고 싶은 연극의 내용은 함께 연극을 하고 싶다는 참여자들의 마음으로 인하여 그들에 의해 조정되었다. 이는 1분기 수업에서 참여자들의 의견이 모아지지 않아 교사가 개입했던 모습과 차이가 있다.

S-1, S-6: 로미오와 줄리엣이 이상한 나라에 가면 재미있을 것 같아요.(2013. 7. 23. 참여관찰 일지)

위의 일지를 통해서 S-1이 하고 싶은 로미오와 줄리엣은 S-9가 하고 싶은 로봇 이야기와 S-1, S-6이 하고 싶어 하는 이상한 나라의 앨리스 이야기가 모두 포함되어 있다는 것을 알 수 있다. 이에 따라 2분기 연극의 제목은 '이상한 나라에 간 로봇 로미오와 인간 줄리엣'이다.

참여자들은 자신이 하고 싶은 연극에 동료가 하고 싶은 것을 결합함으로써 새로운 이야기를 만들어갔다. 이와 함께 S-1은 관객의 이해를 고려하여 효과음의 필요성을 말하였다.

S-1: 선생님, 여기서 구멍에 빠질 때요, 휘리리리링~ 하는 소리가 같이 있으면 좋겠어요.

교사: 응? 그게 무슨 소리지?

S-1: 로미오하고, 줄리엣이 이상한 나라로 빠질 때요, 그… 빠지는 소리가 휘요오오옹~ 하고 나면 좋을 것 같아요. (2013. 7. 29. 참여관찰 일지)

S-1은 연극활동이 보다 실감나게 표현되었으면 하는 생각에 음향을 말하였다. S-1의 이러한 생각은 관객의 이해를 고려한 것으로 생각할 수 있다. 또한 이러한 생각을 이야기함으로써 연극적 방법에 대한 교사의 공감을 요구하고 있다는 것을 알 수 있다.

3) 공감이 아닌 받아들임

2분기 수업에서 참여자들은 1분기 수업과 달리 교실에서 수업을 하게 됨에 따라, 그리고 방학이라는 이유로, 또한 사회적이고 개인적인 이유로 1분기 수업에서는 접하지 못했던 새로운 것을 경험하였다.

그러나 새로운 경험이 항상 참여자들에게 공감될 수 있는 것은 아니다. 다음의 기록에서 나타나듯이 참여자들은 교육연극활동에서 이해되지 않는 것에 대해서 그대로 받아들이는 모습을 나타내기도 한다.

> S-3은 "선생님, 연극은 언제 해요? 연극 하고 싶어요." 하고 말한다.(2013. 7. 23. 수업관찰기록)

위의 기록에서 나타나는 S-3의 모습은 1분기 수업에서 S-2가 보인 모습(2013. 4. 19. 참여관찰 일지)과 매우 유사하다. 이러한 모습은 1분기 수업에서 참여자들과 교사가 이야기 소개하기-이야기 구조 알기-이야기 만들기로 이어진 일련의 과정을 거쳐 교육연극 수업을 진행하였지만 수업이 모두 끝나기 한 차시 전부터 함께하게 된 S-3에게는 교육연극 수업이 단지 미술활동, 또는 연극하기와 관련된 것으로 인식되었다는 사실을 나타낸다. 즉, 1분기에서 S-2의 의견이 연극에 대한 직접 경험이 없는 상태에서 나타난 추상적인 것이라면, S-3에게서 나타나는 모습은 교육연극 수업이라는 일련의 과정이 갖는 흐름에 대한 이해 부족에 의한 것이라 분석할 수 있다. 따라서 S-3의 연극 수업 중 연극 활동을 언제하냐는 질문은 1분기 수업에 대한 부분적 참여로 인하여 이전의 과정에 의미를 부여하지 못한데서 나타난 것이라 할 수 있다.

이와 다른 의미에서 수업에 대한 기대의 어긋남은 S-1에게서도 나타났다. 아래의 관찰 일지는 인터넷을 통해 한국 친구를 사귀게 된 S-1이 더 많은 대화를 위해 한국어 공부에 대한 계획을 세웠지만, 한국어 공부가 S-1의 기대와 다르다는 것을 보여준다.

…(중략)… 아, 맞다. S-1아, 지난번에 한국어 배우고 싶다고 그랬잖아요. 디딤돌 반. 그건 잘 하고 있어?" "저 디딤돌 반 저기~ 어, 한국어만 배운데~ 다른데, 다른~ 뭐, 뭐 어려운 단어 배울지 알았는데 아야어여 그런 거…해요." "맞아요, 더 쉬워요…" S-1과 이야기를 하는데 S-3이 끼어든다. "근데, 교실에서, 교실에서도~ 어려운 거 있고, 거기는 너무 쉽고… 그럼 우리 어디 가요?" "아~ 중간이 없어요?" "교실은 어렵고, 거기(디딤돌)는 너무 쉬워요." "아~ 교실은 너무 어렵고 디딤돌은 너무 쉬워요?" "네, 너무 어렵지 않은데 어려워요…. 그냥…"하고 말한다. …(중략)… (2013. 7. 23 참여관찰 일지)

교사는 참여자들이 활동을 하는 동안 지난 분기 수업에서 S-1이 한국어를 배우고 싶다고 했다는 것을 기억하고 S-1에게 어떻게 하고 있는지를 물었다. 당시 참여자는 1분기 동네걷기 활동에서 교사에게 인터넷을 통하여 한국 친구가 생겼다고 이야기하며, 디딤돌 반에서의 한국어 공부에 대해 물어보았다. 그러나 답변을 통해 참여자는 수업의 내용이 자신의 기대에 미치지 못하였을 뿐만 아니라 교실에서의 수업 또한 참여자의 수준에 맞지 않다고 말하였다.

참여자들의 기대와 다른 것은 그들이 하고 싶은 이야기를 말하는 과정이나 출신국의 자료를 찾는 과정에서도 나타났다. S-3은 자신이 연극으로 하고 싶은 동화책의 제목을 이야기하다가 "Sleeping-beauty"를 말하였다. S-3은 "Sleeping-beauty"의

한국 제목이 "잠자는 숲속의 미녀"라는 교사의 설명을 듣고는 이해할 수 없다는 표정으로 '공주는 숲 속이 아니라 숲 속의 성 안'에서 자고 있다고 말하였다. S-3은 교사가 한국에서, 한국어를 주요 언어로 사용하기 때문에 습관처럼 이해하고 있는 부분을 민감하게 인식하고 이야기를 한 것이다. 즉, "Sleeping-beauty"라는 이야기의 제목에 대한 이해가 단어의 뜻을 바탕으로 하는 참여자와 내용을 암시하여 표현한 한국사회의 이해가 다름으로써 공감하지 못하는 것을 나타내는 부분이라 할 수 있다.

〈초등학생을 위한 초등 한국어 1〉

위의 자료는 한국어 의사소통이 어려운 다문화가정 자녀의 한국어 교육을 위해 2013년 보급된 초등학생을 위한 초등 한국어 교재의 일부이다. 16세의 S-1도, 8세의 S-9도 모두 '한국어 능력에 따라' 이 교재를 통해 한국어를 공부한다.

또한 다른 참여자들보다 집이 가까운 S-6은 수업시간에 먼저 와서 기다리는 경우가 많았다. 교사는 한국어가 서투른 S-6을 위해 컴퓨터를 이용하여 그의 출신국 음악을 찾고자 하였다.

맥카슬린(McCaslin, 2006:374)은 방과 후 수업의 경우 다른 학교 또는 같은 학교의 다른 학년에서 오기 때문에 수업 참여 시간이 모두 다르며, 이때 아이들이 모두 도착할 때까지 보내는 시간 또한 중요하다고 한다. 이 시간을 활용하는 것은 참여자들의 등교시간의 차이뿐만 아니라 참여자의 수준에 따른 활동제시를 통해 참여자들이 수업에 보다 적극적으로 참여할 수 있도록 돕는다는 측면에서 기회의 평등과 관련된다. 그러나 인터넷을 통해서는 S-6의 나이에 맞는 자료를 찾을 수 없었다. 즉, 언어와 문화적 배경이 다른 학습자의 교육활동 지속을 위한 교사의 노력은 사회적 지원의 부족으로 원활하게 이루어지지 못한 것이다.

참여자들의 수업 과정에 대한 요구나 한국어 수업에 대한 요구, 한국사회에서 외국의 이야기를 어떻게 번역하여 사용하는지 등은 교사의 안내나 설명을 통하여 한국 학교 또는 한국 사회의 문화를 알 수 있도록 하는 계기가 되었다. 그러나 본질적인 측면에서 교사의 이해를 떠난 참여자들의 활동은 의미 부여가 될 수 없다.

> …(중략)… "S-9야, 그런데 아파트는 왜 그리는 거야?" 교사의 질문에 S-9는 잠시 그림 그리기를 멈추며 "그냥요." 하고 다시 그리기를 한다. 교사는 "그냥 그리는 것이 아니라, 어떤 연극을 하고 싶은지를 생각해서 그리는 거야~ S-9가 어떤 연극하고 싶은지 여기에 그리거나 쓰거나 하지 않으면, 누나들이나 형아가 하자는 대로만 하게 될 거야." 하고 S-9 책상 쪽으로 허리를 굽힌 채 말한다. S-9는 "네~"하고는 계속해서 그림을 그린다. …(중략)…
>
> S-9: 이거는 착한 로봇이고요, 이거는 나쁜 로봇이에요. 나쁜 로봇이 힘이 세가지구요, 착한 로봇은 가까이 가지 못하고 여기 아파트 위에서 이렇게 초음파를 써서 공격하는 거예요.(2013. 7. 23. 수업관찰기록)

교사는 참여자들에게 하고 싶은 연극의 내용이 나타나도록 그리기를 말하였다. 이에 따라 S-9는 '아파트'를 그리지만 오히려 교사는 그것을 연극의 내용과 관련짓지 못하였다. 그러나 이후 S-9는 자신의 그림을 설명함으로써 자신이 그린 그림이 '내용이 나타나도록 그리기'에 합치될 뿐만 아니라 S-9 자신의 창의적 활동의 결과물이라는 것을 나타내었다.

상대방에 대한 신뢰가 배제된 채 이루어지는 의사소통은 기능을 중시하는 산업사회의 전통을 답습하는 것과 같다. 또한 타인을 고려하지 않은 채 이루어지는 이해는 이해라고 할 수 없을 것이다. 이러한 측면에서 S-9의 그림에 대한 교사의 질문과 그에 따른 안내는 S-9를 이해하거나 공감하지 않은 채 S-9의 그림을 판단한, 교사의 자기중심적 이해라고 할 수 있을 것이다.

교사의 자기중심적 이해는 교사가 S-9의 가족여행에 대한 소식을 들었을 때도 나타났다. 한국 사회에서 여름 방학 중 가족단위로 이루어지는 여행은 특별한 것이 아니다. 그러나 교사는 S-9의 가족 여행을 전혀 예상하지 못하였다.

S-9가 가족 휴가를 가서 금요일에나 올 거라고 말씀하신다. 게다가 S-3은 지금 집에서 출발한다고 한다. 다섯 명밖에 안되고 벌써 배역에 맞게 대본을 써 왔는데 큰일이라는 생각을 했다.(2013. 7. 29. 참여관찰 일지)

특히 교사는 수업을 진행함에 있어서 일반적인 가정에서 흔히 갈 수 있는 가족 휴가를 고려하지 않았다. 또한 일지에는 S-9에 대한 별다른 언급 없이 단지 배역과 관련한 걱정만이 나타나고 있다. 이러한 교사의 모습을 통해 S-9가 연극하기에 대해 공감하지 못할 것이라는 사실은 쉽게 짐작할 수 있다.

S-3이 S-9를 보며 "로미오~ 로미오~ 로미오~" 하고 점점 크게 로미오를 부른다. 교사는 S-9에게 "S-9야, 여기(대본을 들어 보이며) 계속 보고 있어야 돼, 딴 데 보고 있으면 안 돼~?" 하고 말한다. …(중략)… 다음 대사를 해야 하는 S-9는 가만히 있다. …(중략)… 무언가 때리는 모습을 보인다. 교사는 "S-9가 뭔가 화가 났네?" 하고 S-9에게 말한다. …(중략)… S-9는 말하지 않고 교실 뒤쪽으로 가다가 복도 쪽으로 가서 S-3과 S-1이 사라진 쪽을 바라보다 들어온다. …(중략)… 다음에 연극할 때 이런 건 좀 안 했으면 좋겠어요 하는 거"하자 S-3은 "안 빠지기" 하고 말한다. …(중략)… S-9는 "그래요? 아니 저 오고 싶었는데 제주도에요. 그 제주도에 있

는 그 삼촌…" 하고 말한다.(2013. 8. 2. 수업관찰기록)

위의 일지를 살펴보면 S-9는 딴 데 보기, 가만히 있기, 무언가 때리기, 말하지 않기라는 행위를 통해서 자신의 불만을 표출하였다. 또한 S-9의 행위에 대한 이유는 S-3가 '점점 크게' S-9를 부르는 모습이나 '계속 보고 있어야 돼. 딴 데 보고 있으면 안 돼~?'라는 교사의 말을 통해 짐작할 수 있다.

S-9의 부재에 대해 교사가 역할에 대한 걱정을 먼저 한 것은 수업을 함께 하는 다수를 먼저 고려한 것이라고 생각할 수 있다. 그러나 다른 한편으로는 S-9라는 개인이 정당하게 활동에 참여할 수 있는 방안이 충분히 보장되지 않았다는 것을 나타내는 것이다. 즉, 교사와 참여자들은 같은 교실에서 같은 내용으로 수업에 참여하지만 S-9에 대한 이해와 공감이 결여됨으로써 S-9에게는 수업을 실질적으로 함께 하기 위한 기회의 평등이 이루어지지 않은 것으로 해석할 수 있을 것이다.

이상과 같이 2분기 수업은 1분기에 비해 자발적 참여자의 수가 증가하였다. 또한 참여자들은 자신이 하고 싶은 바를 뚜렷하게 제시하였다. 그러나 그들이 자신의 요구를 명확하게 제시할 수 있었던 것은 교육연극활동에 대한 기대뿐만 아니라, 원적교 체험활동을 통해 현재의 친구들과 헤어진다는 생각이 중요하게 작용했던 것으로 파악되었다.

교사와 참여자들은 2분기 활동에서 수업을 통해 상대를 배려하고, 상대의 마음을 고려하며 활동을 이어나갔다. 하지만 교육연극활동 과정에서 참여자들은 그들이 공감하기 어려운 보다 다양한 수준의 갈등을 경험하였다. 참여자들은 그들이 현재 알고 있는 것과 한국 사회에서 사용되고 있는 것에 대한 차이(이야기의 제목), 현재의 학습자 수준에 맞지 않게 제시된 학습 자료에 대한 기대 차이(초등학생을 위한 표준한국어), 학습자가 갖는 개인 내적 욕구(자존감과 애정 및 소속감의 욕구) 등에 대해 공감하기 어려웠으며 이에 따라 다양한 차원의 갈등을 경험하였다.

즉, 참여자와 교사가 연극을 만들어가는 과정에서 그들이 공감하지 못하는 사회적, 개인적, 내적, 외적 차원에 의한 갈등의 맥락이 나타났다. 이러한 상황에서 참여자들은 자신이 알고 있는 이야기의 제목이 한국에서 사용하는 것과 맞지 않다는 것을 말하거나, 무언가를 때리면서 자신의 마음을 표출하였지만 더 이상의 발전 없이 현재의 상황에 순응하는 모습을 보였다.

이러한 상황에서 참여자들은 교육연극 수업을 통해 아는 것을 확인하며, 자신의 수준에 맞게 자료(대본)를 만들어가는 활동을 통해 자신의 기대를 충족시켰다. 그러나 참여자의 자존감 회복을 위한 관객 동원, 음향 지원 등의 활동이 원활하게 이루어지지 못한 점은 또 다른 과제로 남게 되었다.

이와 함께 총 6회의 수업 중 이야기 만들기 단계의 2회를 참석하지 못한 S-9의 경우 연극을 연습하는 과정에 집중하지 못하는 모습을 보였다. 그러나 S-9에 대한 별도의 고려가 없었던 2분기 수업은 비록 자발적으로 참여한 것이었으나 자신이 알지 못하는 무언가를 무의미하게 반복한 것에 불과했다고 볼 수 있다. 또한 2분기 수업에 열심히 참여한 S-3의 '안 빠지기'라는 답변은 교사의 수업목적 달성이라는 이해 관계적 태도에 의해 학습된 것이라고도 볼 수 있다.

3. 공동체적 경험: 개방적 규칙에 대해 자발적으로 맞추기

다문화교육은 협력적 의사소통을 통해 새로운 합의를 만들어가는 과정이다. 협력적 의사소통을 통한 합의는 의사소통 당사자들의 요구가 상대에 대한 공감적 이해를 바탕으로 조정된 결과로써 하나의 규칙 또는 형식으로 나타난다. 그러나 규칙 자체가 공동체를 형성하는 것은 아니다. 공동체 의식은 협력적 과정 속에서 규칙을 만들어가고 자신이 맞닥뜨린 어려움을 함께 극복함으로써 만들어지는 자신감과 동료애와 같은 내적 보상을 통해 형성된다.

1) 기존의 학습자로부터 규칙을 만듦

'ㅎ'학교에서의 2학기 방과 후 수업 참여자는 모두 11명으로 시작하였다. 그러나 이들 중 4명은 비자발적으로 참여하였고, S-6은 담당 교사도 모르게 참여하였다. 3분기 방과 후 수업은 2분기 수업에 대한 교사의 성찰을 통해, 11월 1일 계획된 개교기념일 행사에 참여하는 것을 목표로 하였다.

3분기 수업에서 교사의 계획은 2분기 수업에서 S-1과 S-3이 가졌던 기대와 실망에 의한 것이었다. 따라서 교사는 1차 수업에서 다음과 같이 수업을 안내하였다.

> 발표회까지 남은 시간을 이야기해 주고, 연극 내용의 대강 정하기 손들어서 자기 의견 표시하기, 자기의 의견을 표시하지 않으면 다른 사람들의 의견을 따라갈 수밖에 없다고 말했다. 국어-말하기의 필요성. 사회-민주 시민의 권리와 의무 (2013. 9. 4. 참여관찰 일지)

위의 일지를 통해서 알 수 있듯이 교사는 수업의 계획 설정에 있어서 국어, 사회 교과를 고려하여 발표에 대한 규칙을 제시하였다. 교사가 이전 분기와 다르게 규칙을 제시한 이유와 의도는 아래와 같다.

> 조건: 시간이 별로 없음. 발표회를 위해서는 연습도 필요함. 오늘 할 활동은 지난 1, 2분기 활동 내용을 촬영한 비디오를 시청하고 …(중략)… 표현하는 활동을 중심으로 할 예정이다. 이 활동의 목적은 1. 교육연극 수업에서는 어떻게 활동이 이루어지는지를 보여주기 위해서, 2. 비디오를 보고 내용 이해도 확인을 위해서, 3. 비디오를 보고 한국어 이해도 확인을 위해서, 4.다른 사람들이 관심 있게 생각하는 주제는 무엇인지 확인하기 위해서이다. 1의 경우, 교육연극을 처음 접하는 학습자를 위한 것으로, 아이들이 교육연극 수업의 목표점을 확인하는 데 도움이 될 것이다. 2, 3의 경우 개인의 한국어 관련 능력을 살펴보기 위해서인데, 2는 비언어 표현, 3은 언어 표현과 관련된다. 4를 통하여 다른 학습자의 관심과 자신의 관심을 비교하여, 새로운 주제 혹은 아이디어를 생각할 수 있을 것을 기대한다.(2013. 9. 4. 참여관찰 일지)

교사는 수업의 계획에서 '시간이 별로 없음', '연습도 필요함'이라는 조건을 고려하였다. 또한 교사는 이전 수업의 결과물인 비디오를 하나의 목표점으로 제시할 것을 계획하였다. 그러나 교사가 제시한 비디오는 단순히 수업 결과로서 달성해야 할 목표점을 한정하기 위함이 아니라는 것을 목적 4를 통해 확인할 수 있다. 오히려 교사는 기존의 자료를 새로운 아이디어를 위한 발판으로 생각하였다. 이에 따라 교사는 비디오를 본 후 참여자들에게 비디오의 내용과 자신이 하고 싶은 것을 학습지를 통해 나타낼 것을 요구하였다.

> @@는 학습지와 안내문을 보자마자 "안 쓰면 안 돼요?" 하고 묻는다. …(중략)… @@는 "선생님, 이런 거 너무 많이 썼어요."라고 말한다. …(중략)…"여기에다가 글로 쓰던지 아니면 그림으로 그리면 되는 거야."(2013. 9. 4. 수업관찰기록)

그러나 위의 기록에서 나타나듯이 비자발적으로 참여한 새로운 학습자 @@은 학습지에 대해 부정적인 마음을 나타냈다. 교사는 이러한 @@에게 2분기에서 유용하다고 판단했던 글 또는 그림이라는 대안을 제시하였다. 이와 같이 이전 경험에 근거한 교사의 행위는 시간이 별로 없다는 이유로 인하여 지속적이고 반복적으로 나타났다.

> "얘들아, 책상을… 지금 책상을 조금 옮겨주세요. 지난번처럼 ㄷ자 형으로" 일찍 온 S-4와 S-2는 의자에 앉아 있다가 교사의 요청에 의해 책상을 맞춘다. 교사가 비디오카메라를 조정하는 동안 %%이 들어왔다. 교사는 %%에게 자리에 앉을 것을 이야기한다. …(중략)… 아이들의 책상정리와 교사의 비디오 조정이 끝난 후 교사는 %%과 S-2에게 연극 대본을 각자의 책상 위에 올려줄 것을 얘기했다. …(중략)… "선생님이 먼저 읽을게요. 1번."(대사 읽기, 대사의 느낌을 살려서 읽음.) 교사는 S-2에게 2번 대사를 읽도록 했다. …(중략)… 교사는 "음~ 다음 S-7이 5번 읽으면 돼~"라고 말한다.(2013. 9. 11. 수업관찰기록)

위의 수업관찰기록을 보면, 교사는 대사에 번호를 부여하고 그에 따라 읽기에도 순서를 제시하였다. 이와 함께 교사는 기존과 달리 참여자들의 목소리 크기와 발음 그리고 휴지 등의 요소에 대해서도 고려하였다.

> "그래요. 목소리가 작으면 다른 사람이 무슨 말이지? 하고 잘 알아들을 수가 없어요. 그리고 친구들이 읽는 것을 들어보니까, ㄹ 발음과 ㅎ 발음을 힘들어해요. …(중략)… "자 이제는 대본을 따라 읽으면서 선생님이 어디에서 쉬는지 표시해 보세요." …(중략)… "우리 보통 책 읽을 때, 쉬는 표시는 이렇게 하지요? 그런데, 선생님이 대본 읽는 거 보니까 이런 표시가 없는 데에서도 조금씩 끊어서 읽지요? …(중략)… 이번에는 우리, 발성연습을 할 거예요. (판서하며) …(중략)… "자, 허리 피고, 허리에 손을 이렇게 올리고(양 손을 허리에 올리며), 배에 힘을 주고, 자 이렇게~ …(중략)… 자, 지금 손가락 다섯 개 꼽을 때까지 소리를 길게 냈지요? 이제는 짧게 내보자." …(중략)… 학습자들은 재미있다는 듯이 웃으며 교사를 보고 '아~' 하며 따라 한다. "이제 선생님이 하는 말들을 크게 따라서 해보자." 교사의 안내에 따라 학습자들은 "나를", "나를", "너를", "꽃게를", "꽃게를", "꽃게를" …(중략)… (2013. 9. 11. 수업관찰기록)

문자언어는 맞춤법에 의해 기록된다. 하지만 음성언어는 문자언어와 일치하지 않는다(박덕유, 2009). 책을 읽거나 말을 할 때 나타나는 휴지는 감정이 드러나기에 띄어쓰기와 항상 일치하지는 않는다. 교사는 이 점을 고려하여 대본을 읽을 때 휴지 부분을 표시할 것을 안내하였다. 음성언어에서 한글은 음운현상으로 인하여 낱자를 읽을 때와 단어 수준의 글자를 읽을 때 다르게 발음을 해야 한다. 교사는 참여자들이 특히 어려워하는 유음(ㄴ, ㄹ)과 격음(ㅎ+ㄱ[ㅋ])에 대한 발성 연습이 이루어지도록 하였다.

이와 함께 연극의 이야기가 진행되는 배경에 대한 학습자의 이해를 돕고 사고를 확장하기 위한 활동이 필요하였다. 이 활동은 학습자가 제시한 아이디어를 현재의 주변과 관련 짓고, 연극적 상황으로 확대한 후, 이를 다시 교과수업과 연계하여 제시하였다.

…"어, 그거 좋다. 예를 들어서 지금 바깥을 봐요. 비가 오지요? 비가 와요. 비가 와서 물이 모여요. 비가 모여서 강으로 흘러요. …(중략)… 이 물을 이용해서 농사를 지어요. 그런데 붉은 여왕이 비를 안 오게 하면, 강이 다 말라버리겠죠? …(중략)… 사막이 되겠지요? …(중략)… 그럼 사막은 어디에 많이 있지? 지구에서?"…(중략)… 어… 남반구에 있을까, 북반구에 있을까?" 교사는 칠판에 원을 그려 지구 표시를 하고, 상하로 나누어 북반구와 남반구를 나눈다. "여기 이 줄 위를 북반구라고 하고, 이 줄 밑을 남반구라고 하지요? 여기가 북극, 여기가 남극이지요? 그럼 북반구의 특징은 뭐예요?"(2013. 9. 11. 수업관찰기록)

참여자들은 공간적 배경에 대한 논의 후 시간적 배경에 대한 고려를 함께 하였다. 연극의 시간적 배경과 공간적 배경은 학교 수업을 마치고 집에 돌아가는 어느 날로 결정하였다. 또한 언어적 이해가 어려운 참여자들을 위한 마임 활동도 계속되었다.

교사는 교사 책상 쪽으로 와서 마임으로 공기 쥬스를 만드는 흉내를 낸다. 뚜껑을 돌려 열고 숟가락을 이용해서 공기를 떠서 컵에 따르고 섞은 후 뚜껑을 닫은 후 S-6에게 잘 저어서 준다. 교사가 마임을 하는 동안 아이들은 교사의 모습을 유심히 살펴본다.(2013. 9. 11. 수업관찰기록)

마임 활동은 1분기에서는 참여자들의 행위에 대해 관찰하고 타인의 행위를 이해하는 활동으로 활용되었다. 그러나 3분기에서 마임은 교사의 설명을 돕기 위한 하나의 형식적 도구로 활용되었다. 이와 함께 1분기 수업에서 연극수업 참여자 간의 즐거운 공동의 경험을 확대하고자 활용한 동네 걷기 활동이나 2분기 수업부터 제공한 간식의 제공도 그대로 시행하였다.

2) 경험에 의해 조정함

"그런데 여기 ○○ 한 명 있어요."라고 한다. "누구? ○○? ○○가 뭐지?"라는 교사의 질문에 S-2는 "그거 엄청난 욕이에요." 이어서 "얘네들 중국어로 말하는 건 다 욕이에요"라고 말한다.(2013. 9. 4. 수업관찰기록)

위의 기록은 3분기 첫 수업에서 나타난 것으로, S-2의 말을 통해 3분기 수업 참여자 중 몇 명은 교사가 알지 못하는 언어를 사용하여 일상적으로 거친 말을 하였다. S-2뿐만 아니라 S-1이나 S-3도 평소에 중국어를 사용하여 욕을 하는 것에 대해서 부정적인 평가를 하였다. 따라서 3분기 교육연극 시간에는 중국어의 사용이 제한되었다. 이와 함께 교사는 수업 후 S-1과 S-3에게 도움을 구하였다. S-1은 평소에 @@에 대해 두려운 마음을 갖고 있었지만 교사의 요청에 대해 응답하였다.

@@은 화난 목소리로 S-2의 이야기 도중에 끼어들어 비난하는 투의 말을 크게 한다. …(중략)… S-1은 @@에게 "너만 여기 있는 거 아니야. 다른 사람 이야기할 때는 들어야 되는 거야."라고 말한다. …(중략)… (2013. 9. 11. 수업관찰기록)

@@은 이야기 도중에 화난 목소리로 끼어들며 다른 참여자를 비난함으로써 수업을 어렵게 하였다. 이러한 상황에서 S-1은 @@의 행위가 잘못된 것임을 직접 이야기하였다. 특히 S-1이 평소 @@을 무서워하는 마음을 갖고 있는 상태에서 @@의 행동에 대해 조언한 것은 S-1에게는 쉽지 않은 결정이었다는 것을 짐작할 수 있었다. 즉, S-1은 @@에 대해 두려움을 갖고 있었지만 교사의 도움요청에 책임감을 갖고 행동함으로써 두려움을 극복한 것이다.

이와 함께 참여자들은 이야기 속 인물들의 성격과 경험에 대해 함께 고민하였다. 참여자들의 고민은 '이야기 속에서 사람들을 괴롭히는 붉은 여왕은 원래부터 나쁜 성격을 갖고 태어난 걸까?'라는 질문으로부터 시작하였다. 참여자들은 그렇지 않다고 생각하였다.

> "응~ 붉은 여왕이 어릴 때 무슨 일이 있었어요?" S-6은 "네, 붉은 여왕… 음… 어릴 때, 어… 왕따 당했어요." …(중략)… S-1은 그 이야기를 듣고 이야기를 이어간다. "어릴 때부터 하얀 여왕만 다들 좋아하고, 레드 퀸은 안 좋아했어요." "왜?" "어, 레드 퀸은 언니보다 안 예쁘고, 아니, 하얀 여왕~ 하얀 여왕만 다들 좋아하고, 공부 잘 하고~" S-3이 이어간다.(2013. 9. 11. 수업관찰기록)

참여자들이 생각한 붉은 여왕의 과거의 중심 경험은 왕따였다. 이러한 진술은 3분기에서 만든 이야기가 1분기의 '왕따' 이야기와 2분기에 만들었던 '이상한 나라의 로미오와 줄리엣'의 이야기를 결합하였고 재구성하여 만들어가고 있다는 것을 나타낸다. 참여자들은 이야기뿐만 아니라 연극부 노래로 2분기에 만든 바누와 노래도 음악의 특징을 살리고 화음을 고려하여 부르기로 생각하였다.

> S-1은 "선생님!" 하고 부른다. "재미있어…할려면 너무 높은 음하고 낮은 음 같이 있고, 그리구 평평한 음 뭐", "중간 음?" "중간 음하고 그렇게 섞어서 하면 재미있어요. 두 사람씩 아니면 한 사람 먼저 노래하고, 다음에 한 사람 두 사람 …(중략)…"(2013. 10. 2. 수업관찰기록)

위의 기록에서 참여자는 바누와 노래를 부를 때에 '평평한 음', '중간 음을 섞어서', '먼저 노래하고'라는 표현을 통해서 화음과 돌림노래의 특징을 말하였다. S-1의 설명은 참여자가 생각한 '재미'가 희극적 재미를 말하는 것이 아니라 음악성을 고려한 것이라는 것을 나타내고 있다. 참여자들은 몇 번의 연습 후에 녹음을 하였고, 그것을 확인하며 자신의 노래를 평가하였다. 녹음자료는 특히 출신국에서 연극에 대해 부정적인 경험을 한 S-4에게 심리적 부담감을 덜어주는 데 큰 도움이 되었다. 또한 참여자들은 수업이 시작되기 전부터 대본 읽기 활동을 함으로써 자연스러운 발화를 위해 노력하였다.

S-1, S-4, S-6은 대본을 읽고 있다. S-1는 대본을 소리 내어 읽기를 한다. S-2와 S-3는 책상을 말발굽 대형으로 옮기고 있다. …(중략)… S-3, S-1, S-6은 태양을 만들고, S-2와 S-4, S-8는 함께 선인장을 만들었다. …(중략)… (2013. 10. 16. 수업관찰기록)

또한 교사가 수업을 위해 미리 판서하는 동안 참여자들은 자발적으로 대본을 소리 내서 읽거나 책상을 옮기는 등의 활동을 하는 모습이 함께 나타났다. 이와 대조적으로 비자발적으로 수업을 함께 하던 @@은 자발적으로 수업을 중단하였다.

아래의 기록과 일지는 S-2가 연극 내용에 재미있는 것을 많이 넣고 싶다는 의견을 제시한 것이다. 이 외에도 참여자들은 연극 활동에서 자신이 넣고 싶은 것으로 개그, 노래, 그리기, 만들기 등의 다양한 활동을 말하였다.

S-2가 "선생님~ 저 죄송한데요, 여기서 개그 하나 넣었으면 좋겠어요."하고 말한다. "뭐?"하고 묻자, "고객님, 많이 당황하셨지요? 하는 거 넣으면 (웃음)"(2013. 10. 2. 수업관찰기록)

S-2와 S-1은 "보라 언니 들어 가실게요."라는 말을 하며 좋아함. …(중략)… 서로 하고 싶어 해서 각자 한 번씩 녹음함.(2013. 10. 26. 참여자 일지)

하나의 대답이 끝나자마자 하얀 여왕 일행은 무대 뒤로 사라진다. 하나는 하얀 여왕 일행을 서둘러 따라간다. 마술피리 서곡(6학년 음악 교과서) 시작 음이 3번 들린 후에, 어딘가에서 붉은 여왕의 등장을 알리는 소리가 들린다.

소리: 비키세요, 붉은 여왕 들어가실게요~ X2(3분기 완성 대본)

대본에서 참여자들의 요구는 위에 제시한 바와 같이 반영되었다. 이와 함께 참여자들은 연극의 소품을 만드는 작업에서 두 개의 팀을 구성하여 활동하였다. 그러나 S-2는 소품으로 사용할 해와 선인장을 만드는 과정에서 S-4의 활동을 비난하였다. S-2의 비난에 대해 S-4는 다른 활동을 하겠다고 하였다. 교사는 S-4의 모습을 보고는 대본을 읽으며 연습할 것을 말하였다. 또한 S-2에게는 상대의 입장이 되어 생각하기를 권하였다.

이는 연극 활동에서 이야기 속 인물이 되어 생각하며 인물의 입장에 감정이입을 통해 이해하는 과정을 실제 상황에 적용한 것이다. 많은 협동학습 연구가들은 소집단으로 나누어 활동하는 것이 협동학습에서 무임승차를 예방하는 것으로 독려한다(이바름, 정문성, 2011 정문성, 2006 Kagan, 1998). 그러나 소집단 활동은 오히려 집단 간의 경쟁의 계기가 될 수도 있다(박수경, 2006).

참여자들의 자발적인 활동은 아래의 일지에서 나타나듯이 공연 날짜가 다가올수록 빈도가 높아졌다. 이러한 자발적 활동은 참여자들에게 하나의 자랑거리가 되

〈S-8의 시선으로 본 연극 배경을 나타내는 소품 만들기〉

위의 사진은 S-8이 찍은 참여자들의 활동 모습이다. S-8은 비자발적 참여자로 교육연극활동에 소극적으로 참여했다. 이에 따라 교사는 S-8의 관심을 알고자 S-8에게 카메라를 지급하였다. S-8은 다른 참여자들의 모습을 카메라에 담다가 선인장 만들기를 함께 하겠다는 의사를 표현하였다.

었다.

> 오후가 되기 전 아이들에게 톡으로 물어보니 S-3이 지난 금요일에 몇몇 아이들이 모여서 연습을 했다고 자랑하듯 말한다.(2013. 11. 6. 참여관찰 일지)

> S-8은 자기가 이야기를 할 때는 내가 무대 밑에서 어떤 지시도 하지 않았는데 앞으로 한 발자국 나와서 자기의 대사를 하는 모습을 보여 주었음.(2013. 11. 27. 참여관찰 일지)

특히 앞의 일지는 연극공연이 이루어진 날 S-8의 모습이다. 참여자들은 공연 전 마지막 연습을 비디오로 녹화하고 평가하는 시간을 가졌다. 이 활동을 통해 S-8은 자신의 모습을 성찰하여 실제 공연에서는 '무대에서 한 발' 나오는 행동을 함으로써 관객의 공감을 이끌어 내고자 하였다.

3) 공동체 의식이 나타남

관객은 연극을 구성하는 요소 중 하나이다. 그러나 'ㅎ'학교에서 연극공연의 관객은 단순한 관객의 역할에 머물지 않았다. 극중 극의 공연을 위해서 교사는 찬조출현의 형식으로 연극반이 아닌 아이들의 도움을 요청하였다. 이에 따라 ○○과 ○○의 친구 및 S-8의 친구가 연극하기에 함께 참여하였다. 극중 극은 붉은 여왕의 회상 장면을 표현한 것으로 붉은 여왕이 나쁜 성격을 갖게 된 이유를 나타내는 장면이다.

> ○○은 "선생님 좀 도와줄래?"라는 말에 좋아하며 따라왔음. 공연은 초등학교 아이들이 모두 와서 관람했는데, 아이들이 집중하여 잘 봄. 초등학교 선생님들도

모두 오셔서 관람하심. 애벌레 장면은 ㅇㅇ과 ㅇㅇ의 친구 그리고 S-8의 친구. 연극반이 아닌 3명의 아이들이 찬조출연을 하게 됨. 간단한 장면이었지만, 아이들은 진지하게 자기가 맡은 역할을 충실히 하고 있음.(2013. 11. 27. 참여자 일지)

연극공연은 관객으로 참여한 아동들의 도움으로 극중 극 형식을 진지하고 충실하게 도움으로써 완성할 수 있었다. 'ㅎ'학교의 교사들과 학습자들은 연극공연에서 스텝 혹은 관객의 역할을 하였다. 또한 3분기 수업을 중간에 그만 둔 참여자 4명도 관객으로 참여하였다.

… 방과 후 선생님은 오늘 공연 관람은 초등학생만을 대상으로 할 것이라 말씀하심. 무대 밑에 의자가 채워지고 방송 담당 선생님도 오셔서 무대 위에 스피커를 올려 주셨음 …(중략)… 공연이 끝나고 …(중략)… S-2는 흥분이 됐었다고 함. S-3과 S-4는 나를 꼭 안음 …(중략)… 아이들에게 정말 잘 했다고 칭찬해 줌 …(중략)… 5학년 선생님은 연극이 재미있었고, 아이들에게 좋은 경험을 만들어줘서 고맙다고 인사하며 가심. 선생님은 나를 앞질러 가시며 바누와 노래를 흥얼거리심. "이 노래 은근 중독성 있네~"라고 …(중략)… 아이들은 자유롭게 서거나 앉아서 피자를 먹고 있었는데, 관람 중 핸드폰으로 촬영한 동영상을 보며 이야기를 나누고 있었음.(2013. 11. 27. 참여자 일지)

참여자들은 자신들의 경험을 '흥분'이라는 말을 통해 표현하였다. 연극공연을 통하여 교사나 관객으로 참여한 학습자들은 '연극'에 대한 참여 경험을 갖게 되었다. 즉, 연극공연을 통해서 인천 'ㅎ'초등학교 구성원들은 교육연극 수업 참여자라는 직접 참여자와 관객이라는 간접 참여자로서 각자의 역할을 수행한 것이다. 인천 'ㅎ'초등학교 구성원들은 이야기를 만들고, 이를 대본으로, 몸짓으로 표현하여 연극으로 공연하였다. 또한 이들은 연극공연 후 연극에 대한 내용을 함께 말하고 생각함으로써 공동의 경험을 만들어갔다.

특히 '이상한 나라'를 나타내는 소품 만들기 시간에 S-4에게 일방적으로 화를 낸 S-2는 연극 활동에 '도움이 많이 된' 친구를 말할 때 S-4를 포함함으로써 연극 활동이 S-2와 S-4의 관계에 긍정적으로 영향을 주었다고 하였다. 이러한 모습은 S-2가 1분기 수업 후 S-10을 '구박'(2013. 7. 22. T-2와의 대화)했던 모습과 다르다는 것을 알 수 있다.

> S-2: …(중략)… S-6은 …(중략)… 마법, 마법. S-1는 로맨틱한 거, 저는 현실적인 거, S-3는 비현실적인 거 …(중략)…
>
> S-5: 그거 합치면 정말 좋을 것 같은데요? …(중략)… 아, 이렇게 하면 어떨까요? …(중략)… 이야기가 이어지면 어떨까요?(2013. 12. 4. 그룹 면담)

또한 위의 면담에서는 연극공연에서 경험한 참여자들의 '흥분'이 피하고 싶은 경험이 아니라 오히려 즐겁고 기대되는 활동 또는 다음 연극에 대한 흥미로 이어지고 있다는 것이 나타났다. 즉, 교사가 수업의 과정 중 제공한 간식이라는 외적보상은 학급 분위기를 쉽고 확실하게 고양(Kagan, 1998:65)시킬 수는 있지만, 학습활동의 지속성과 자발성까지 촉진하는 것은 자긍심이라는 내적보상을 통해 가능하다는 것을 알 수 있다.

〈극중극〉 붉은 여왕의 어린 시절

극중극은 여러 가지 형태의 소극을 연극 속에 넣는 형식을 말한다. 'ㅎ'학교 연극에서는 붉은 여왕이 나쁘게 변한 이유를 설명하는 회상장면을 나타내는 데 사용되었다. 주요 연기자들이 모두 지켜보는가운데 붉은 여왕의 성격 변화에 핵심적 역할을 하는 연두색 애벌레가 무대 중앙부에 위치한다. 애벌레 인형을 들고 있는 아동은 S-7과 같은 5학년으로 5학년 학급에서 진행한 연극 수업을 구경하던 중 몇 번의 연습을 함께 하였다. 그러나 천을 잡고 있는 아동들은 교사의 요청에 의해 자발적으로 참여한 아동들로 즉석에서 캐스팅되었다.

이처럼 방과 후 교육연극 3분기 수업은 1, 2분기에 비해 많은 시간이 할애되었다. 그러나 형식성을 갖춘 연극공연을 위한 준비를 고려한다면 오히려 짧은 시간이라 할 수 있다. 그리 길지 않은 시간을 통해 연극공연을 할 수 있었던 것은 참여자 자신이 공연에 대한 긴장 속에서 자신의 자존감을 지키고자 노력하는 가운데 자발적으로 연습함으로써 가능했던 것으로 판단된다. 이러한 참여자의 자발적인 연습은 공동의 과제로 제시된 연극공연에 대한 책임의식에 의한 것으로 해석할 수 있다. 또한 이들은 연극공연에 대한 긴장과 흥분을 극복함으로써 공동체 의식을 경험하였다. 그뿐만 아니라 교육연극 수업에 대한 기대와 연극공연을 하고 싶은 S-1의 마음은 @@에 대한 두려움을 극복하게 하였다. 즉, 참여자들의 자발적 통제는 연극공연에 대한 책임의식으로부터 발현된 것이다. 또한 'ㅎ'학교 초등학생과 교사들은 배우로, 관객으로, 스텝으로 참여하며 자신이 생성한 경험을 공유하고 그것에 의미를 부여함으로써 공동의 경험이 공동체 의식으로 변화하고 확대된 것이라고 할 수 있다.

참여자들은 보다 짜임새 있는 연극을 만들기 위해 사회, 과학 등의 교과지식과 체육, 미술, 음악 활동을 함께 하였고, 직접 무대 위에 오름으로써 용기라는 도덕적 덕목을 실천하였다. 특히 1분기 수업부터 꾸준하게 교육연극 수업에 참여한 S-1과 S-3, 그리고 '연극하고 싶어서 과학도 바꾼'(2013. 4.19. 참여관찰 일지) S-2의 경우 만족도가 특히 높았다. 더욱이 S-2의 경우에는 1분기 수업 후 보였던 S-10에 대한 태도와 달리 3분기 수업 후에는 S-4와의 관계 또한 개선된 모습을 나타내었다. 이들에게 연극공연은 자신의 자존감을 지키기 위한 하나의 통과의례와 같은 것으로 그들의 역량을 키우기 위한 삶의 새로운 장이었다.

그러나 비자발적으로 수업을 함께 했던 학습자들 중 4명의 수업 중단은 형식성 높은 3분기 교육연극 수업이 그들에게 결코 함께 수업할 수 있는 기회를 제공했다고 할 수 없는 것이었음을 나타낸다. 이들은 연극공연을 통해 관객으로서 함께 연극공연에 참여하였다. 비자발적 학습자들의 관객으로써의 참여는 공감적 수준에서의 공동체 의식이 아니라 인식적 공동체 의식을 갖는다고 할 수 있다. 비록 이들은 함께 연극공연의 관객으로 참여하였지만 연극에 대한 책임감이나 함께 활동하는 동료로서의 배려나 도움이 확인되지 않았기 때문이다. 비자발적으로 수업에 참여하고 수업을 중단하게 된 4명의 참여자에게 3분기 수업은 단지 강제적이고 강압적이며 불편한 이야깃거리에 불과했다.

4. 장의 정리

본 장에서는 'ㅎ'학교 교육연극활동을 통한 협동학습의 각 분기에서 나타난 참여자의 모습을 유형화하고 이에 대한 특성과 주제의 의미를 살펴보았다. 협동학습의 경험은 크게 자기인식적 경험, 인간관계적 경험, 공동체적 경험으로 유형화하였다.

각 유형의 특성은 개인의 특성으로부터 나타나는 흥미, 타인의 입장에서 소통 수습(修習)하기, 개방적 규칙에 대해 자발적으로 맞추기로 범주화하였다. 각 유형에서 나타난 참여자들의 특징은 다음과 같다.

첫째, 참여자들은 자기인식적 경험을 통하여 자신과 동료의 특성과 특징을 알고 이를 다양한 방법을 통해 표현함으로써 공유하였다. 교육연극 수업에서 참여자들은 초국적 이주 배경이라는 개별적이지만 공통된 특징을 갖고 있었다. 참여자들은 자신의 이주 경험에 의해 S-1과 S-2, S-3처럼 스스로 되고 싶은 사람이나 잘하는 것에 대해 규정하기도 했지만, S-7이나 S-9와 같이 교사와의 활동을 통해서 자신을 알아가기도 했다.

수업의 측면에서는 이들이 갖는 언어적 다양성으로 인하여 현실적으로 함께 의사소통을 할 수 있는 방안이 요구되었다. 이와 함께 교사는 참여자들이 처한 갈등 상황에 대해 관심을 갖고 있는 것으로 파악하였다.

교사는 참여자들의 관심을 반영하여 의사소통의 방법으로 마임, 가면 만들기,

동네걷기 활동을 제시하였다. 이러한 활동은 연극적 재현성과 함께 참여자들 스스로가 언어적, 행동적 특성을 인식하고 타인의 특성을 인지하는 데 도움이 되었다. 참여자들은 자신이 좋아하는 활동을 마임을 통하여 나타냈는데 이 과정에서 타인의 행동 방식을 관찰하고, 타인과 함께 활동하기 위해 요구되는 행동을 고려하였다. 또한 참여자들은 가면 만들기를 통하여 이야기 만들기에서 규정한 자신의 특성을 나쁜 사람, 귀여운 사람 등으로 나타내었다. 이야기 만들기에서 참여자들은 공통적 경험인 생활 속의 갈등에 주목하였을 뿐 아니라 이에 대해 긍정적인 변화를 기대하는 모습이 나타났다. 특히 동네걷기 활동에서 참여자들은 학교 근처를 교사와 함께 걸으며 수업활동에서는 하지 않았던 자신의 이야기를 자연스럽게 드러내기도 하였다. 또한 평소 사이가 좋지 않던 S-2는 연극하기를 위해 S-10에게 먼저 다가가는 모습을 보였다.

참여자들은 그들의 언어적 다양성이나 이전 학습 경험을 장점으로 인식하였다. 하지만 교사는 이를 발전시킬 수 있는 방안을 제시하지 못함으로써 교육적 평등의 측면에서 본질적인 한계를 갖는다.

둘째, 참여자들은 소속감이나 안정감에 대한 요구 즉, 인간관계적 특징이 나타났다. 참여자들은 교육연극활동에 대한 기대와 하고 싶은 것을 보다 명확히 제시하였다. 그러나 참여자들의 이러한 특징은 방학 전 이루어진 원적교 체험을 통해서 현재의 친구들과 몇 개월 후면 헤어진다는 아쉬움과 일반 수업에서 한국 아이들과 함께 공부해야 한다는 두려움이 영향을 준 것으로 나타났다. 즉, 이제까지 막연하게 생각되었던 기존 집단의 해체와 새로운 집단으로의 편입에 대한 두려움이 보다 현실적으로 인식됨으로써 현재 집단 구성원과의 관계에 영향을 준 것으로 볼 수 있다.

교사와 참여자들은 함께 노래를 만들고, 수정하는 활동을 통해 서로의 마음을 이해하고자 하였다. 또한 참여자들은 연극으로 만들 이야기를 정하는 과정에서 서로 양보하고, 언어적 도움을 줌으로써 상대의 마음을 이해하고 아끼는 모습을 나타내었다. 이러한 과정을 통하여 연극 활동에 대한 참여자들의 요구는 관객이 있는 연극으로 발전하였다. 특히 S-1의 경우, 관객을 고려한 연극에서 음향에 대한 필요성을 이야기하여 연극하기에서 관객과의 상호작용을 고려하였다.

하지만 참여자들과 교사는 연극을 만드는 과정에서 이야기의 제목, 한국어 수준, 연극수업의 구성, 그림에 대한 오해 등과 같은 사회적 · 개인적 · 내적 · 외적 차원에 의한 맥락적 갈등을 경험하였다. 이러한 상황에서 참여자들은 이야기의 제목이 맞지 않음을 말하거나(S-3), 무언가를 때리면서(S-9) 자신의 마음을 표출하였지만 더 이상의 발전이나 변화 없이 현재의 상황에 순응해 가는 모습을 보이기도 했다.

특히 S-9의 하고 싶은 이야기 그리기 활동에 대한 교사의 이해 부족은 의사소통에 있어서 합리성 이전에 이해와 공감이 선행되어야 한다는 것을 나타냈다. 방학 중 가족여행이라는 요인으로 인하여 이야기의 내용 파악이 미비했던 S-9에게 강요된 반복적인 활동은 S-9에게 극복하기 어려운 '시시포스의 바위'에 불과하였다.

셋째, 참여자들은 형식성 높은 연극공연에 함께 참여함으로써 공동체적 경험에 의한 특징이 나타났다. 연극공연이라는 형식성 높은 목표는 이전 수업에 대한 교사의 반성에 의해 제시되었다. 교사는 이전 교육연극 참여자들의 요구라는 준거에 의해 연극공연을 제시하였다. 그러나 이 수업에서 참여자들은 교육연극 집단에 대한 참여의 자발성과 참여 경험에 따라 큰 차이를 보였다.

기존 참여자들과 자발적 참여자들은 교사에 의해 제공된 규칙성과 형식성에 대해 자발적으로 활동의 내용과 방법을 제시하였다. 또한 모든 참여자들은 성공적인 연극공연을 위하여 따로 시간을 내어 연습하는 등의 자율적인 모습을 보였다. 이 과정을 통하여 참여자들은 'ㅎ'학교 초등학년 구성원들과 공통된 경험을 만들었다.

그러나 이와 달리 대부분의 비자발적 참여자들은 비록 연극공연에서 관객으로 참여하여 공통된 경험을 가졌지만 수업과 관련하여서는 그들의 의도와 상관없이 또는 자발적으로 수업을 중단함으로써 제한된 경험이 이루어졌다고 할 수 있다. S-10이나 S-&&의 경우와 같이 비자발적으로 수업에 참여한 학습자들은 교육연극의 내용이나 활동 방법에 상관없이 자기주도적 학습이 이루어지지 않았다. 그뿐만 아니라 3-S-@@나 2-S-9의 경우와 같이 오히려 부정적인 태도를 나타내기도 하였다. 이들은 자신이 의도하지 않았던 동료와의 급작스럽고 지속적인 만남을 거부하였고(3-S-@@), 이해되지 않는 역할과 활동에 대해 참여를 불편해했다(2-S-9). 이들에게는 'ㅎ'학교에서의 교육연극활동이 단지 교사에 의해 결정한 사항을 학습자들에게 전달함으로써 암묵적으로 강요하거나, 참여자들의 의견을 통해 제시한 활동 목표를 이후 그들의 발달과 상관없이 고정된 목표로 제시함으로써 결과적으로 교육의 과정에서 평등을 보장하지 못하였다는 것을 나타낸다.

즉, 교육연극 수업은 갈등의 해결이나 교육적 평등의 측면에서 학습자에게 긍정적인 요소를 갖지만 본서에서 시행한 'ㅎ'학교 교육연극활동에서는 기회의 평등이나 과정의 평등을 온전히 보장하지는 못하였다. 이는 현재 다문화가정 자녀 교육에 대한 높은 관심과 많은 방법들이 제시되고 있지만 다문화가정 자녀의 교육이 기회의 평등조차 온전히 보장받지 못하고 있다는 현실과도 유사하다. 교육연극에 참여한 분기별 참여자들의 모습을 2장에서 나타낸 협동학습의 목표 수준을 기준으로 분류하면 〈표 6-2〉와 같다.

위의 〈표 6-2〉는 목표 수준에 따른 참여자들의 협동학습 가치 실현의 양상을 나타낸 것이다. 2-S-##나 3-S-7의 경우에는 수업에서 자신이 하고 싶은 활동을 제

〈표 6-2〉 협동학습 목표 수준에 따른 참여자들의 협동학습 가치 실현 양상

	명목상	표면적	공감적
자기주도	1-S-7, 1-S-10, 3-S-!!, 3-S-&&, 3-S-@@, 3-S-##	1-S-1, 1-S-3, 1-S-9, 2-S-3, 2-S-6, 2-S-##, 3-S-4, 3-S-5, 3-S-7, 3-S-8	1-S-2, 2-S-1, 2-S-9, 3-S-1, 3-S-2, 3-S-3, 3-S-6
인간관계	1-S-2, 1-S-10, 2-S-9, 3-S-@@, 3-S-!!, 3-S-##, 3-S-&&	1-S-1, 1-S-3, 1-S-7, 1-S-9, 2-S-1, 2-S-3, 2-S-6, 2-S-##, 3-S-2, 3-S-3, 3-S-4, 3-S-5, 3-S-7, 3-S-8	3-S-1,3-S-6
책임의식	1-S-3, 1-S-9, 1-S-10, 3-S-5, 3-S-7,3-S-@@ 3-S-##, 3-S-!!, 3-S-&&	1-S-1, 1-S-2, 2-S-3, 2-S-6, 2-S-9, 2-S-##, 3-S-4, 3-S-8	2-S-1, 3-S-1, 3-S-2, 3-S-3, 3-S-6

* 학습자 앞의 숫자는 활동 참여 분기를 나타낸다.

시하고 끝까지 마침으로써 자기주도성이나 책임의식이 발현되었다고 볼 수 있다. 처음부터 자발적으로 참여하여 꾸준히 활동을 이어 간 S-1의 경우에는 자신의 두려움을 극복하고 상대에게 먼저 다가가는 모습을 확인할 수 있었다. 또한 S-6은 모두가 나쁘다고만 말했던 이야기 속 인물이 그렇게 된 이유에 대한 문제를 제기함으로써 타인에 대한 이해와 공감의 가능성을 확대하였다.

비자발적으로 수업에 참여하기 시작한 학습자나 하더라도 S-8과 같이 함께 활동할 수 있는 방안이 제공된 경우에는 자기주도성이나 인간관계에 있어 긍정적인 변화가 나타났다. 이러한 모습은 S-4와 같이 연극 활동에 대해 부정적인 경험을 극복할 수 있는 대안을 제공받거나, S-6과 같이 그림이라는 대안적 의사소통의 도구를 활용한 참여자에게서도 확인되었다.

즉, 교육연극은 학습자의 자발성과 능동성을 추구함으로써 교육적 평등을 실현할 수 있는 좋은 도구이지만, 경험의 축적에 따라 변화하는 개별 학습자에 대한 이해 과정과 공감이 없이는 교육적 평등을 보장할 수 없다. 따라서 다문화학교에서 교육이 과정의 평등을 실현하기 위해서는 다음과 같은 사항이 고려되어야 할 것이다.

첫째, 한국어 능력이 제한된 학습자의 요구와 특성을 알고 수업에 반영할 수 있도록 언어적 지원체계가 확충되어야 한다. 'ㅎ'학교에서는 학습자의 언어 지원을 위한 이중언어 강사가 배치되어 있다. 이중언어 강사는 학습자의 수업을 지원하고, 다문화교육을 주요 업무로 한다.

이중언어 강사에 대한 중요성은 오성배(2010)의 '인천 'ㅎ'다문화학교 설립을 위한 사전 조사'에서부터 제기되었다. 또한 김영순 외(2012)에서는 현지 조사를 통해 이중언어 강사의 교육활동이 가장 잘 이루어지는 경우로 새날학교를 꼽았다. 2012년 기준으로 새날학교는 학습자의 출신국 구성을 고려하여 5인(중국2, 일본1, 필리핀1, 러시아1)의 상주 강사와 19인의 비상주 서포터가 활동 중이다(김영순 외, 2012:71).

그러나 'ㅎ'학교의 이중언어 강사의 구성은 현장의 요구를 반영하지 못하고 있다. 2013년 'ㅎ'학교에는 교육청의 공급 여건에 의해서 '일본, 중국, 영어, 러시아어가 가능한'(2013. 5. 10. 수업 후 T-3과의 대화) 이중언어 강사가 활동 중이다. 이러한 현실은 실제 수업에 큰 영향을 준다. 예컨대 S-##의 경우에는 2분기 수업에서는 S-1의 언어적 도움에 의해 수업을 함께 이어갈 수 있었으나, 3분기 수업에서는 S-@@와 S-!!의 갈등과 함께 S-1의 언어적 도움을 받기 힘든 상황을 인식하여 수업을 포기한 것으로 나타난다.

둘째, 교사와 사회의 다문화가정 자녀에 대한 공감적 이해가 요구된다. 교육연극을 활용한 협동학습 수업에서 교사는 다문화가정 자녀의 특성을 문헌자료를 통해서만 접했다는 한계를 가지고 있었다. 교사가 접한 문헌자료는 피상적인 것으로 다문화가정 자녀의 특성을 구체적으로 파악하거나 참여자의 출신국과 관련한 문화적 특성을 알기 어려웠다. 이에 따라 수업계획은 실제 참여자의 나이나 그들의 흥미 혹은 문화적 특성과 관계없이 게임 위주로 구성되었다.

이러한 모습은 최충옥 · 조인제(2010)가 지적한 바와 같이 다문화가정 자녀에 대한 기존의 연구들과 같이 당면한 문제를 해결하기 위한 임시방편에 불과한 것이었다. 보다 현실적이고 장기적 안목에 기반한 계획과 실행을 위해서는 다양한 다문화가정 자녀의 특성에 대한 구체적인 사례를 나타내는 데이터베이스의 구축이 필요하다. 이와 함께 실제 다문화가정 자녀의 교육이 이루어지는 현장에서의 실습을 통하여 다양성이 높은 다문화가정 자녀들의 잠재력이나 가능성을 직접 확인하여 이론과 실제가 조화를 이루도록 하여야 할 것이다.

셋째, 참여자들의 특성 중 중요 요소인 언어적 능력이 유지되고 발전될 수 있는 지원이 필요하다. 다문화학교의 참여자들은 한국어 이외에 출신국의 언어라는 중요한 장점을 갖는다. 그들의 입장에서 한국어는 또 하나의 언어이지만, 교사는 참여자들의 언어적 특징을 고려하지 않은 채 오직 한국어로만 학습을 이어갔다.

다문화가정 자녀들이 한국에서의 생활을 이어가야 한다는 측면에서 한국어 교육은 반드시 필요한 것이다. 그러나 학습자의 현재 특성을 무시한 채 이루어지는 교육은 학습자의 미래도 불투명하게 한다. 언어와 문화적 측면에서 볼때 그들의 미래 생활을 위해서 현재의 특성을 도외시하는 것은 한국생활을 하기 전까지 그들의 정체성의 기반을 이루던 문화를 부정하는 것이며, 이는 순환적으로 자기 정체성에 대한 부정으로 이어진다. 더욱이 다문화가정 자녀가 갖는 초국적 이주 경험을 비추어 보았을 때, 이들의 생활영역은 반드시 우리 사회에 한정된다고 볼 수도 없다.

넷째, 다문화교육에 대한 보다 근본적인 시각의 변화가 요구된다. 방과 후 교사는 2분기 수업에서 참여자들이 식사를 거를 것을 염려하여 간식을 제공하였지만, 간식의 종류나 양에 대해서는 참여자들과 이러한 대화도 보이지 않고 있다. 상대방의 특성이나 의견을 고려하지 않은 일방적인 배려는 우리 사회의 대표 구성원인 교사가 참여자들을 동등한 입장에서 대하고 있지 않다는 것을 나타낸다.

이러한 모습은 김병성(2004)이 논의한 문화실조에 대한 인식과 같은 맥락에서 설명할 수 있다. 현재 도시에 비해 열악한 시설을 갖춘 농 · 어촌 학교 출신 자녀에 대한 보상적 차원의 지원이 이루어지고 있다. 대학입시에서 농어촌 입학 특례의 경우가 그에 해당한다고 볼 수 있다. 이러한 지원은 체제 차원의 변화와 지원이라는 점에서 의의가 있지만 학습자의 잠재 능력의 개발이 아니라 대학입학 자체에 목적을 둠으로써 본질적 변화라고 볼 수 없을 것이다. 즉, 다문화가정 자녀에 대한 교육적 지원이 아직도 온정주의적인 차원에서 이루어지고 있으며 이를 개선하기 위해서는 다문화가정 자녀를 바라보는 방향과 관점에 대한 변화가 선행되어야 할 것이다. 즉, 그들의 교육적 발전을 위해서는 다문화가정 자녀를 나와 동등한 존재로 인식하고 그들의 시선을 통해 교육을 바라보는 것이 필요하다.

Ⅶ

문화가 공존하는 다문화학교를 위하여

1. 요약

이 글은 교육적 평등의 관점에서 'ㅎ'학교에서 시행한 교육연극을 활용한 협동학습이라는 교육활동에서 나타나는 학습자들의 경험과 그 의미를 살펴보고자 하였다. 본서의 내용과 관련하여 필자는 2012년 4월부터 공립형 다문화 대안학교 운영체제 개발 연구과정에 참여하였으며, 2013년 2월부터 2014년 1월까지는 'ㅎ'학교에서 직접 방과 후 교사로 참여하였다. 특히 2013년 4월부터 12월까지 총 3분기, 23회의 기간 동안 교육연극 수업을 계획하고 적용하였다.

다문화가정의 증가와 초국적 이주 배경을 갖는 사회구성원의 증가는 공립형 다문화 대안학교라는 새로운 체제의 개발을 요구하게 하였다. 'ㅎ'학교는 다문화자녀의 교육적 기회의 평등을 실현하고자 개발된 공립형 다문화 대안학교 체제를 통해 최초로 설립된 공립학교라는 의의를 갖는다. 따라서 이 체제를 통해 설립된 'ㅎ'학교는 우리 사회에서 다문화가정 자녀의 교육이 평등의 관점에서 어떻게 이루어지고 있는지를 확인할 수 있는 곳이다.

다문화사회의 특징은 민족, 성, 종교, 계층, 문화, 언어 등의 다양성에 있다. 연구의 주요 참여자인 이곳 초등학생은 부모로부터 다른 민족적 특징을 갖고 있으며, 초국적 이주 배경으로 인한 언어와 문화적 다양성을 갖는다. 또한 같은 이유로 이들은 제한된 한국어 능력을 갖는다는 특징이 있다. 특히 초등학생 시기는 발달특성상 변화에 민감하므로 이곳의 교육활동에 대한 변화가 상대적으로 풍부하고 빠르게 나타난다. 따라서 이들이 경험한 'ㅎ'학교에서의 교육활동에 대한 관찰을 통해 우리 사회에서 다문화교육이 어떻게 구현되고 있는지를 알 수 있다.

본서는 'ㅎ'학교에서의 교육활동에 대해 문화기술지적 방법을 활용하여 살펴보았다. 학교는 교육활동을 특징으로 하는 문화집단으로 반성적 사고의 과정이 순환적으로 이루어진다는 특성이 있다. 따라서 학교집단에 대한 특성을 밝히는 활동에서 연구자는 실행가와 연구자라는 지위를 함께 갖는다. 본서의 저자는 공립학교 교사라는 내부자적 관점과 방과 후 교사로서의 외부자적 관점을 함께 유지하며 탐구하였다. 이를 통해 초국적 이주 배경을 갖는 다문화가정 자녀라는 학습자 특성과 학교라는 맥락 속에서 이루어지는 교육활동의 의미를 교육적 평등의 측면에서 해석하고자 하였다.

2장에서는 다원주의적 패러다임이 평등에 대한 요구로부터 출발하였다는 것을 나타냈다. 또한 교육적 평등에 대한 개념을 바탕으로 우리 사회의 주요 가치가 자유주의적 다문화주의와 비판적 다문화주의의 상호역동적 발전에 의한 사회 통합에 있다는 것을 확인하였다. 또한 이러한 사회적 가치와 함께 공립형 다문화 대안학교 체제의 교육과정에서 나타나는 한계를 보완하기 위한 교육 실천적 접근의 필요성을 기술하였다.

3장에서는 이질성이 높은 학교라는 특징을 고려하여 교육 실천을 위한 방안으로 주목받는 협동학습에 대한 논의를 하였다. 특히 협동학습이라는 용어의 사용과 관련하여서는 협동학습과 협력학습에 대한 논의를 통해 양자가 흥미와 놀이라는 정서적 측면과 행동적 측면을 바탕으로 하고 있음을 나타내고, 교육이 현 세대와 미래 세대의 지속과 발전을 보장하기 위해서는 협동학습의 주체에 학습자와 교사 간의 관계를 포함해야 함을 주장하였다. 이와 함께 협동학습의 실천적 장면으로서 교육연극활동의 특징을 살펴보았다. 교육연극은 교육의 특성과 연극의 특성을 결합한 것으로 삶의 속성인 이야기를 함께 공유하는 과정을 통하여 공동체를 형성하는 데 기여한다. 이 과정에 참여하는 개인은 이야기 속 인물을 통하여 자신의 정체성을 확인하고, 인물의 행위에서 드러나는 사회적 정체성을 알며 이에 대한 가치부여를 통하여 새로운 정체성을 만들어간다. 이러한 특징을 바탕으로 다문화학교에서 요구되는 협동학습의 목표 수준을 교육적 평등과 관련하여 제시하였다.

4장에서는 'ㅎ'학교의 교육활동을 살펴보기 위한 방법으로서 문화기술지적 방법에 대한 논의를 하였다. 특히 학교 집단의 특성을 살린 문화기술지적 방법은 듀이의 반성적 사고 과정과 관계되며 이는 '계획-실행-관찰-반영'이라는 일련의 순환적 과정이라는 것을 나타내고, 참여관찰을 하기 위한 과정과 'ㅎ'학교 및 'ㅎ'학교 구성원의 특성을 기술하였다.

'ㅎ'학교의 특성에 따라 제시한 KSL 교육연극 수업의 과정과 학습자들의 변화는 다음과 같다. 방과 후 활동으로 계획한 KSL 교육연극 프로그램의 특징은 통합성에 있다. 프로그램의 성격은 자율성에 있으며 심화 · 보충 수업의 개념을 바탕으로 구안하였다. 이는 2009 개정 교육과정과 'ㅎ'학교 교육과정이 모두 창의적 체험학습의 자율성을 중시하는 데 근거한 것이다.

교육연극 수업은 크게 오리엔테이션, 이야기하기, 연극하기로 구분하였다. 프로그램의 실행에 있어서는 교사가 학습자들의 변화 양상을 수업의 단계에 따라 나타내고 학습자들의 변화가 어떻게 다시 수업에 영향을 미쳤는지를 기술함으로써 수업에 참여한 학습자들의 변화 양상을 나타내었다. 먼저 첫 번째 탐구 주제와 관련하여서는 다음과 같은 모습을 확인할 수 있었다.

첫째, 초기 수업에서 나타난 참여자들의 부정적 반응에 따라서 교육연극 수업은 교사가 제시하는 수업에서 참여자가 원하는 수업을 제시하는 방향으로 변화하였다. 이에 따라 참여자들은 자발적으로 다음 분기 수업을 신청하는 모습이 나타났다.

둘째, 이야기하기 단계에서는 이야기가 변형되는 모습이 나타났다. 참여자들은 수업이 진행됨에 따라서 기존의 이야기를 실제 참여자들이 일상적으로 경험하는 갈등과 관련하여 변형하고 조정하였다. 특히 이야기하기 단계에서 참여자들은 활동이 지속됨에 따라서 이야기 속 인물에게 감정을 이입하고, 그들이 처한 상황 · 맥락을 살펴봄으로써 공감하였다. 또한 이해와 공감의 과정을 통하여 인물이 겪는 갈등의 원인이 기본적인 욕구와 관련된다고 보고 그에 대한 공감적 해결을 모색하였다.

셋째, 연극하기 단계는 교실 내 연극으로부터 'ㅎ'학교 초등학년 구성원들이 모두 참여하는 연극공연으로 형식화되었다. 이 과정에서 참여자들은 한국어뿐만이 아니라 음악, 미술, 과학, 사회 등의 교과 요소를 함께 경험하였다. 또한 연극하기 활동을 통해 참여자들은 '연극'이라는 공동의 경험을 갖게 되었는데 이 경험은 'ㅎ'학교 초등 구성원 전체로 확대되었다.

KSL 교육연극 수업에서 참여자들은 각자의 역할을 부여받고, 의사소통을 통하여 갈등을 해결하고, 연극공연이라는 흥분을 체험하고 긴장감을 극복함으로써 자신감과 이후 학습에 대한 기대감을 말하였다. 또한 교사 참여자들은 교육연극활동이 학생들의 이해와 집중도 그리고 태도 측면에서 좋은 활동으로 평가하였다. 그러나 연극공연에 있어서는 더욱 많은 연습과 녹음의 질이라는 형식성에 대한 개선이 필요하다는 의견도 있었다.

두 번째 탐구주제와 관련하여 나타난 결과는 다음과 같다. 총 3분기에 걸쳐 진행된 교육연극을 통한 협동학습은 갈등해결 수습의 과정으로서의 의미를 갖는다. 그러나 수업은 각 분기별로 참여자를 모집하였기에 새로운 참여자와 참여 경험자가 함께 활동하였다. 따라서 수업에서 나타난 참여자 경험의 특징은 시간의 흐름에 따라 두드러지게 나타나는 것을 중심으로 주제화하고 유형화하였다. 참여자들의 경험의 특징은 자기인식적 경험, 인간관계적 경험, 공동체적 경험으로 유형화하였다. 각 유형별 특징은 다음과 같다.

첫째, 자기인식적 경험에서 참여자들은 자신의 출신국 배경에 의한 특징과 개인적 경험에 의한 특성을 인식하였다. 이들은 대부분 두 개 이상의 언어를 활용하여 의사소통을 할 수 있었다. 또한 참여자들은 수업을 통해 다양한 방법으로 자신의 생각을 표현하였다. 참여자들은 현재 동료 학습자와의 갈등을 직접적 혹은 간접적으로 경험하고, 이에 대해 관심을 갖지만 이는 긍정적인 변화를 위한 것으로 나타났다. 이에 따라 수업 참여자들의 특징은 현재의 나를 인식함, 다양한 방법을 통해 나를 드러냄, 나의 행동을 생각함으로 의미화하였다.

둘째, 방학 중 이루어진 교육연극 수업은 참여자들의 흥미에 의한 관심의 확대와 원적교 체험이라는 경험에 의한 특징이 나타났다. 참여자들은 동료와 함께 활동하는 것에 대해 의미를 부여하였고 동시에 동료를 배려하고 상대의 생각과 감정을 고려하여 활동을 하였다. 그러나 때로는 어쩔 수 없이 상황을 받아들이는 모습을 보였다. 이에 따른 특징은 인간관계적 경험으로 파악하였으며 타인을 생각함, 상대의 요구를 고려하고 응답함, 공감이 아닌 받아들임으로 의미화하였다.

셋째, 형식성이 높은 교육연극 수업에서 참여자들은 공동체적 경험을 하였다. 교사는 연극공연을 목표로 한 수업을 제시하였다. 이 수업에는 교육연극 수업의 경험자들과 비경험자들이 함께 활동을 하였다. 그러나 참여자들에게 부여된 연극공연이라는 과제는 비록 이전 참여자들의 요구와 교사의 성찰에 의해 계획된 것이지만 외부로부터 부여된 것이라는 한계를 갖는다. 이렇게 외부로부터 부여된 목표에 대해 참여자들은 연극수업의 경험에 따라 자율성 혹은 탈퇴라는 상이한 모습을 나타냈다. 하지만 연극공연을 통해 탈퇴자를 포함한 모든 참여자들은 제한적이지만 공동의 경험을 갖게 되었다. 이러한 모습으로 인하여 연극공연을 목표로 한 수업은 공동체적 경험 유형으로 파악하였으며, 기존의 학습자로부터 규칙을 만듦, 경험에 의해 조정함, 공동체 의식이 나타남으로 의미화하였다.

교육연극활동을 통해서 참여자들은 그들의 출신국 생활의 영향으로 언어적 · 문화적인 잠재력을 가지고 있으며, 개인에 따라 음악성, 미적 감각, 사회성 등과 같은 잠재력을 가지고 있다는 것을 확인할 수 있었다. 또한 다문화학교에서 나타나는 일상적인 교육활동의 모습과 그 속에서 나타나는 갈등의 양상을 이해할 수 있었다. 이와 함께 교육연극을 통한 협동학습은 다문화학교에서 나타나는 다양한 학습자의 욕구를 충족시키는 교육적 평등 실현을 위한 학습방법으로서의 가능성이 높다는 것을 확인할 수 있었다.

교육연극을 통한 협동학습은 개인의 특성이라는 자유주의적 요구와 사회적 실천이라는 비판적 요구의 상호작용 속에서 이루어졌다. 참여자들의 개인적 경험은 연극을 통해 내용적 측면에서 그리고 방법적 측면에서 수업에 반영되었다. 하지만 그들의 특성이 수업에 모두 반영되지는 못했다. 이와 함께 교사와 사회의 다문화가정 자녀에 대한 제한된 이해는 몇몇 참여자들의 교육연극활동 중단으로 이어지기도 했다. 이러한 모습을 통해서 'ㅎ'학교에서 시행한 교육연극활동은 과정의 평등뿐만 아니라 실질적인 기회의 평등 실현에도 한계를 갖는 것으로 해석하였다.

2. 문화가 공존하는 다문화학교

이 글은 새로운 교육체제인 공립형 다문화 대안학교 체제에 의해 설립된 'ㅎ'학교의 교육활동에 주목하여 이곳의 학습자들의 경험을 교육적 평등의 관점에서 살펴보았다. 이 장에서는 이론적 배경에서 논의하였던 기존의 연구와 교육활동에서 나타난 모습을 통하여 문화가 공존하는 다문화학교를 위한 방향을 제안하고자 한다.

1) 교육에 대한 새로운 관점

사회역사적, 사회문화적 맥락에서 교육은 전통주의 교육관에서 상호성을 중심으로 하는 진보주의 교육관으로 변화하였다. 우리 교육은 6차 교육과정 이후 학습자 중심성을 일관되게 표방해 왔다. 하지만 이봉주 외(2013:31)에서는 OECD 4개국을 포함한 8개 국가의 아동에 대한 삶의 질 평가를 통해 한국 아동이 여전히 행복하지 않으며, 특히 그들의 이타성이나 공감능력이 낮다는 연구결과를 밝혔다. 그는 이러한 문제의 주요 원인으로 지식중심의 교육과 입시 위주의 교육을 지적하였는데 이는 2016년 현재까지도 지속적인 문제로 대두되고 있다. 즉, 현재 우리 교육은 다원주의 패러다임으로의 전환과 함께 대두된 교육적 변화가 실천적으로 이루어지지 못하고 있다는 것이다.

이러한 모습은 다문화가정 자녀의 증가와 함께 그들에 대한 교육 장면에서 더욱 극명하게 문제화되어 나타나고 있다. 가다머(Gadamer, 2012)가 말한 바와 같이 인간은 사회역사적, 사회문화적 존재이다. 즉, 우리 교육의 체계 속에서 성장한 학습자들은 학교에서 이루어지는 대학입학을 위한 지식중심 교육에 '길들여지는' 과정에서(Kohli, 1995:101), 이타성과 공감력을 잃음으로써 '불행한' 삶을 살고 있다(이봉주 외, 2013). 우리 사회에서 역사적으로 뿌리를 내리고 살아 온 주류사회 구성원에 비해 초국적 이주 배경을 갖는 다문화가정 자녀들은 우리 교육에 대한 민감성이 높다. 따라서 기존의 교육 방식이나 교육에 대한 생각은 초국적 이주배경을 갖는 학습자들에게는 매우 낯선 것으로 학습자의 발달을 제한할 가능성이 높다.

조장발묘(助長拔苗)라는 말이 있다. 진정 교육의 목적이 개인과 사회의 지속적인 유지와 발전을 추구하는 데 있다면 다문화가정 자녀들에게 한국어 능력만을 강요하는 교육은 지양해야 할 것이다. 의사소통의 도구는 언어에만 국한할 수 없으며, 더욱이 한국어는 수많은 언어 중 하나일 뿐이다. 따라서 경제적 논리에 의해 이질성이 높은 구성원들에 대한 의사소통이 오직 한국어를 통해서만 신속하게 이루어지기를 기대하기보다는 그들에 대한 이해와 공감이 선행되어야 할 것이다. 또한 의사소통 교육은 다문화가정 자녀의 모어를 통한 학습방안과 그림, 음악, 몸짓 등의 비언어적 행위에 대한 부분도 고려하여야 한다. 이처럼 다양한 교육방안을 통하여 언어적 배경이 다른 구성원들의 의사소통이 원활하게 이루어질 수 있도록 해야 할 것이다.

2) 자유주의적 다문화주의 기반의 교육

학습자의 다양성에 대한 인정과 교육을 통한 사회화에 대한 논의는 '자유주의적 다문화주의와 비판적 다문화주의가 갖는 자연적 존재인 개인이 어떻게 실천적 사회인으로 변화할 수 있는가?'라는 문제와 관련된다. 이는 듀이가 생각하는 '좋은 사회'가 갖는 자유주의적 다문화주의와 비판적 다문화주의가 '혼란을 야기시키지 않고 통합한다'는 이상을 실현함으로써 해결할 수 있을 것이다. '좋은 사회'를 실현하기 위해 다문화사회의 시민에게 필요한 역량은 김영순(2010b; 2013b; 2014)이 제시한 바와 같이 개인에 대한 이해와 타인에 대한 공감 및 협력적 의사소통을 통해서 함양될 수 있다. 다문화학교에서 참여자들이 일상적으로 경험하는 다양한 갈등은 상호역동성(배한동, 2007)을 고려하고 타협과 협상 등의 의사소통과정을 중심으로 하는 협동학습을 통해 공감적인 해결이 가능하다고 보았다.

그러나 자유주의적 다문화주의와 비판적 다문화주의의 조화를 위해서는 현재 학습자의 특성을 확인하고 지지하며 그들의 흥미에 근거한 활동을 교육과 연계하는 것이 필요하다고 본다. 이러한 교육적 관점에 근거할 때, 교육은 미래를 위해 현재를 담보(擔保)하는 것이 아니라 현재를 직시하고 이를 발전 혹은 보완함으로써 결과적으로 미래를 보장할 수 있을 것이다.

'ㅎ'학교의 교육활동에서 참여자들은 자신의 흥미를 유지하고 발전시키고자 자신과 대립적인 관계에 있는 참여자를 설득하기도 하고 자신의 행위를 조정하기도 하였다. 또한 다른 참여자와의 다양한 활동을 통해서 두려움을 극복하고 보다 높은 수준의 목표를 달성하는 경험을 가짐으로써 교육연극 집단에 대한 공동체의식이 형성되고 자발적 참여도도 높아졌다. 이러한 모습을 통하여 다문화가정 자녀의 교육에서 비판적 다문화주의가 추구하는 사회적 통합을 위해서는 오히려 다문화가정 자녀의 개별 특성을 인정하고 지지하는 것이 필요하다는 것을 알 수 있다. 또한 개별 특성의 인정과 지지는 현재 주류사회에 의해 일방적으로 제시되고 있는 교육적 불균형을 조화롭게 맞추기 위한 좋은 방안이라고 본다. 즉, 한국 사회의 주류집단에 의해 기형적으로 제시된 교육의 무게 중심을 맞추기 위해서는 학습자가 갖는 개별 특성을 인정하고 지지하는 자유주의적 다문화주의에 근거한 교육이 선행되어야 한다.

3) 평등교육을 위한 준비

공립형 다문화 대안학교 체제를 통해 설립된 학교에 대해서 사회적으로 크게 역차별이라는 입장과 교육적 평등을 위한 것이라는 주장이 공존한다. 이에 대해 오영훈 · 조영철(2013)은 공립형 다문화 대안학교 체제를 통해 설립된 학교에 대한 적극적인 교육적 지원이 요구된다는 주장은 교육적 평등의 측면에서 타당하다고 본다.

공립형 다문화 대안학교 체제는 다양성이 높아지는 사회에 대한 우리 교육계의 변화를 의미하는 것이지만, 새로운 개념의 학교체제나 교육과정의 개발 혹은 이에 의한 학교의 설립이 교육적 평등을 보장하지는 않는다. 공립형 다문화 대안학교의 교육 목표는 개인적 특성을 바탕으로 하는 창의적 인간이라는 국가 수준의 교육과정의 목표를 달성하도록 충분히 고려하여야 한다. 공립형 다문화 대안학교가 다문화가정 자녀의 특성과 발달을 지지하고 지원하지 못한다면 오히려 하나의 동화주의적 기제로 작용할 위험성을 갖는다. 왜냐하면 이 체제를 통해 개발한 학교의 교육을 위한 지원이 대부분 한국 학교와 한국 교육에 대한 적응에 중점을 두고 있기 때문이다.

이러한 위험을 극복하기 위해서는 다문화가정 자녀에 대한 지원은 확대되어야 한다. 이때, 다문화가정 자녀에 대한 지원은 롤스의 일반적이고 피상적인 공정 개념을 넘어야 한다. 일반적이고 피상적인 지원은 온정주의에 불과하기 때문이다. 교육적 평등이 실현되는 다문화학교의 교육을 위해서는 다문화가정 자녀에 대한 교육적 지원이 그들의 요구에 대한 다양성을 인정할 뿐만 아니라, 그들의 입장에서 필요한 지원이 제공되어야 한다고 본다.

앞서 살펴본 바와 같이 'ㅎ'학교 교육활동을 통해서 참여자들의 요구는 안전에 대한 것에서부터 자아실현을 위한 것까지 다양하게 나타났다. 자신의 안전을 걱정하는 참여자에게 그들이 읽을 수 있는 교과서를 지급한다거나 자존감을 높이기를 원하는 참여자에게 간식을 제공하는 것은 적절한 교육적 지원이라고 볼 수 없다. 같은 맥락에서 더 높은 교육적 성취를 바라는 학습자에게 별다른 준비 없이 단지 상위 교육과정에 진입할 수 있도록 특혜를 주는 것도 교육적 평등을 실현했다고 볼 수는 없을 것이다. 준비되지 않은 허용은 지속을 보장하기 어렵기 때문이다. 따라서 다문화가정 자녀의 교육적 평등을 위해서는 무엇보다 학습자의 개별 특성을 알고, 그 특성이 발전될 수 있는 맞춤식 교육이 필요하다.

4) 협동학습과 교사

이 책에서는 협동학습이라는 용어를 사용하였다. 이때 협동학습은 비고츠키의 인간발달에 대한 철학적 가정에서 출발한다. 협동학습은 놀이(Vygotsky, 1978)와 흥미(Dewey, 2008)라는 행동적 차원과 정의적 차원의 결합에 의한 것으로 파악하였다. 이때 흥미와 놀이는 개인적 차원의 발달과 사회적 차원의 발달에 관여하며, 지속가능한 발전을 추구하는 사회에서 협동학습의 범위는 교사를 포함할 것을 제안하였다.

'ㅎ'학교의 교육연극활동을 통해서 학생 참여자들은 협동학습의 장점을 확인할 수 있었다. 학생 참여자들은 자신의 흥미와 관련하여 교육연극활동의 주요 내용이라 할 수 있는 이야기를 선정하고 그림이나 음악과 같이 다양한 방법을 통하여 활동을 이어갔다. 또한 그들은 이야기를 통하여 자신의 모습을 확인하고 동료와의 이야기하기 과정을 통하여 공감함으로써 공동체 의식을 형성하고 이야기를 변용하였다.

이와 함께 교육연극활동에서 교사의 학습은 참여자와 교육연극활동을 하는 과정 속에서 혹은 참여자 간의 활동에 관여함으로써 이루어졌다고 볼 수 있다. 교사의 다문화가정 자녀에 대한 지식은 개별 참여자의 출신국에 대한 정보나 'ㅎ'학교 이전의 경험에 의해 확장되었다. 또한 교사가 처음 계획한 교육방법이나 내용 등은 참여자의 요구와 활동 모습을 통해 수정되었다. 즉, 'ㅎ'학교 참여자와의 교육활동을 통하여 교사는 초국적 이주 배경을 갖는 개별학습자에 대한 새로운 지식을 축적하였을 뿐만 아니라 교육활동에 있어서 변화가 나타났다. 이처럼 교사와 참여자 간의 활동을 통하여 방과 후 교사의 교육활동이 변화하였다는 것을 고려할 때, 협동학습 주체의 범위를 교사에까지 확장하는 것은 타당하다고 본다.

한편, 'ㅎ'학교 교사인 T-3은 교육연극 수업을 준비하는 S-7의 모습을 보고 방과 후 교사에게 교사 연수를 의뢰하였다. 방과 후 교사와 교사 참여자들은 교육연극 활동을 위하여 협동적 활동을 하고, 교육연극활동에 대한 필요성을 인식한 것이다. 그러나 'ㅎ'학교 교사와 방과 후 교사의 인식은 진중한 논의에 의한 행동의 변화로 이어지지 못하였다. 이는 정규교사와 강사라는 신분의 차이로 설명할 수도 있지만, 각자의 교육영역을 별개의 것으로 여기거나 혹은 지나치게 존중한 것으로도 볼 수 있다. 이에 따라 방과 후 활동과 교과 교육과정의 연계는 제한적으로 이루어졌다.

방과 후 교사와 학생 참여자와의 관계에서도 교사는 학생 참여자들과의 활동을 통하여 그들의 출신국에 대한 정보나 개별 특성에 대한 정보를 확인할 수 있었다. 하지만 방과 후 교사는 지속적으로 참여하거나 교육연극활동에 보다 적극적으로 활동하는 참여자를 준거로 활동을 지원하였다. 즉, 방과 후 교사는 학생 참여자와의 활동을 통해서 교육 활동의 변화에 대한 필요성을 인지하였지만 자신의 '기호(嗜好)'에 따라서 혹은 이중언어 강사 부족이라는 환경적 이유로 선택적으로 교육활동을 지원함으로써 교사 자신의 성장이 제한적으로 이루어졌다는 한계를 드러낸 것이다. 교사의 제한된 성장에 의한 선택적인 교육활동 지원은 몇몇 참여자들의 활동 중단으로 이어졌다.

본서에서는 학생 참여자의 교육연극활동에 대한 자발성이 지속성을 이끈 것인지 혹은 지속적 참여로 인하여 자발성이 발달한 것인지에 대한 선후관계를 파악하지는 못하였다. 그러나 학생 참여자와 교사의 활동모습을 통해서 교육활동에 대한 협동학습은 학습자 간의 관계뿐만 아니라 학교와 관련한 구성원 모두의 협동적 관계에 의한 행동적 변화가 필요하다는 것을 알 수 있다. 특히 학습자와의 협동학습을 위해서는 교사 자신의 변화가 선행되어야 할 것이다.

5) 교육연극과 정체성

교육연극은 연극의 특성과 교육의 특성을 함께 갖는다. 연극은 한 사회의 문화를 총체적으로 나타낼 수 있다. 또한 교육은 사회의 가치를 반영한다. 다문화교육에 있어서 교육연극은 종합예술로써 다문화 감수성의 핵심인 이해와 공감을 바탕으로 하고(김영순, 2010; Bennett, 2007), 대화와 토론을 통해 중요한 민주주의의 갈등해결 방법을 연습할 수 있으며(Campbell, 2012: 54-70), 갈등을 극복하는 협상과 중재절차를 체험하는 방법이자(Johnson & Johnson, 2002:369), 편견을 제거하기 위한 방법이라는 의의를 갖는다(Banks, 2008:112).

다문화교육에서 교육연극활동의 의의는 연극이 삶을 은유(mimesis)적으로 표현하고, '이야기하기(storytelling)'를 통하여 공동의 목표와 문화를 공유하는(Johnson & Johnson, 2002:215), 공동체 형성의 매개라는 데 있다(McCaslin, 2006:254). 이러한 측면에서 이야기를 극으로 표현하는 연극은 다문화사회에서 나타나는 개인의 삶을 형상화하고, 삶을 규정할 뿐만 아니라 새로운 공동체를 형성하는 데 중요한 역할을 할 수 있다고 보았다.

'ㅎ'학교에서 시행한 교육연극활동에서 참여자들이 만든 이야기는 그들의 이야기를 그들의 방식으로 만들어갔다. 왕따를 당하면 다른 학교로 전학 가는 것을 당연하게 생각했던 S-2는 다른 사람을 괴롭히는 붉은 여왕이 자신의 잘못을 인정해야 한다고 말하게 되었다. 또한 S-6은 한국어를 처음 배우는 입장이었지만, 붉은 여왕의 입장을 이해하고자 하였다. 참여자들은 붉은 여왕이라는 부정적인 인물의 형성이 사회적 편견에 의해 시작된 것이며, 붉은 여왕의 과거 경험에 대한 공감적 이해를 통하여 극적 화해를 할 수 있는 가능성을 부여하였다. 즉, 참여자들은 자신의 관점에서 붉은 여왕이라는 인물이 해야 할 바람직한 행동에 대한 준거를 확립했을 뿐만 아니라 붉은 여왕의 관점에서 어린 시절의 경험에 대해 함께 아파하고, 자신의 유사경험을 통해 공감함으로써 붉은 여왕이 변화할 수 있는 계기를 제시한 것이다. 이러한 과정을 통하여 참여자들은 붉은 여왕이 '이상한 나라'라는 이질적인 세계에

살고 있지만 나와 같은 한 사람의 존재로 받아들인 것이다. 누구에게나 있음직한 개인적 경험의 공유는 나 혹은 너라는 대립되는 존재로서의 관계가 아니라 '우리'를 형성하게 하는 조건이며, 공동체적 정체성의 기반이 된다. 교육연극활동에 참여한 학습자들은 출신국에 따라서 다양한 배경을 갖고 있지만 이야기 속 인물의 모습 속에 자신을 투영함으로써 인류보편의 정체성에 한발 다가간 것이다.

6) 자율성에 근거한 교육: 다문화교육과정

교육과정은 학교에서 가르치는 모든 것을 의미하며, 구체적으로는 교육의 내용과 방법을 포함한 계획을 의미한다. 김민환(2010)은 현재 다문화교육 관련 연구가 처방적이며, 개별 교과교육의 측면에서 논의한다는 한계를 말하였다. 현실을 구성하는 지식은 개별교과에서 제시한 바와 같이 분절적으로 이해할 수 없기 때문에(서종남, 2010:225), 교육과정통합에 대한 요구는 학교 급에 상관없이 증대되고 있다(Wolfinger & Stockard Jr, 2003).

이러한 세계적 흐름에 맞추어 2009 개정 교육과정은 통합교육과정을 지향하며 창의적 체험학습과 교육과정의 운영에 있어서 개별학교의 자율성을 강조한다. 또한 공립형 다문화 대안학교 체제에서 교육과정은 2009 개정 교육과정의 창의적 체험학습과 자율성을 적극 강조하고 있다. 즉, 다문화학교에서 다문화교육과정은 창의적 체험학습을 통하여 통합교육과정의 실현에 중점을 둔다. 그러나 이때 교육과정은 무엇에 중점을 둘 것인가에 대한 문제가 발생한다.

본서에서 교육연극의 중심 활동으로 제시한 이야기하기(storytelling)는 통합교육과정의 실현에 대한 구체적인 방안으로서 가능성이 있다고 보았다. 이야기하기는 사회보편적인 삶의 모습이 담긴 이야기를 바탕으로 한다. 또한 이야기는 이야기하기를 통하여 이야기하는 사람 즉, 다문화가정 자녀의 관점과 경험이 드러나며 그림,

노래, 챈트 등과 같이 학습자의 관심이 반영된 방법을 통하여 변용되었다. 이 과정에서 다문화가정 자녀들은 보다 재미있는 활동을 하기 위해서 각 형식에 대해 깊이 있는 탐구를 하였다. 즉, 교육연극활동에서 통합교육과정은 개별교과를 주제나 특정교과를 중심으로 통합하는 연역적 접근이 아니라, 개별 학습자가 흥미를 갖는 이야기를 함께 공유하며 이야기 속 인물을 이해하고 그들에게 공감하는 과정을 통해서 귀납적으로 이루어질 수 있다는 것을 확인하였다.

'ㅎ'학교는 국가 교육과정에서 이양한 교육과정 운영의 자율성을 한국어 교육에 반영하였다. 그러나 이러한 사실은 국가 교육과정이 통합 교육과정을 위해 변화하고 있음에도 불구하고 한국어라는 개별교과 중심의 교육과정이 될 수밖에 없다는 우려를 갖게 한다.

뱅크스(Banks, 2008:172)는 다문화 교육과정이 다양한 집단의 다양한 관점을 반영하고, 학생들의 학습 특성과 문화적 특징이 반영된 수업교재가 필요하다고 말한다. 또한 골릭과 친(Gollnic & Chinn, 2009:572-573)은 학생의 개인적, 집단적 경험을 인정하고 이에 기초한 수업이 이루어져야 한다고 말한다. 즉, 다문화교육에서 교육과정은 학습자의 개별 특성과 경험에 근거한 자율성을 보장함으로써 귀납적 방식의 교육과정 통합을 이루어야 할 것이다.

7) 다문화학교에서의 교육연극

다문화사회에서 교육의 중요성은 개인의 다양성을 보장하면서 사회통합의 방안을 연습할 수 있다는 데 있다. 교수-학습방법은 교육을 실현하는 가장 구체적인 장면에서의 활동이다. 교수-학습방법은 학습자들의 현재 모습에 대한 확인을 통해 시작할 수 있다. 또한 다문화학교에서 교수-학습방법은 학습자의 다양한 요구를 반영할 수 있어야 한다.

김창아 외(2014b)는 아동을 대상으로 하는 질적 자료의 수집도구로서 교육연극의 가능성에 주목하였다. 'ㅎ'학교에서 교육연극활동은 앞서 살펴본 바와 같이 참여자의 일상생활과 관련성이 높다. 특히 T-6이나 T-3의 진술을 통해서 교육연극활동 참여자들이 연극활동에 개별적이고 경험적인 특징을 반영하는 것을 확인하였다. 즉, 교육연극활동은 다문화가정 자녀의 일상적인 모습과 경험적 특징을 파악하기 위한 좋은 도구라는 것을 알 수 있었다.

교수-학습방법은 현재 전통적인 강의식 수업부터 미디어를 활용한 교수-학습방법까지 다양하게 제시되고 있다. 본서에서는 교육연극활동을 통하여 '왕따'에 대한 문제를 발견하고 이를 해결하는 과정 속에서 이야기를 중심으로 토론 · 토의가 이루어졌다. 또한 이전 활동의 결과를 동영상을 통해 제공한 후 논의를 이어가는 학습방법, 이야기를 구체화하는 과정에서는 교과 관련 개념학습과 같이 다양한 교수-학습방법이 활용되었다.

따라서 교육연극은 학습자의 특성을 파악할 수 있을 뿐만 아니라 수업의 맥락적 흐름에 따라 다양하게 적용이 가능한 교수-학습방법으로 판단된다. 또한 부수적으로 교육연극활동에는 대본의 확인과 수정이라는 주어진 산출물 유형, 대사와 음악 녹음하기 등의 주어진 수행 유형, 이야기하기 활동에서의 토론 · 토의, 마임 등을 통한 자기수행 유형의 평가를 모두 확인할 수 있다. 특히 대본의 확인과 수정의 경우, 학습자가 선택한 이야기를 자유롭게 변형한 것을 확인하는 것으로 기존의 지식암기 위주의 지필평가와 다르다는 것을 알 수 있다.

3. 다문화학교에서의 교육적 평등을 위한 제언

앞서 살펴본 바와 같이 다문화교육은 평등교육을 지향한다. 다원주의 사회는 역사적으로 평등에 대한 요구와 함께 발전하였다. 교육이 사회적 가치를 반영한다고 할 때, 다문화교육은 교육적 평등을 추구한다고 할 수 있다. 따라서 다문화학교에서 다문화교육은 궁극적으로 교육의 목표와 같이 모든 학습자가 자신의 잠재력을 실현할 수 있도록 다양한 방법으로 도울 수 있어야 한다. 이러한 관점에서 다문화가정 자녀의 학교이탈에 대한 정책이나 지원은 다문화가정 자녀를 결핍론적 시각이 아니라 그들의 언어적, 문화적 특성을 인정하고 우리와 동등한 존재로 인정하는 공평한 시각이 요구된다. 특히 앞서 말한 바와 같이 기존의 사회구성원과 달리 다문화가정 자녀가 갖는 문화적 민감성은 그들의 성장과 발달을 촉진하는 중요한 잠재적 가능성으로 볼 수도 있을 것이다.

사회적 차원에서 교육적 기회의 평등을 보장하기 위해서는 현장에 맞는 실질적인 지원과 연구가 필요하다. 다문화학교의 특성은 학습자의 다양성이 높다는 데 있다. 그러나 학습자의 다양성과 그들의 잠재된 능력이 발현되고 긍정적으로 발달하도록 지원하는 것은 현장의 노력만으로는 한계가 있다. 이를 위해서는 사회적 차원에서 기존 사회 구성원의 인식이 변화할 수 있도록 일반인 대상의 다문화교육이 필요하다. 또한 대중매체 속에서 다문화가정 구성원과 관련한 정보가 보다 다양하고 풍부하게 다루어질 필요성이 있다.

S-6의 경우, 인터넷을 통하여 출신국과 관련한 음악을 찾으려 했지만 유아 수준의 자료밖에 찾을 수가 없었다. 현재 우리 사회를 구성하는 다문화가정의 대부분이 경제적으로 어려운 나라 출신이다. 그러나 그들의 문화는 개별적 가치를 가지고 있으며, 그것은 우리의 문화수준에 비해 결코 낮거나 모자라다고 볼 수 없다. 하지만 한국 사회에서 인터넷을 통해 손쉽게 접할 수 있는 다문화가정 구성원의 출신국과 관련한 정보는 관광지나 백과사전을 통한 개념적 기술 또는 유아들을 위한 자료가 대부분이다. 이처럼 인터넷이라는 대중매체 속에 나타난 자료의 질적, 양적 불균형은 문화적 재생산을 통하여 다문화가정 구성원에 대한 주류사회 구성원들의 인식 형성에 큰 영향을 줄 수 있다(김영순 외, 2015b; 최윤형 · 김수연, 2013). 브루디외(BourDIEu, 1991)는 이를 문화재생산이라는 개념을 통해 강력하게 비판하기도 하였다.

이와 함께 다문화가정 자녀의 교육적 평등은 그들이 단지 수업에 참여하는 것을 허용하는 것으로는 달성될 수 없다는 점을 고려해야 한다. 모든 학습자를 허용하는 교육은 결국 누구에게도 긍정적인 결과를 장담할 수 없기 때문이다. 따라서 학습자의 수준과 특성을 고려하여 교육이 이루어질 수 있도록 해야 한다. 예컨대, 방과 후 활동으로 이루어진 교육연극 수업 1분기와 2분기의 경우, 9살부터 16살까지의 참여자가 함께 활동함으로써 개별 학습자가 하고 싶은 활동을 하는 데 많은 제약이 있었다. 그들의 발달특성이 고려된 수업을 위해서는 학급 편성에 이를 반영하여야 한다. 또한 다문화가정 자녀를 지도하는 교사 대상의 교육, 교사 대상 교육을 위한 자료와 교사의 교육 활동을 위한 지원 자료의 개발, 방과 후 프로그램의 개발과 발달수준별 학급 편성 등과 같이 실질적으로 학교 현장에 도움을 줄 수 있는 지원이 요구된다.

학교 차원에서는 방과 후 수업과 일반교과 수업 그리고 특성화 수업의 연계를 강화하여 보다 깊이 있는 수업이 되도록 해야 한다. 'ㅎ'학교 학습자는 이곳에서의 학습 이후 원적교의 학습자와 함께 공부를 해야 한다. 그러나 'ㅎ'학교 학습자들은 교육과정에 의하여 일반학교의 수업 내용 중 50%만 학습한다. 이들이 일반학교 학습자와 수업을 같이 할 때 학습결손이 예상된다. 이를 보완하기 위해서는 교육연극 활동과 같이 범교과성을 갖는 수업을 교육과정 차원에서 연계하여 학습자의 활동을 보다 심화시킬 필요가 있다.

학습자가 갖는 잠재력인 언어적 · 문화적 특성을 유지하고 발전시키기 위해서는 보다 다양하면서도 기본적인 지원이 요구된다. 앞서 살펴본 바와 같이 S-1은 '베트남어 선생님'이 되고 싶은 이유로 베트남어를 가르쳐 주는 사람이 없기 때문이라고 했다. 이에 대한 대체 방안으로 독서를 생각할 수 있을 것이다. 학습자는 출신국 언어로 된 책을 통해 스스로 자신의 언어적 · 문화적 특성을 유지할 수도 있다. 그러나 개교한 지 1년이 다 되어가는 시점에도 학교 도서관에서는 책을 찾을 수 없었다는 것을 생각할 때 기본적인 지원이 시급함을 알 수 있다. 열악한 환경 속에서는 학습자의 학습능력은 향상을 떠나 유지하기도 어렵기 때문이다.

의사소통교육 측면에서는 언어적 의사소통과 비언어적 의사소통 교육에 대한 지원이 함께 필요하다. 언어적 의사소통 교육을 위해서는 학습자가 자신의 말과 행동을 객관적으로 파악할 수 있는 시설 또는 도구가 필요하다. 발전은 문제인식에서 비롯된다. 참여자들은 수업장면에서 녹음된 자신의 목소리를 듣거나, 동영상으로 자신의 모습을 객관적으로 인식함으로써 교육 또는 연습이 필요함을 생각하였다. 그러나 제한된 학교 시설로 인하여 학습자들이 개별적으로 자신의 모습을 확인하는 데 한계가 나타났다. 따라서 이에 대한 보완이 필요하다.

언어적 다양성이 높은 'ㅎ'학교의 경우, 학습자들이 활용할 수 있을 만큼 한국어를 익힐 때까지 언어적 의사소통을 도울 수 있는 대체방안이 요구된다. 가장 쉽게 생각할 수 있는 방안은 'ㅎ'학교 구성원의 요구에 맞는 이중언어 강사의 적절한 지원이 이루어지는 것이다. 그러나 이중언어 강사의 지원은 지역교육청의 자립도와 자격을 갖춘 이중언어 강사 양성현황에 따라 불안정할 수 있다. 즉, 이중언어 강사의 지원은 학교 외적 여건에 따라 크게 달라질 수 있다. 따라서 학교 내에서 해결할 수 있는 방안이 함께 모색되어야 한다.

앞서 살펴보았듯이 마임 활동, 그림그리기 등을 활용한 비언어적 의사소통 과정은 언어적 의사소통의 과정과 유사할 뿐만 아니라 언어적 의사소통의 대체 방안으로 활용될 수 있다. 따라서 언어적 의사소통에 대한 대안적 방식으로 비언어적 의사소통 교육에 대한 심도 있는 관심이 요구된다. 또한 한국어를 포함한 다중언어 가능 학습자의 또래 멘토링을 통한 지원을 생각할 수도 있을 것이다. S-1이나 S-2는 수업 시간 중 출신국 학습자들의 언어적 지원을 통하여 동료가 수업에 참여할 수 있도록 도왔을 뿐만 아니라 그들 역시 자신의 활동에 대해 자부심을 가질 수 있었다. 특히 베트남어 선생님이 되고 싶은 S-1에게 베트남어를 한국어로, 한국어를 베트남어로 통역해 준 경험은 현실적 필요성에 의한 직접적인 직업체험이었다고도 볼 수 있다.

학제적 차원에서 초국적 이주 배경을 갖는 다문화학교 학생들의 잠재력이 인지되고 발현될 수 있도록 기초적이고 지속적인 연구가 필요하다. 본서에서는 이들의 잠재력을 확인하는 과정에서 학습자들의 어떤 특징적인 모습을 확인할 수 있었다. 그러나 이러한 모습이 그들의 발달적 특징에 의한 것인지, 출신국의 문화에 의한 것이지 아니면 단순히 학습활동의 환경적 영향에 의한 것인지 명확하지 않은 경우가 있었다. 따라서 초국적 이주 배경을 갖는 다문화가정 자녀의 잠재적 가능성을 보다 민감하게 확인하기 위해서는 이들의 출신국과 성장 배경에 대한 기초적인 연구가 필요하다. 특히 우리 사회의 다문화인구의 구성비는 중국, 베트남, 필리핀 순이지만 현재 다문화교육과 관련한 문화연구는 주로 서구사회를 중심으로 하고 있다는 한계가 있다. 따라서 베트남, 필리핀을 포함하여 우리 사회를 구성하는 다문화인의 출신국을 중심으로 연구를 수행할 필요가 있다.

이와 함께 학습자들의 교육적 경험은 초국적 이주 이전과 이후에도 개인적으로 다른 것으로 확인되었다. 학습자들의 교육적 경험이 어떠한 것이었는지에 대해서도 지속적인 연구가 요구된다. 이는 학습자들이 어떤 교육을 요구하는지를 알고 실천할 수 있는 기준이 될 뿐만 아니라 학습자에게 보다 만족스러운 교육을 제공하는 데 큰 도움이 될 것이다.

끝으로 다문화가정 자녀의 교육이 본질적인 평등교육이 되기 위해서는 일반가정 자녀의 다문화가정 자녀에 대한 인식 및 다문화교육 방안에 대한 연구가 심도 있게 이루어져야 한다고 본다. 교육연극활동 중 한 참여자는 불특정 다수의 일반가정 자녀에 의한 언어적 폭력을 경험하였다. 그러나 일반가정 자녀의 다문화가정 자녀에 대한 편견은 다문화가정 구성원들만의 변화나 노력만으로는 해결될 수 없는 문제다. 따라서 비다문화가정 구성원들 또한 다문화가정 구성원의 어려움을 직접 느끼고 체험할 수 있는 교육연극활동과 같은 프로그램을 통해 이를 극복하여야 할 것이다.

4. 나가기

우드러프(Woodruff, 2005:154)는 민주주의가 역사적으로 독재로부터의 자유, 모든 시민들에게 동일하게 적용되는 법, 조화(사람들 간의 차이를 인정하는 동시에 법규 준수에 대한 동의), 통치를 목적으로 하는 사람들 간의 평등, 인식하고 사고하고 판단할 수 있는 지혜, 불확실성에 대한 활발한 토론, 대중교육이라는 요소를 중심으로 발전하였다고 보았다. 그러나 독재의 성격과 통치의 주체는 항상 변화하여 왔다. 브르디외(1997)는 과거 직설적이고 명확하게 드러났던 권력에 의한 문화재생산은 상황에 따라 변화하여 현재는 보다 은밀하고 치밀하게 영향력을 행사한다고 말한다.

이와 유사하게 우리나라는 교육의 이념으로 '홍익인간'을 제시하고 있지만, 누구에게 어떻게 이로운지에 대한 본질적인 문제를 도외시함으로써 학습자와 관련한 문제는 반복적으로 나타나고 있다. 1990년대 대안학교 열풍이 학습자의 특성을 인정하지 않은 데서 비롯된 것(이병환 · 김영순, 2008)이라면, 다문화가정 자녀의 학교 이탈은 주류의 비주류에 대한 일방적인 교육내용과 방법의 제시에서 비롯된 것이라 할 수 있다.

이제까지 수많은 사람들이 교육에 대해 고민하고 많은 명언과 훌륭한 교육방법을 제시하여 왔다. 우리 교육 역시 좋은 교육을 위해 많은 고민을 했고 변화해 왔다고 생각한다. 내가 보았던 많은 선배 교사들은 수업을 위해 항상 노력해 왔다. 이러한 노력으로 인하여 우리 사회는 분명 눈부신 경제성장과 보편적 고등교육을 달성할 수 있었을 것이다.

그러나 이와 함께 우리 사회는 OECD국가 중 최고의 자살율과 학습자들의 낮은 행복지수라는 불편한 기록을 함께 가지고 있다. 이러한 사실은 우리 교육이 교육문제를 해결하기 위해 이상적 가치를 설정하고 다양한 교육방법을 시도하고 있지만 교육활동의 주체인 학습자가 우리 교육에 내해 느끼는 것은 1990년대 대인학교 열풍이 일어날 당시와 크게 달라지지 않았다는 것을 의미한다.

협동학습은 공동의 목표를 달성하기 위해 다양한 방법의 상호작용을 통해 이루어진다. 그러나 진정 협동학습이 되기 위해서는 집단의 크기나 보상의 여부와 같은 외적 조건이 아니라, 개인 상호 간의 '동등한 관계'라는 내적 조건이 충족되어야 할 것이다. 또한 이 관계는 집단으로서의 다문화가정 자녀가 아니라, 다문화가정 자녀 개인에게 초점을 맞추어 그들의 언어적, 문화적 특성뿐만 아니라 개별적 발달 특성을 존중하고, 그들이 갖는 우리 문화에 대한 민감성을 우리 사회와 교육의 변화를 위한 성찰의 근거로 여겨야 할 것이다. 다문화가정 자녀에 대한 이러한 관점이 바탕이 될 때, 교육적 평등을 위한 노력은 결실을 맺을 수 있을 것이라고 본다.

이 글을 통하여 다문화가정 자녀와 이 땅의 모든 소수자가 함께 살아가기 위해서 진정 필요한 것은 무엇이고, 그들이 갖는 잠재력을 긍정적으로 실현하기 위하여 우리 교육이 나아가야 할 방향은 무엇인가를 모색하는 토대가 마련되기를 기대한다.

참고문헌

강영안(2013). 레비나스의 철학-타인의 얼굴, 문학과지성사.

고수현(2014). 북한이탈청소년 교육복지 정책의 산출분석 – 교육양극화와 교육복지 소외의 관점에서, 복지상담교육연구, 3(1), 29-55.

곽금주(2008). 한국의 왕따와 예방프로그램, 한국심리학회지: 사회문제, 14(1), 255-272.

교육과학기술부(2009). 초 · 중 · 고 창의적 체험활동 교육과정해설, 교육과학기술부 고시 제2009-41호, 교육과학기술부.

______(2012). 한국어 교육과정, 교육과학기술부 고시 제2012-14호 [별책27].

교육부(1992). 초등학교 교육과정, 교육부 제1992-16호, 교육부.

______(2013). 2009 개정 교육과정 해설, 교육부 제2013-7호, 교육부.

교육인적자원부(2007). 대안교육백서, 교육인적자원부.

구정화(2012). 예비 초등교사의 소수자 및 적극적 조치에 대한 인식과 함의, 시민교육연구, 44(1), 1-23.

국립국어원(2012a). 초등학생을 위한 표준한국어 1, 국립국어원.

______(2012b). 초등학생을 위한 표준한국어 2, 국립국어원.

권순희(2007). 다문화 가정 자녀의 상담 지도 사례, 국어교육학연구, 29, 127-174.

______(2008). 내용 분석과 재구성을 통한 초등학교 국어교과서 운용 방안, 한국초등국어교육, 36, 5-40.

권재원(2005). 교육연극(DIE)이 청소년의 문화관용성에 미치는 효과 연구, 사회과 교육, 44, 129-148.

김경동(2007). 현대의 사회학, 박영사.

김경희 (2000). 수행평가의 타당도 검증을 위한 측정학적 접근, 이화여자대학교 박사학위논문.

김남수(2003). 환경교육 프로그램 개발의 실행연구, 교육인류학연구, 6(2), 1-15.

김명숙(2000). 수행평가의 질관리 방안의 탐색, 수업과 수행평가의 개선을 위한 질적 연구방법의 활용 – 한국교육과정평가회 2000 학술세미나 자료집, 한국교육과정평가원.

김미숙(2007). 평준화 제도 내에서 수월성 교육은 불가능한가?, 교육정책포럼, 158, 4-8.

김미예 · 박혜경 · 김소정(2008). 극적 방식을 이용한 영어습득훈련 방법론 및 매뉴얼 개발, 초등영어교육, 14(3), 93-112.

김미혜(2013). 다문화 문식성 신장을 위한 문학교육의 방향 연구, 다문화사회연구, 6(1), 5-31.

김민정(2011). 폭력화된 갈등: 갈등론의 입장에서 본 프랑스 이민자 소요, 유럽연구, 29(1), 253-280.

김민환(2010). 다문화교육에 관한 연구 경향과 과제, 학습자중심교과교육연구, 10(1), 61-86.

김병성(1990). 교육사회학 관련 이론, 양서원.

______(2004). 교육과 사회: 교육의 사회학적 기초, 학지사.

김보경(2015). 협동학습기반 진로수업에 참여한 중학생들의 교수실재감, 인지된 상호작용, 학습성과 간의 구조적 관계 규명, 이화여자대학교 박사학위논문.

김선아(2010). 반성적 교사: 미술교사 전문성 개발을 위한 방안 모색, 미술교육논총, 24(1), 27-50.

김세훈(2004). 문화예술교육 중장기 발전 방안, 한국문화관광정책연구원.

김숙희(2011). 다문화가족과 교육연극다문화가족과 교육연극, 가족과상담, 1(2), 73-85.

김양자(2001). 왈쩌의 다원적 평등론이 한국교육에 주는 시사점, 사회교육연구, 10, 65-87.

김영봉 · 김경수 · 강병재 · 나항진 · 박선미(2008). 신교육학개론, 서현사.

김영순(2010). 다문화사회와 시민교육: 다문화역량을 중심으로, 시민인문학, 18, 33-59.

______(2011). 스토리텔링의 사회문화적 확장과 변용, 서울: 북코리아.

______(2014). A Syudy on the Roles of School in Multicultural Society, 5th Northeast Asia National Cultural International Forum, 131-146.

김영순 · 김금희 · 전예은(2013a). 결혼이주여성 자녀의 부부 간 협력적 의사소통에 나타난 사회적 상호작용 연구, 언어와문화, 9(2), 73-99.

김영순 · 김금희 · 전예은(2013b). 외국인 대학원생을 지도하는 한국인 교수자의 다문화 감수성에 관한 연구, 인문과학연구, 461-488.

김영순 · 김창아 · 최승은 · 이남형(2015a). ESD프로그램 개발과정에 참여한 초등교사의 경험에 대한 연구, 열린교육, 23(2), 461-488.

김영순 · 김창아 · 윤현희 · 최 희(2015b). 북한이탈주민 자녀를 지도하는 초등교사의 경험 재구성에 대한 연구: 편견을 중심으로, 교사교육연구, 54(3), 508-525.

김영순 · 박봉수 · 팜티휀 짱(2012). 중도입국청소년의 문화적응 중심 재사회화 경험에 관한 질적 연구, 언어와 문화, 8(3) 37-63.

김영순 · 이미정(2010). 다문화교육사의 실천적 역량과 기능에 관한 연구, 다문화교육, 1(1), 77-94.

김영순 · 오장근(2004). 광고텍스트 읽기의 즐거움, 연극과 인간.

김영식 · 이종욱(2013). 방과 후 신체활동이 다문화 초등학생에게 미치는 정서와 학교생활 적응 연구, 학습자중심교rhk교육학회 학술대회, 2013(3), 253-273.

김영천(2006). 질적연구방법론 I, 문음사.

______(2009). 교육과정 I, 아카데미프레스.

김영필(2013). 하바마스 의사소통행위이론의 상호문화주의적 함의-'한국적' 다문화교육모형 구축을 위한 하나의 대안, 철학논총, 71집 1권, 3-27.

김용식(2008). 실행연구에 관한 고찰, 경인교육대학교 교육논총, 28, 133-167.

김유미(2004). 교육연극의 범위와 활용 사례연구, 어문논집, 50권, .360-405.

김재욱(2002). 재외동포 아동 학습자를 위한 한국어회화 교재의 구성원리 및 개발에 관한 연구, 한국어 교육 13(2), 67-85.

김정숙(2004). 한국어 읽기 · 쓰기 교재 개발 방안 연구, 한국어 교육, 15(3), 1-22.

김종석(1984). 미국 다문화교육의 이론적 고찰, 미국학논문집, 5, 35-60.

김창아 · 김미순 · 아이고자에바 아이게림(2015). 2014 교사 협력사업에 참여한 초등교사의 경험에 대한 내러티브적 연구, 교육문화연구, 21(4), 113-140.

김창아 · 김영순(2013). 교육연극을 활용한 다문화 대안학교의 한국어 교육 프로그램 실행연구, 교육과학연구, 44(3), 241-269.

김창아 · 김영순 · 홍정훈(2014). 교육연극활동에 참여한 다문화 대안학교 초등생의 협동학습 경험에 관한 연구, 학습자중심교과교육연구, 14(4), 177-205.

김창아 · 오영훈 · 조영철(2014). 진학 목적의 다문화 대안학교 교육과정 개발에 대한 탐색적 연구: 입학사정관제 진형을 중심으로, 인문과학연구, 32, 143-173.

김창화(2003). 청소년을 위한 연극교육, 서울: 문음사.

김혜숙(2002). 고정관념 및 편견과 인간관계, 사회과학 연구논총, 9, 83-101.

노기호(2014). 스웨덴 교육복지 법제의 동향과 특징, 유럽헌법연구, 15, 89-128.

류방란 · 오성배(2012). 중도입국 청소년의 교육 기회와 적응 실태, 다문화교육연구, 6(5), 29-50.

류수열 · 유지은 · 이수라 · 이용욱 · 장미영(2007). 스토리텔링의 이해, 글누림.

문경숙 · 이현숙(2010). 조기유학청소년의 적응연구 II: 귀국 청소년을 중심으로, 10-R13 연구보고, 한국청소년정책연구원.

문경숙 · 임재훈 · 윤철경(2009). 조기유학청소년의 심리사회적 발달과 정책방안연구 I: 귀국 청소년의 정체성에 관한 질적 연구, 09-R15-1~ 09-R15-2 연구보고, 한국청소년정책연구원.

문용린 · 최지영 · 백수현 · 김영주(2007). 학교폭력발생과정에 대한 남녀 차이분석: 피해자 상담사례분석을 중심으로, 교육심리연구, 21(3), 722.

민병욱 · 심상교 편저(2000). 교육연극의 이론과 실제, 연극과인간.

박덕유(2009). 학교문법론의 이해, 서울: 역락.

박미숙 · 김영순 · 홍유나(2014). 외국인 대학원생의 학교생활 적응에 관한 연구-스트레스 및 적응과정을 중심으로, 외국어로서의 한국어 교육, 40, 109-140.

박세원 · 이지선(2010). 드라마를 통한 초등학생의 도덕적 공동체 구성 경험에 관한 사례연구, 초등도덕교육, 32, 5-36.

박수미 · 정기선 · 김혜숙 · 박건(2004). 차별에 대한 국민의식 및 수용성 연구, 인문사회연구회 협동연구총서, 2004-02, 한국여성개발원.

박순덕(2014). 미술과 다문화 교수-학습 프로그램 개발에 관한 실행연구, 인하대학교 일반대학원 박사학위논문.

박연희(2012). 다문화교육 프로그램 개발 과정 연구, 박물관교육연구, 7, 41-58.

박종효(2007). 집단따돌림(왕따)에 대한 이해: 발달경향과 정신건강의 관련성, 한국청소년연구, 18(1), 247-272.

박준영(1998). 미국의 민주시민의식 조사 연구, 사회과학연구논총, 2, 67-116.

박지윤(2011). 중도입국 다문화가정 자녀를 위한 통역 보조교사에 대한 제언, 이화어문논집, 29, 103-125.

박휴용(2012a). 다문화주의에 대한 비판적 이해와 비판적 다문화교육론, 교육철학연구, 49-77.

______(2012b). 다문화교육의 형평성과 수월성에 대한 비판적 고찰, 다문화교육연구, 5(2), 147-172.

______(2012c). 교육과정 이념으로서의 다문화주의와 지속가능발전교육론에 대한 비판적 논의, 교육과정연구, 30(1), 1-26.

배은주(2006). 한국 내 이주노동자 자녀들의 학교 생활에서의 갈등 해결 방안, 교육인류학연구, 9(2), 25-55.

배한동(2007). 교육공동체의 갈등 해소방안, 윤리교육연구, 12, 73-92.

변경원(2014). An Interpretation of 'Ruth and Naomi' in the Old Testament for a Identity Formation of Immigrant Women: A Focus on Paul Ricoeur's Mimesis theory, 5th Northeast Asia National Cultural International Forum, 213-223.

서덕희(2013). 이주민 집단에 다른 이주 배경 학생의 학교생활: 공통점과 차이점에 대한 메타분석을 중심으로, 다문화교육연구, 6(2), 23-58.

서동욱(2013). 차이와 타자, 문학과 지성사.

서종학 · 이미향(2007). 한국어 교재론, 태학사.

성민정(2011). 교육연극의 이론적 기초와 실천적 적용에 관한 연구, 동국대학교 박사학위논문.

손민호(2004). 사회구성주의와 수업 연구의 방법론적 탐색, 교육인류학연구, 17(1), 37-72.

신명선(2011). 국어 교과서의 텍스트적 특징에 대한 통시적 연구-1~7차 중학교 국어 1-1학기 1단원을 중심으로, 텍스트언어학, 30, 73-110.

신희정 · 박선아(2009). 새터민 대학생의 체험에 관한 질적 사례연구 한국사회복지질적연구, 3(1), 101-130.

심보선(2007). 온정주의 이주노동자 정책의 형성과 변화(한국의 다문화 정책을 위한 시론적 분석), 담론201, 10(2), 41-76.

심상교(2004). 교육연극 · 연극교육, 서울: 연극과 인간.

양계민 · 조혜영 · 이수정(2009). 미래한국사회 다문화역량강화를 위한 아동청소년 중장기 정책방안 연구 I, 한국청소년정책연구원.

양영희(2013). 바람직한 한국어 교육과정을 위한 몇 가지 제언, 학습자중심교과교육연구, 13(2), 199-219.

양주연 · 이강순(2010). 창작무용학습을 통한 다문화가정 어린이의 사회성 변화, 한국무용교육학회지, 21(1), 25-46.

연보라 · 김경근(2012). 국제결혼이주여성의 학교활동 참여 결정요인: 초등학생 학부모를 중심으로, 교육사회학연구, 22(2), 127-153.

오승진 · 최은정(2007). 박수근 회화의 특징과 나무그림검사를 통해 본 심리특성, 예술심리치료연구, 3(1), 189-206.

오영훈 · 김창아(2015). 교육연극을 활용한 상호문화교육의 이해: Schulz-von Thun의 의사소통 모델을 중심으로, 독일언어문학, 67, 23-42.

오영훈 · 조영철(2013). 인천 '한누리'학교의 다문화교육 활성화 방안 연구, 제1회 다문화도시 포럼 발표집, 1, 44-55.

오은정(2014). 교육연극의 변용학문적 특성 및 교육연극에 대한 교사 인식 연구, 이화여자대학교 박사학위논문.

오판진(2014). 행위 지향 동화교육론, 박이정.

왕경수(2003). 웹기반 협동학습에서의 상호작용 증진 방안 탐색, 교육정보미디어연구, 9(4), 269-294.

원진숙(2009). 초등학교 다문화 가정 학생을 위한 언어교육 프로그램, 한국초등국어교육, 40, 157-188.

______(2010). 글로벌 시대의 다문화교육, 사회평론(서울교육대학교 다문화교육연구원 연구총서 1).

______(2012). 다문화가정 학생을 위한 한국어 표준 교재 개발-초등과정, 국제한국어 교육학회발표집, 355-384.

유기웅 · 정종원 · 김영석 · 김한별(2012). 질적연구방법의 이해, 서울: 박영사.

윤초희 · 박상근 · 신인수(2014). 국내 학교폭력 예방 프로그램의 효과에 관한 메타분석, 아시아교육연구, 15(1), 189-201.

윤대선(2013). 레비나스의 타자철학, 문예출판사.

이명숙(2001). 실행연구를 통한 교육 실제의 개선, 대구교육대학교초등교육연구논총, 17(2), 381-408.

______(2003a). 협동학습과 그 이론적 기초, 초등교육연구논총, 19(2), 61-80.

이명숙(2003b). 교사의 전문적 지식, 초등교육연구논총, 19(1), 395-424.

이바름 · 정문성(2011). 협동학습이 다문화 태도에 미치는 영향, 다문화교육, 2(3), 107-132.

이병환 · 김영순(2008). 대안교육의 실천과 모색, 학지사.

이봉주 · 김선숙 · 안재진 · 유조안 · 유민상 · 최창용 · 이연정 · 이주연(2013). 쉽게 알아보는 한국 아동의 삶의 질에 관한 종합지수 연구, 서울대학교사회복지연구소 · 세이브더칠드런.

이성호(2003). 평등의 철학적 분석과 그 교육적 함의, 교육철학, 30, 119-137.

이송은(2007). 다문화가정의 문화이해를 위한 문학 활동 실행연구: 필리핀 모-자를 대상으로, 어린이 문학교육 연구, 8(2), 129-163.

이안희 · 김민호(2014). 제주지역 필리핀계 결혼이주민 자녀의 문화적 정체성, 한국다문화교육학회 학술대회지, 20, 343-351.

이용숙 · 김영천 편(1998). 교육에서의 질적연구: 방법과 적용, 교육과학사.

이용숙 · 유창조 · 김영찬(2013). 대학 신규 교과목 개발을 위한 실행연구: 신제품 마케팅 에스토그라피, 교육인류학연구, 16(1), 65-100.

이용숙(2001). 대학교 수업의 개선을 위한 문화기술적 연구, 교육인류학연구, 4(3), 227-253.

______(2005). 연구목적에 따른 실행인류학 연구설계, 한국문화인류학, 38(1), 125-163.

이용희(2005). 교육연극을 활용한 사회 연계성 체험, 인문과학연구, 19, 303-325.

이인정(2011). 사회갈등이론의 관점에서 살펴본 통일 안보환경 변화와 통일교육적 함의, 윤리교육연구, 24, 255-276.

이정민(2013). 이주노동자 자녀 대상 다문화교육 양상 분석, 교육문제연구, 26(2), 49-76.

이종일(2014). 다문화사회와 타자이해, 교육과학사.

이희자 · 이선경(1996). 보육교사의 관심사에 관한 연구, 한국영유아보육학, 8, 121-143.

인천광역시교육청(2010). 인천 공립 다문화 대안학교 설립 타당성 조사 및 운영 방안 연구, 인천광역시교육청.

______(2012). 공립 다문화 대안학교 체제 및 운영 연구, 인천광역시교육청.

인천한누리다문화학교(2013a). 인천한누리다문화학교 안내자료, 인천한누리다문화학교.

______(2013b). 인천한누리다문화학교 초등학교 교육과정, 인천한누리다문화학교.

임광조(2003). 초등학생의 스포츠 활동 참가가 정서발달에 미치는 영향, 국민대학교 교육대학원 석사학위논문.

장인실 · 차경희(2012). 한국 다문화교육의 연구동향 분석, 한국교육학연구, 18(1), 283-302.

정문성(2006). 협동학습의 이해와 실천, 교육과학사.

______(2011). 공립형 다문화 대안학교의 가능성에 대한 탐색, 다문화교육, 2(2), 69-82.

정소민(2014). 시민적 '프락시스'로서의 대학생 봉사활동 경험에 관한 문화연구적 해석, 인하대학교 박사논문.

정용교(1999). 집단따돌림의 다양한 유형과 교육적 극복방안: PC통신에 나타난 집단따돌림을 중심으로, 한국청소년연구, 10(2), 143-169.

정지현 · 김영순(2012). 생산직 이주근로자 고용 한국 회사 내 한국인 근로자의 다문화 감수성에 관한 연구, 교육문화연구, 22(2), 139-162.

정지현 · 김영순 · 홍정훈(2014). 다문화 리터러시 교육 프로그램 참여 고등학생의 다문화 인식에 관한 연구, 열린교육연구, 22(2), 19-41.

정희모(2006). 글쓰기 교육과 협력학습, 삼인.

조귀삼(2010). 특집: 다문화 상황과 선교. 다문화 에큐메니즘 현상에 따른 문화충돌과 사회통합 도구로서 한국교회의 역할, 한국복음주의선교신학회, 13(2), 77-104.

조석희(2006). 모든 학생을 위한 수월성 교육(KEDI 연구보고서: RM2006-30), 서울: 한국교육개발원.

조영달 · 박윤경 · 성경희 · 이소연 · 박하나(2010). 학교 다문화교육의 실태 분석, 시민교육연구, 42(1), 151-184.

조영철 · 김창아(2013). 한국어 · 문화 통합교육에 관한 연구 – 인천 한누리학교 한국어 · 문화실태분석을 중심으로, 한국언어문화교육학회 춘계학술대회 발표 자료집, 229-236.

천경록(2010). 차기 국어과 교육과정의 발전적 방향: 국어 문화 교과 담론에 대한 비판적 고찰, 청람어문교육학회, 41, 7-33.

천호성 · 박계숙(2012). 다문화가정 자녀의 학교생활에 관한 연구, 현대사회와 다문화, 2(2), 415-442.

최지영(2015). 교육연극에서 드라마 전문가의 역할 형성 및 핵심요건, 연극교육연구, 26, 231-260.

최충옥 · 조인제(2010). 다문화교육 연구의 동향과 향후 과제, 다문화교육, 1(1), 1-20.

한국교육개발원(1985). 초등학교 체육교과서 체제개선을 위한 기초연구 RR85-04(RR), 한국교육개발원.

______(2010). 방과 후 학교 질적 수준 제고 방안, 한국교육개발원.

______(2011a). 다문화가정 학생을 위한 한국어(KSL)교육과정 개발 연구, 한국교육개발원.

______(2011b). 공립형 다문화 대안학교 교육과정 총론(시안)개발 연구, 한국교육개발원.

한국교육과정평가원(2011). 수요자 중심의 교과서 체제 개발 방안 RRO 2011-4, 한국교육과정평가원.

한국다문화교육연구학회(2014). 다문화교육 용어사전, 교육과학사.

한규용(2008). 외국어로서의 영어 교육에 적용된 연극요소와 극화의 원리에 대한 분석, 단국대학교 박사학위논문.

______(2010). 다문화시대 이중언어교육을 위한 교육연극, 한국연극학, 40, 452-502.

한민희(2012). 자기표현력 신장을 위한 교육연극의 활용방안, 어문학교육, 44, 135-158.

현은자(2008). 그림책의 그림읽기, 마루벌.

홍승연(2011). 음악교육을 통한 다문화가정 아동의 정체성 세우기 방안 연구, 예술교육연구, 9(1), 57-74.

홍우림(2007). 초등학생의 일상생활 구조에 대한 문화기술적 연구, 한국초등교육, 18(1), 268-287.

홍윤기(2013). 교육으로 인한 사회갈등과 교육을 통한 갈등 극복, 철학연구, 100, 391-360.

홍재욱(1967). 초등학교 특수성에 입각한 체육지도론: 교육대학 초등체육교사의 핵심적 지도내용의 시도, 논문집, 2, 169-218.

Afflerbach, P. P.(1996). Barriers to the implementation of statewide performance program: school personnel perspectives, ED 393 020.

Banks, J. A.(1984). Teaching Strategies for Ethnic StuDIEs, 3rd ed., Boston: Pearson, Allyn & Bacon.

______(1993). Multicultural education: Characteristics and goals. J. A. Banks & C. A. M. Banks (Eds.), Multicultural Education: Issues and Perspectives, Boston: Allyn & Bacon, 3-28.

______(2008). An Introduction to Multicultural Education, 4/E, 모경환, 최충옥, 김명정, 임정수 공역(2009), 다문화교육 입문, 서울: 아카데미프레스.

Bennett, C. I.(2007). Comprehensive Multicultural Education: theory and practice, 김진호, 신인순, 김옥순 역(2009), 다문화교육 이론과 실제, 서울: 학지사.

Bolton, G.(1998). Acting in classroom drama: a critical analysis, 김주연 · 오판진 공역(2012), 교실연기란 무엇인가?, 연극과 인간.

BourDIEu, P.(1991). Language and symbolic power, 정일준 역(1997), 상징폭력과 문화재생산, 서울: 새물결.

Burbules et, al.(1995). Critical conversations in philosophy of education, 곽덕주 외 공역(2010), 다문화시대 대화와 소통의 교육철학, 학지사.

Campbell, D. E.(2010). Choosing Democracy, 김영순 외 역(2012), 민주주의와 다문화교육, 서울: 교육과학사.

Chen, G. M.(1997). A review of the concept of intercultural sensitivity, Paper presented at the Biennial Convention of the Pacific and Asian Communication Association, Honolulu, HI.

Chen, G. M. and Starosta, W. J.(2000). The development and Validation of the Intercultural Sensitivity Scale, Human Communication, 3, 1-15.

Cohen, E.(1994) Restructuring the classroom: Conditions for productive small groups, Review of Educational Research, 64, 1-35.

Cole, N. R.(1940). The Arts in the Classroom, NY: The John day company.

Cooper, H. M.(2000). Pygmalion grows up: A model for teacher expectation communication and performance influence, Peter K. Smith & Anthony D. Pellegrini(eds.), Psycology of Education: School, Teacher and Parents, pp.338-363, London: Routledge Falmer.

Coser, L. A.(1956). The Function of Social Conflict, 박재환 역(1980), 갈등의 사회적 기능, 한길사.

______(1957). Social Conflict and the Theory of Social Change, The British Journal of Sociology, Vol. 8, No. 3, pp.197-207.

Courtney, R.(1980). The Dramatic Curriculum, 황정현 역(2010), 교육연극 교육과정, 서울: 박이정.

______(1989). Drama and Intelligence: A Cognitive Theory, 연극은 지적 행위인가?, 황정현 · 양윤석 역(2007), 평민사.

______(1989). The Intelligence Background to Dramatic Education, 교육연극의 인지적 배경, 김주연 · 오판진 역(2014), 연극과 인간.

Csikszentmihalyi, M(1990). Flow: The psychology of optional experience, NY: Harper and Row.

Daniel, R.(2010). The Matthew Effect: How Advantage Begets Further Advantage, Columbia University Press, 박슬라 역(2011), 나쁜사회, 21세기북스.

Davis, F. D.(1989). Perceived usefulness, perceived ease of use, and user acceptance of information technology, MIS quarterly, 319-340.

Devine, P. G.(1989). Stereotypes and prejudice: Their automatic and controlled components, Journal of Personalty and Social Psychology, 56, 5-18.

Dewey, J.(1916). Democracy and Education, Illinois: South Illinois Univ Pr, 김성숙 · 이귀학 역(2008), 민주주의와 교육, 동서문화사.

______(1958), Experience & Education, 강윤중 역(1995), 경험과 교육, 배영사.

Deutsch, M.(1949). A theory of co-operation and competition, Human Relations, 1, 129-152.

Docker, J.(2008). The Origins of Violence: Religion, History and Genocide, Londen: Pluto Press, 신예경(2012), 고전으로 읽는 폭력의 기원, 알마.

Dooly, M.(2008). Constructing Knowledge Together(21-45), Extract from Telecollaborative Language, Learning, A guidebook to moderating intercultural collaboration online, Bern: Peter Lang.

Eder, D. & Fingerson, L.(2001). Interviewing Children and Adolescents, Jaber Gubrium and James Holstein(eds.) Handbook of Interview Research: Context and Method, pp.181-201, Thousand Oaks, London: Sage.

Eisler, R.(2000). Tomorrow's children, Boulder, CO: Westview.

Eisner, E. W.(1997). Cognition and Representation: A Way to Pursue the American Dream?, Phi Delta Kappart, 78 (5), 349-353.

Elizabeth, C.(1996). Learning Together in Classroom, by Pippin Publishing Corporation, Canada: Ontario.

Erikson, E. H.(1968). Identity: Youth And Crisis, New York: W.W. Norton & company, Inc.

Feiman, S. & Folden, R. E.(1980). What all this talk about teacher development?(ERIC Documeut Reproduction Service No. ED 189088).

Fiske, S.(1993). Controlling other people: The impact of power on stereotyping, American Psychologist, 48, 621-628.

Fiske, S, & Morling, B.(1996). Stereotyping as a function of personal control motives and capacity constraints: The odd couple of power and anxiety, In R. Sorrentino & E. Higgins(Vol. Eds.), Handbook of motivation and cognition: Vol. 3. The interpersonal context, 322-346, New York: Guilford.

Fonagy, P. & Target, M (2006). The mentalisation-based approach to self pathology, Journal of personality disorders, 20, 544–576.

Fonagy, P. & Bateman, A. W.(2006). Mechanisms of change in metalization-based treatment of BPD, Journal of clinical psychology, 62, 411-430.

Freire, P.(1985). The politics of Education: culture, Power, and Liberation, South Hadley MA: Bergen and Garvey.

______(1998). Politics and education, Los Angeles: Latin American Center, University of California.

Gadamer, H, G.(1960). Wahrheit und Methode: Grundzuege einer Philosophischen Hermeneutik, 이길우 · 이선관 · 임호일 · 한동원 역(2012), 진리와 방법 1, 서울: 문학동네.

Gardner, H.(1997). Multiple Intelligences New Horizons in Theory And Practice, 다중지능의 이론과 실제, 김명희 역(1998), 서울: 양서원.

Gardner, H. E.(2006). Multiple Intelligences: New Horizons in Theory And Practice, Basic Books.

Gordon, E. E.(2003). Learning sequences in music: skill, content, and patterns: a music learning theory, Chicago: GIA.

Gollnic, D. M. & Chinn, P. C.(2009). Multicultural education in a pluralistic society, 8/E, 염철현 역(2012), 다문화교육개론, 한울아카데미.

Grant, C. A. & Sleeter, C E.(2011). Doing Multicultural Education for Achievement and Equit: Routledge.

Gutmann, A.(2004). Unity and diversity in democratic multicultural education, J. A. Banks(Ed.), Diversity and citizenship education: Global perspectives, San Francisco: Jossey Bass, 71-98.

Habermas, J.(1987a). Theorie des kommunikativen handelns, 장춘익 역(2006), 의사소통행위이론 1, 서울: 나남출판사.

______(1987b). Theorie des kommunikativen handelns, 장춘익 역(2006), 의사소통행위이론2, 서울: 나남출판사.

______(1995), 장은주 편역(1995), 의사소통의 사회이론, 관악사.

Hall, G. E, & Louckes, S.(1978). Teacher concerns as a basis for facilitating and personalizing, Gainesville: University of Florida.

Hall, E. T.(1976). Beyond Culture, Garden City, N.Y.: Anchor Press.

Hall, S.(1996). "Introduction; Who needs 'Identity'?" in Questions of Cultural Identity, eds S. Hall and P. du Gay, London, Sage, pp.1-17.

Heathcote, D.(1984). Collected Writings on Education and Drama, Northwestern University Press.

Heathcote, D., Bolton, G.(1995). Drama for learning: Dorothy Heathcote's mantle of the expert approach to education. England: Heinemann.

Holzbrecher, A.(2004). 정기섭 · 오영훈 · 김영순 · 이문기 · 변경원 역(2014), 상호문화 교육의 이해, 북코리아.

Jackson, S. A. & March, H.(1996). Development and validation of a scale to measure optional experience: The flow state scale, Journal of Sports and exercise Psychology, 18, 17-35.

Jett, D. L.& Schafer, W. D.(1993). High school teachers' attitude toward a statewide high stakes student performance assessment, Measurement, 11(2), 121-137.

Johnson, D. W.(1979). Educational psychology, Englewood Cliffs, NJ: Prentice-Hall.

(2000). Reaching out: Interpersonal effectiveness and self actualization(6th ed.), Englewood Cliffs, NJ: Prentice-Hall.

Johnson, D. W. & Johnson, R. T.(2002), Multicultural Education and Human Relations, 김영순 외 역(2010), 다문화교육과 인간관계, 교육과학사.

Johnson, D. W., Johnson, R. T., Stanne, M.(2000). Cooperative learning methods: A meta-analysis, http ://www. clcre. com/pages/cl-methods. html.

Kagan, S.(1998). Cooperation Learning, Boston: Kagan Cooperative Learning, 협동학습 연구교사 모임 역(1998), 협동학습, 도서출판 디모네.

Kemmis, S. & McTaggart, R.(2000). Participatory action research, In N. Denzin & Y. Lincoln (eds.), Handbook of Qualitative Research 2nd edition(1-14), Thousand Oaks, CA: Sage.

Kvale. S.(1998). Interviews-An introduction to qualitative research interviewing, 신경림 역(1998), 인터뷰-내면을 보는 눈, 하나의학사.

Lebacgz, K.(1986). Six Theories of Justice: Perspectives from Philosophical and Theological Ethics, 이유선 역(2001), 정의에 관한 6가지 이론, 크레파스.

Levinas, E.(1979). Le temps et l'autre, 강영안 역(2009), 시간과 타자, 문예출판사.

______(1963). De l'existence àl'existant, (Librairie Philososphique J. VRIN, 1963), 서동욱 역(2003), 존재에서 존재자로, 민음사.

Lévi-Strauss.(1955). Tristes tropiques, 박옥줄 역(1998), 슬픈열대, 한길사.

Lincoln, Y, S. & Guba, E. G.(1985). Naturalistic Inquiry. Beverly Hills, CA: Sage.

______(1985). Establishing trustworthiness, Naturalistic inquiry, 289-331.

Lindlof, T. R. & Taylor, B. C.(2002). Qualitative communication research method & (2nd ed.) Thousand Oaks, CA:Sage.

Young, M.(1958). Rise of the meritocracy, 한준상 역(1986), 교육과 평등론: 교육과 능력주의 사회의 발흥, 전예원.

Marcelo M. Suárez-Orozco · Tasha Darbes · Sandra Isabel Dias · Matt Sutin.(2011). Migration and Schooling, Annual Review of Anthropology 40:311-28.

Maslow, A. H.(1998). Toward a Psychology of Being(3rd ed.), John Wiley & Sons.

Mayo, G. E.(2003). The Human Problems of an Industrial Civilization(2nd ed.), Routledge.

McCaslin, N.(2006). Creative Drama in the Classroom and Beyound(8ed.), NY: Pearson.

Negri, A.(2004). Multitude, New York: Penguin.

Nieto, S.(2010). Language, Culture, and Teaching Critical Perspectives(2nd. ed.), Taylor & Francis.

Noffke, S. E.(1990). Action research: A multidimensional analysis, Unpublished doctoral thesis, University of Wisconsin, Madison.

OECD(2013). Education at a Glance 2013: OECD Indicators, OECD Publishing.

Oppenheim, F. E.(1997). Egalitarianism as a Descriptive Concept in Pojman, L.P. eds., Equality, Oxford Univ. Press.

Parker, W. C.(2003). Teaching democracy: Unity and diversity in public life, NY: Teachers College Press.

Pataniczek, D.(1979). A descriptive study of the concerns of first year teachers who are graduates of the secondary pilot program at Michigan state University(Doctoral Dissertation, Michigan state University), (1978), Dissertation Abstracts International, 39 5916A.

Peters, R. S.(1966). Ethics and Education, London: George Allen & Unwin.

Rawls, J.(1971). A Theory of Justice, Cambridge, Mass.: Harvard Univ. Press, 황경식 역(2013), 사회정의론, 서문사.

Richard Nelson-Jones.(1990). Human Relationship Skills: Training and Self-help 2nd Edition, Cassell publishers.

Roschelle, J. & Teasley, D.(1995). The construction of shared knowledge in collaborative problem solving. In C.O'Malley (ed.), Computer supported collaborative learning, pp.69-97, Berlin: Springer-Verlag Psychological Reports, 44, 1323-1344.

Rosenthal, R. & Jacobson, L.(1968). Pygmalion in the classroom: Teacher expectation and pupils' intellectual development, New York: Holt, Rinehart & Winston.

Saldaña, J.(2009). The Coding Manual for Qualitative Researchers, NY: SagePubns, 박종원, 오영림 역(2012),질적연구자를 위한 부호화 지침서, 신정.

Sassier, P.(1998). Pourquoi la tolerance, 홍세화 역(2000), 왜 똘레랑스인가?, 서울: 상형문자.

Secada, W. G.(1989). Educational equity versus equality of education: An alternative conception. In W. G.Secada (Ed.), Equality in education, pp.68-88, New York: Falmer Press.

Slavin, R. E.(1987). Cooperative learning: Where behavioral and humanistic approaches to classroom motivation meet, Elementary School Journal, 88(1), 29-37.

Slavin, R. E.(1991). Synthesis of research on cooperative learning, Educational Leadershop, 48, 71-82.

Spitzberg. B. H.(1998). Communication Competence: A Handbook for the Study of Human Communication, Charles H. Tardy(ed.), Measure of Perceived Effectiveness, pp.61-105, New Jersey: Ablex.

Simms, Karl.(2002). Paul Ricoeur, 김창완 역(2009), 해석의 영혼 폴 리쾨르, 앨피.

Silver, H.(2007). Social Exclusion: Comparative Analysis of Europe and Middle East Youth, Middle East Youth Initiative, Wolfensohn Center for Development/Dubai School of Government.

Skerrit, O. Z. & Farquhar, M.(2002). Action learning, action research and process management (ALARPM): a personal history, The Learning Organization, 9(3), 102-113.

Spredlly, J. P.(1997). Participant Observation, NY: Harcourt Brace College Publisher, 신재영 역(2006), 참여관찰법, 시그마프레스.

Stewig, J. W. & Buege, C.(1994). Dramatizing Literature in Whole Language Classroom, 황정현 역(2004), 총체적 언어교육을 위한 교육연극, 서울: 평민사.

Thomas, R. M.(2000). Comparing theories of child development(5th ed.), Belmont, CA: Wadsworth.

TIErney, W. & Dilley, P.(2001). Interviewing in Educationin, Jaber Gubrium and James Holstein(eds.)

Handbook of Interview Research: Context and Method, Thousand Oak: Sage, pp.453-471.

UNESCO (2005). United nations decade of education for sustainable development 2005-1-2014: Draft International Implementation Scheme, Paris: UNESCO.

UNESCO(2012). 지속가능발전교육길잡이, 유네스코한국위원회.

UNICEF(2007). Child poverty in perspective: An overview of child well-being in rich countries, Innocenti report card 7, UNICEF.

Vathi, Z.(2013). Transnational Orientation, Cosmopolitanism and Integration among Albanian-Origin Teenagers in Tuscany, Journal of Ethnic and Migration StuDIEs, Vol.39, Issue6, pp.903-901. Routledge.

Vygotsky, Lev S.(1978). Mind in Society: The Development of Higher Psychological Process, Edited by Michael Cole, Vera John-Steiner, Sylvia Scribner and Ellen Souberman, Cambridge: Harvard University Press, 정회욱 역(2009), 마인드 인 소사이어티, 학이시습.

Walzer, M.(1998). Spheres of Justice: A Defense of Pluralism and Equality, Basic Books, 정원섭 역(1999), 정의와 다원적 평등, 철학과 현실사.

Wessels, C.(1987). Drama, London: Oxford. EFL, 최용훈 역(2008), 수업에서의 연극 활용 영어교수법, 종합출판 EnG.

Wolfinger, D. M.& Stockard Jr., J. W.(1997). Elementary methods: An integrated curriculum, 강현석 · 박영무 · 조영남 · 허영식 · 이종원(2003), 통합교육과정의 이론과 실제, 양서원.

Woodruff, P.(2005). First Democracy: The Challenge of an Ancient Idea, Oxford: Oxford University Press.

倉地曉美(1998). 多文化共生の教育, HIRO연구회 역(2010), 함께하는 다문화교육, 문.

[참고사이트]

국가교육과정 정보센터 http://ncic.re.kr/nation.index.do

국가법령정보센터 http://www.law.go.kr/

안전행정부 http://www.mospa.go.kr/

유엔 지속가능발전교육 통영센터 www.tyrce.or.kr

국립국어원 홈페이지 자료실 http://www.korean.go.kr

표준국어대사전 홈페이지 http://stdweb2.korean.go.kr/main.jsp

한국교육과정평가원 홈페이지 http://www.kice.re.kr

EBS뉴스 http://news.ebs.co.kr/ebsnews/allView/10203566/N

찾아보기